沖縄からはじめる「新・戦後入門」

「新時代」はここからはじまる!

飢餓陣営せれくしょん5

飢餓陣営・佐藤幹夫 編

言視舎

JN252345

飢餓陣営せれくしょん5　沖縄からはじめる「新・戦後入門」　CONTENTS

Ⅲ　沖縄・日本・アメリカ

はじめに

なぜ沖縄か、なぜ「二つの戦後史」か

佐藤幹夫

1.

本「せれくしょん5」の編者（佐藤）は、四、五年ほど前から沖縄に通い始めた「沖縄ビギナー」である。ビギナーである編者が、沖縄についての一著を編もうというのだから、これは暴挙にして、怖れを知らぬ行為だろう。そのことは、編者自身がだれよりもよく承知している。

ただし編者の書くものは、これまで〝タブー破り〟の連続だった。たとえば知的・発達障害をもつ〝犯罪加害者〟についての法廷ノンフィクションは、戦後の福祉が、長いことタブーとしてきた問題を、明るみに出した作品だった。

あるいは『『宅間守精神鑑定書』を読む』など、凶悪事件の加害者について分析し、考察を加える著書。昨今どの本も被害者の救済と、加害者の糾弾と断罪を声高に訴える内容が主流になっているこのご時世、そこにはあえて踏み込まずにいるから、本を一冊出すたびに世界を狭くしていくような、そんなプレッシャーのなかで仕事をつづけてきた。

「沖縄問題」にも、いくつかの触れてはならないタブーが存在する、といわれたりもするが、これまで〝タブーなし〟でやってきた編者は、遠慮なしにやらせていただこうと真っ先に思い立った。

2.

さて、沖縄に足を運び、多くの方に会い、話を伺い、文献に目を通しているうちに、いくつかの問いが、叢雲《むらくも》のように湧きおこってきた。あれこれと考え、最後に行きついたところは、「**日本国は、どこまで主権国家なのか**」という身も蓋もない、自分自身にとってもいささかショッキングな問い（疑念）だった。

今頃になってか？　と笑われるかもしれないが、そう、今頃になってそんなことに気づき、うろたえた次第だった。端的に述べてみる。

沖縄では憲法が機能していない（のではないか）。したがって、基本的人権も、沖縄ではときに著しく制限される。たとえば、どこに行っても目に飛び込んでくる基地の存在。そこで訓練をする米海兵隊は、即応部隊であり、いつ、どこで、何が起きても対応することを第一の任務とする部隊だという。だからこそ、日常的な実戦訓練が必至となる。

しかしこのことは、そして当然ながら、二四時間三六五日、敵の攻撃にさらされかねないことも、そのときにどう応戦するかも、しっかりと想定されているということだろう。言い換えるならば、海兵隊員は、常時戦時下に置かれているということを意味するのではないか。

ということは、沖縄の全土と全県民もまた、常時戦時下に置かれているということになる。編者は安全保障や軍事学の専門家ではないから、とてもおかしなことを言っているのかもしれないが、どう考えても、編者の拙い理屈ではそうなる。

それは日本国憲法第九条が、まったく機能していないということでもあり、一国のなかに、自国の憲法が機能しないエリアを抱えている国が、はたして主権国家と言えるのだろうか。

あるいは、基地の存在ゆえに頻発してきた、米軍兵士による性暴力などの犯罪行為。

ここには、性犯罪を裁くことの難しさに加え、日米地位協定という、米軍兵士・軍属であることにより、加害者が有利になるような法による保護が存在している。

そしてこの**日米地位協定は、日本国憲法よりも、法的規範力としては上位にある**ということを、これまでにも幾度となく眼にさせられてきた。このような、自国の憲法以上の法規を有する国が、はたして他にあるだろうか。このような国を、主権国家と呼べるのだろうか。

さらに、もうひとつある。

現・安倍政権は、なぜアメリカの国益を、自国民（沖縄県民のみならず）の利益や意思よりも、はるかに優先させようとするのか。しかもあらゆる強権を駆使して（と編者には映る）。

この問いは、現首相が「戦後レジームからの脱却」や「美しい国を取り戻す」というスローガンを打ちたてながら、なぜこれほどアメリカ従属路線をひた走るのか。従属性を強くすればするほど、どんどん、「美しい国」や「誇りある国」から、遠ざかるばかりではないか、という問いであり、疑義でもある。

どう考えても、まったく分からない。

どうすればアメリカへの従属性から脱却できるか。

しかし問いは、**ここで、どん詰まりになる**。先へは進めなくなる。それでも疑義は、次から次へと湧き出てくる。——沖縄を訪問するようになって、こんな状態がしばらく続いていた。

この間、痛感したことが、二つほどあった。

一つは、**沖縄が、日本の「戦後七〇年」の背理や不合理、ジレンマを体現する坩堝のような場所だということ**。二つには、これまで見ずに来た日本の「戦後」を知るためには、**沖縄の「戦後」を知らなければ、その肝心のところは顕れてこない**のではないかということ。こうしたモチーフが、編者のなかで日増しに重要性を増していくのだった。

しばらく「出口なし」の状況が続いていたが、ここまで記してきたような編者の問いに、どまんなかのストライクを投げてきたのが、加藤典洋氏の『戦後入門』だった。

同時に、『アメリカの影』以来、加藤氏が一貫して指摘してきたのは、この問題だったのかということを、遅まきながら知ることとなった。(編者は、本書所収の「『敗戦後論』をめぐって」の座談会に参加している。最後にやっと発言しているが、ご覧の通り、肝心のところが〝分かっていない〟ことが、分かっていただけると思う)。

いずれにしても、『戦後入門』を手がかりにしながら、「出口なし」の状況から抜け出す方策を模索すること。本書はこうした意図のもとに編まれた「沖縄と日本の戦後史」である。

3. **沖縄の歴史と現状に、本土の多くの人に関心をもっていただくこと**。本書全体の一つ目の意図は、ここに尽きる。

ただし、沖縄のことは、沖縄県民自らが決定していく。それは〝当たり前〟であり、物事の筋というものである、と編者は考える。本土の人間であって、第三者にすぎない編者にとって、〝当たり前〟の政治や意思決定が機能するようなシステムをつくり上げていくためには、なにができるか。

「沖縄」をテーマとした健全な論議が活発化するためには、どうするか。まずは、沖縄にたいして関心をもっていただかなくてはならないが、「沖縄」をめぐっては、様々なジャンク情報や、ためにする批判・非難の類が溢れかえっている。

僭越ながら申し上げれば、そもそも沖縄自身が、底なし沼のような難しさを抱えてもいる。それが、ためにする批判や非難の根拠とされたりするのであるが、編者の考えでは、七〇年にわたって国策によって分断統治（沖縄人を沖縄人と争わせる統治）を強いられつづけてきたのである。底なし沼を抱えないわけがない。

ともあれ、編者が考えたことは、**一冊の本のなかで、沖縄と日本の二つの戦後を並べ、比較してみること**で、これまでとは異なる戦後が、見える形になるのではないか。見えるような形にしてみたい。

そのように考えたことが、本書の意図したことの二つ目である。

三つ目は、**沖縄から、端的ではあるが本質的で、インパクトの強いメッセージを届けていただくこと**。

その一つは、**辺野古の基地移転反対闘争の問題**。

いまやここでの闘争は、積年の沖縄の「意思」として凝集されている、という印象を受けるが、この背景には、本土復帰への強い思いと、復帰によってもたらされるはずだった希望や期待が、ことごとく裏切られ続けてきた、という七〇年分の哀しみと無念と怒りが凝縮されていることだ。新川、仲宗根両氏の論文とインタビューを、あるいはその行間を、よく吟味いただきたい。

もう一つは、沖縄戦で本島の主要部が焦土になった後、「敗戦」の象徴のようにして押し付けられた米軍基地。あるいは基地の存在によって、沖縄の女性たちがいまだ「戦争」を終えることができずにいるという、「**女性たちの戦後史**」。

あろうことか、つい先日も、四月から行方が分からなくなり、五月になって遺体で発見されたという、うるま市の二〇歳の女性の事件が起こったばかりである。しかしその後のサミットと、オバマ大統領の広島訪問によって、本土のマスメディアはまったく報じなくなった。

その少し前、「容疑者が黙秘をし始めた」「（自民党の幹部政治家たちは）地位協定に言及するつもりはない、とコメントした」と報じられたあと、本土では情報が途絶えた。シロウトながら、地位協定は、最もデリケートで重要な政治課題であることは、理解できる。しかし、性被害が一向にやまない、ということは、の問題に対し、本土のわたしたちが無関心を続けることは、こ沖縄をさらに孤立させる。そして本土の無関心は、結果的に、加害者への加担として働いてしまうということを、私たちはもっと理解しなくてはならないのではないか。

本書を編む過程で、この「**戦争と性暴力**」というテーマは、沖縄を理解する上で、どうしても避けて通ることができないものだという判断を、編者はもっていった。

この点については「あとがき」で、もう一度触れるが、「飢餓陣営せれくしょん」という、おそらくは男性が主要読者となっているだろうメディアにあって、このジェンダー問題を投げ入れることは、一種の賭けのようなものだ、ということはさすがに編者にも理解できた。

しかし、沖縄のもう一つの厳然たる現実を、少しでも幅広い読者に読んでいただきたいと願っての決断であった。

一方、本土の側からは、これまで編者が編んできた「飢餓陣営」誌上に、何度も登場していただいた方、共著をつくらせていただいてきた方がたの協力を得ることができた。結果、強力なラインアップとなった。

言わずもがなのことではあるが、「沖縄」や、戦後の「出口なし状況」をどう脱出するか、その考えは、参加者の一人一人が異なっているはずである。ここでは、加藤氏の「戦後論」の解読を中心に、協力をいただいている。「沖縄問題」は、昨今、微妙さと先鋭さを増しているテーマである故、あえてこの点を、付言しておきたいと思う。

ご覧のように、「戦後」をテーマとしながらも、通常の通史的な記述や、事項や事件を網羅的に取り上げていくスタイルは、採っていない。しかし繰り返すが、沖縄と日本の「戦後」がどのようなものであったか、戦後史の節目で何が起きてきたか、その論議の本質がどこにあるか、という点については、間違いなく最も肝要な部分を提示できているはずである。

沖縄から学ぶ戦後史 ▶ I

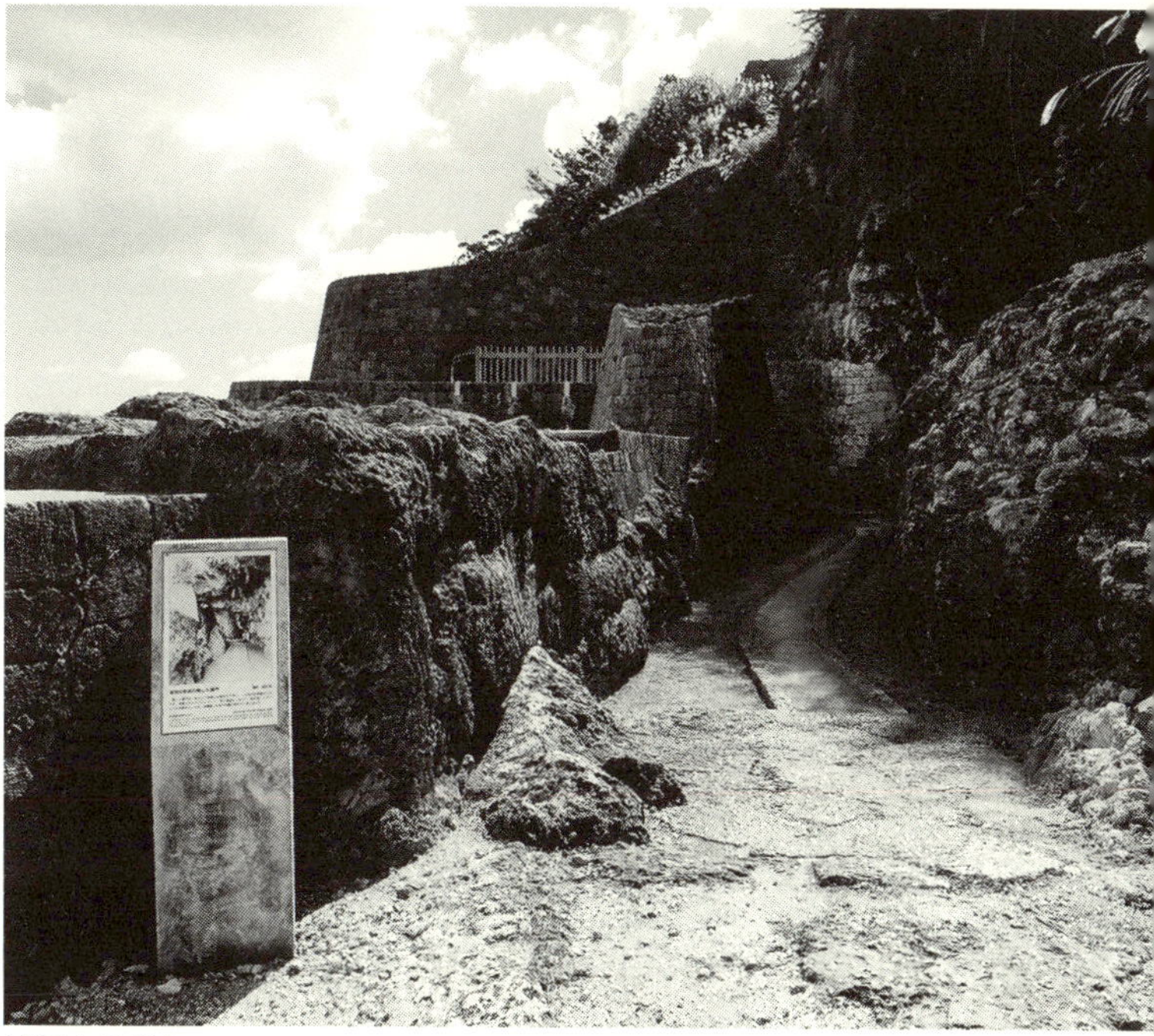

浦添ようどれ

【特別掲載】

照射される国民統合の虚妄

新川 明

戦後沖縄の精神史の特性は、ヤマト（日本）への異質感を秘めながらもヤマト（日本国）を「祖国」とし、その国への没入帰一を目指す「祖国復帰」運動に代表されるが、その流れがようやく大きく変りはじめてきたことを感じさせている。

その運動を支えていた「復帰思想」が融解をはじめ、沖縄アイデンティティに依拠した自己決定権の確保による自立への胎動が確かな手触りで感受されるからである。

それは、普天間米軍基地の辺野古移設に対して全沖縄的な圧倒的な反対の意思（民意）が名護市長選挙、沖縄県知事選挙、さらには衆院議員沖縄四選挙区選挙で示されたにも拘らず、移設工事をすすめる日本国安倍暴走政権の理不尽な蛮行に対する幅広い抗議と反対の声と行動の持続によって示されているところである。

個々の市民たちは日常生活のなかで国家の本質としての暴力性を実感することは少なく、抽象的な概念として「国家」を感受することが通常である。

その市民が国家の本性としての暴力性を具体的に知覚するのは、国家がその暴力をむき出しの形で行使する時である。

いままさにその事態が露出して沖縄地元の新聞二紙が日々報じ、社会全体が「国家」の暴虐を肌で感得し、共有するところになってきたのである。二〇一四年の三つの選挙で示された明確な民意に添って、自由で平和的な生存権や環境権を守るために辺野古沖や米軍キャンプシュワブ前で展開される普天間基地移設反対＝新基地建設反対の非暴力の市民運動を、問答無用で圧殺しつづける国家権力（海上保安部や警察）の暴力は可視化され、国家としてのヤマト（日本）の本質がはっきりと透視され、日本国への幻想が払拭されているのである。

そこで具体的な姿で知覚される国家権力の沖縄と沖縄人の尊厳に対する侵犯は、かつて多数の沖縄人の精神を「復帰思想」で染め上げ、日本国を「祖国」と思慕してやまなかった精神の流れを断ち切る力となってくれている。

思えば一九七〇年前後、沖縄における米国施政権の日本国への返還＝日本国による沖縄再併合によって在沖米軍基地の強化存続をめざす日米両国による返還協定の審議にあたる日本国の国会への参加を、沖縄の全政党、団体が狂弄する「国政参加選挙」への異議を唱える「国政参加拒否闘争」に関わり、「反復帰論」とよばれる言論活動をつづけていたひとりとして眼前の新しい潮流は望外の喜びであり、その限りにおいて安倍暴走政権の暴力的沖縄抑圧の振舞いには感謝の念さえ禁じ得ない心境である。

当時、国立国会図書館調査立法考査局は、「国会審議に際してなんらかの参考」に供するための沖縄現地調査をおこなって一九七〇年に『沖縄復帰の基本問題』という報告書をまとめているが、そのなかに、「復帰の思想的系譜――同化論から反復帰論へ」という一章がある。そこでこの時期に出現した「反復帰論」の台頭について、「この視座の転換は、沖縄史上のいわばコペルニクス的大転換で、沖縄自立への新たな思想的発展の兆しとみられる。」と述べていた。当時の思想闘争としての「反復帰論」が、今日の新しい思潮の醸成に直接結びつくものではないにしても、そこで指摘されていた沖縄の思想のコペルニクス的大転換が、四十余年の時空を経て現実の流れとして表面化している現状をみるとき深い感慨を覚えずにはおかない。

いま表面化する「復帰思想」の融解が、社会的な拡がりをもって浮上したのは、これもまた狂信的国家主義者である安倍晋三日本国総理大臣の独りよがりの暴走によって招来されたもので、彼の一貫して変らない沖縄差別の結果であることも興味深いことである。

二〇一三年四月二八日、「復帰思想」がなお根強く存続する一方で、その融解が言語化される形であらわれるという思想の分極化現象としてそれは表面化した。

この日（四月二八日）は、一九五二年に対日講和条約が発効して沖縄の日本国からの分離が確定、米軍の占領支配下に放置された日である。一九六〇年に結成された復帰協（沖縄県祖国復帰協議会）ではこの日を「4・28―屈辱の日」とし、「復帰」を求める平和行進や海上集会を開催するなど、最大レベルの行動に取り組んできた。講話条約発効の日を「屈辱」としたのは、沖縄の「復帰」願望を無視して米軍支配の軍事植民地下に放棄したことは沖縄の心を傷つけるもので沖縄にとって耐えがたい「屈辱」である、という発想に基づいており、その発想自体が「復帰思想」の発露であることは論をまたない。

そうした歴史的経緯があったところへ、安倍日本国総理は、講和条約発効によって日本国はアメリカによる占領支配から脱して独立を達成したゆえに、四月二八日を「主権回復」の記念すべき日として祝賀式典を行うことを決めた。

この決定に沖縄は猛反発、「4・28政府式典　がってぃんならん！屈辱の日沖縄大会」を開いて抗議したのは周知の通り。そこに六〇年以来つづいてきた「4・28屈辱の日」とする観念をベースに「復帰思想」が息づいていることは否定できず、その克服の難しさを思い知らしめるところでもあった。

しかし一方で、この日本国政府の「主権回復の日」祝賀式典の開催は、沖縄の自己覚醒を促すうえで大きな効力を発揮するという皮肉な結果を招くことになる。

日本国政府が沖縄を分離、放棄した日を「主権回復の日」として祝うことにしたのは、日本国の主権は沖縄を除外して成り立っていることを公式に宣言したことになるわけで、沖縄は自らの主権を日本国と関係なく確保するように促したことでもあった。

その意味で安倍政権による「主権回復の日」の祝賀式典は、沖縄にとって自らの未来を自らの手で拓くことを促されている喜ぶべき日であって、「がってぃんならん！屈辱の日」などと日本政府に抗議する退嬰的発想による行動に取り組むことこそ自らを貶《おとし》める「屈辱」的行動であった。

いまなお残る「復帰思想」の病根の発露ともいえる「がってぃんならん！屈辱の日沖縄大会」が開催される一方で、この日を沖縄と日本の関係を問い直し、学び直す契機にすべきである、という沖縄自立の胎動を言語化する言説も数多く噴出して「復帰思想」が超克される現実も顕在化していた。

たとえば石原昌家沖国大名誉教授はつぎのように述べていた。

政府の「式典」を引き金に、沖縄ではさまざまな「真の主権の確立」に向けての潮流が渦巻き始めた。「式典」が、沖縄の真の自立に向けた胎動の契機になったということで、安倍首相に「感謝」する状況になるほどの転換点になることを願いたい（二〇一三年四月二九日『琉球新報』）。

さらに、島袋純琉大教授は具体的につぎのように問題提起をした。

日本により放り投げられてしまった主権や民族を沖縄が受け取り、自ら基本的権利を守っていくため自分たちのものとして再構築していくこと、そのために立ち上がっていくことである。

どの道を選ぶのか、沖縄のひとり一人が沖縄をどう考え、どういう未来を描いていくか、極めて重要な選択を日本政府によって投げかけられている（二〇一三年四月二四日『沖縄タイムス』）。

このように安倍政権による「主権回復の日」を祝う記念式典の開催は、沖縄に自立を求める気運をもたらしてくれたのであった。

しかもその式典は、「天皇の政治利用」という批判を押し切って天皇、皇后の臨席のもとで行うという安倍総理の暴走によって、天皇と沖縄の関係を考えるうえで重大な意味を持つ結果を招くことになったのである。

沖縄を分離・放棄して日本国の主権回復＝独立を達成した講和条約の淵源に、自身の地位と国体を守るために沖縄放棄をマッカーサーに進言した昭和天皇の「天皇メッセージ」があることは広く知られているところだが、沖縄放棄のその条約発効の日を祝う式典に天皇が臨席することは、昭和天皇の沖縄放棄「メッセージ」を現天皇が追認することに通じ、昭和天皇とは異なるイメージで迎えられていた現天皇と沖縄の関係に大きな亀裂を生むことを意味した。

もう一つ、さらに大きな問題は、式典臨席によって天皇自らが沖縄の存在を日本国の外に置くことを身をもって示したことである。

そもそも天皇は、日本国の国民統合の象徴という地位が憲法で定められている。日本国憲法第一章第一条は、天皇の地位をつぎのように規定する。

天皇は、日本国の象徴であり日本国民統合の象徴であって、この地位は、主権の存する日本国民の総意に基く。

その天皇が、沖縄を除外、放棄した日を祝うことは、天皇に象徴される日本国の国民統合に沖縄は含まれないことを、天皇自ら示したわけで、その決定的な行為を天皇が演ずることを安倍日本国総理大臣が演出するという、沖縄にとって画期的な事態の展開であった。

すでに見たように、普天間基地の辺野古移設反対をめぐる安倍政権の暴力的弾圧は、「復帰思想」からの脱却、自立への覚醒を促し、天皇臨席による「4・28―主権回復」式典の開催は、日本国の国民統合に亀裂を生じさせる結果を招いた。安倍日本国総理大臣によって招来されたこの状況は、国民国家としての日本国の国民統合の原理を内部から食い破る働きをする。

「復帰」＝再併合から四十年余、沖縄はようやく、沖縄を含めた日本国の国民統合の虚妄を照射する主役として浮上してきたのである。

（初出『月刊琉球』5月号［№24］2015年5月）

新川明（あらかわ・あきら）

一九三一年　沖縄県生まれ。一九五五年　琉球大学文理学部を中退し、沖縄タイムス入社。八重山支局長、『新沖縄文学』編集長を経て、取締役編集局長、社長、会長を歴任し、一九九五年に退社する。

著書『反国家の兇区』（一九七一年・現代評論社）、『新南島風土記』（一九七八年・大和書房、二〇〇五年・岩波現代文庫）、『琉球処分以後　上・下』（一九八一年・朝日新聞社）、『沖縄・統合と反逆』（二〇〇〇年・筑摩書房）、『沖縄の自立と日本』（共著・二〇一三年・岩波書店）他。

仲宗根勇氏に聞く

沖縄から、日本（ヤマト）の戦後を問う

1.「日本＝母なる祖国復帰」論から「反復帰」論へ、そして「琉球共和国」論のいま

日本国には二つの戦後史がある

――今回は、仲宗根さんに、沖縄の戦後史と、辺野古新基地問題をめぐる現安倍政権と沖縄との〝闘い〟についてのお話を伺おうと考えました。

沖縄が「本土復帰」をしたのが一九七二（昭和四七）年。私事ながら、私が大学に入った年です。敗戦以降、二七年間も、アメリカの直接統治のもとに置かれていたことになり、改めて、そんなに長い時間だったのか、という驚きや慨嘆のようなものを感じました。

さらにそれから四三年が過ぎ、昨年は「戦後七〇年」ということで、先の大戦や戦後史についての論議が、安保法制や憲法問題とともに盛んに交わされました。しかし本土の人々にとって、「沖縄」はどうか。私の周囲でも、SEALDsの登場でさかんにはしゃぎ回っていた面々も、反安保のデモが終わった途端、沖縄のおのじも辺野古のへのじも、言わなくなりました。まあ、そんなものだろうと思いつつも、もう少し関心をもってもいいのではないか。私も決して大きなことは言えないのですが、また大変に僭越であることも承知なのですが、本土の少しでも多くの人に、沖縄の戦後史について関心をもってもらうにはどうすればよいか。それが今回の企画の最大のテーマです。

戦後という時間が何であったか。日本本土の人々が受け

とめてきた「戦後七〇年」の実感と、沖縄の人びとが過ごしてきた「戦後七〇年」から受ける実感とのあいだには、大きな隔たりがある。日本国は一つであるはずなのに、二つの「戦後史」をもっている。その異なるあり方がある現われ方をしたとき、「沖縄差別」という言葉になって表現されてくる。では、そのことを明らかにするにはどうすればよいか。

ひとつは沖縄から沖縄の戦後史や戦後論を語っていただく。もうひとつは、本土からそれぞれの戦後史や戦後論を語っていただく。そのことで、二つの歴史のコントラストが浮かび上がるはずであり、それは、いま日本がぶつかっている戦後問題の、重要な何事かとなっているのではないか。

ちなみに、戦後史といっても、たとえば政治史や経済史といったような、客観性や実証性に立って描かれる通史やら歴史記述を思い描いているわけではありません。まずは仲宗根さんご自身の精神史的な歩み中心に、沖縄という場所で見てこられたこと、考えてこられたことをお聞きできればと思っています。

六〇年代後半、沖縄にあって本土復帰が現実化してきたとき、仲宗根さんは、新川明さんや川満信一さんらとともに、「反復帰論」を唱えることになります。大勢を占めていたのは「祖国」復帰論だったと思いますが、沖縄の言論界にあって大きな影響力を与えてきたはずですし、重要な位置を占めてきたと思います。沖縄における、本土復帰をめぐる様ざまな考え、また仲宗根さんや新川さんがどういう主張をしてこられたのか、そのあたりからいかがでしょうか。

六〇年代の復帰論と安保闘争

仲宗根勇（以下、仲宗根）　新川明さんや、川満信一さん、ぼくなどのような反復帰論者は、そもそも一九七二年の祖国復帰という「　」付きの「復帰」に対し、ずっと疑いの目をもっていたわけですが、あの時点で一つの潮流といいますか、暗流といいますか、日本国家にたいする異議申し立ての流れをつくっていたのです。

あのときの沖縄の民衆運動は、復帰前から系列化の並びがあり、政党党派も、たとえば社会党なり共産党なり自民党なりはすべて系列化されていて、いまのような「オール沖縄」、つまり、保守革新各政党が自分たちの党派性を出さずに、沖縄の「自己決定権」を前面に出して日本国家と対峙するというような流れは、一九五六年のプライス勧告に対する「島ぐるみ」闘争を除いては復帰前のあの当時はまったくなかったのです。だから、あの時代を知っているぼくからすると、いまのこの状況は考えられないほどです。

ともあれ、「統一戦線論」とか、六〇年の反安保闘争のときにも、「社共は統一行動をすべきだ」という声があがったりしてはいたのですが、民青（代々木系）は民青で行動する、社会党系は社会党系で行動し、総評（労働者）は労働者で行動する。反代々木の学生は反代々木で行動する。しかもそれがまた社青同だの共産主義者同盟だの、それぞれ分かれて行動をしていたわけですね。

ぼくは一九六〇年に大学に入りましたので、安保闘争のときには本土で参加しました。安保闘争は、なんというか、人生のターニングポイントになったというか、そんな感じでした。その決定的な経験が、アイゼンハワー訪日の日、沖縄に逃げ戻ったというので、宣伝車の上から現場指揮者が座り込んでいる学生大衆に向かって、「我々は勝利しました！」、というのですね。アイゼンハワーが沖縄に逃げ帰ったことがなぜ「勝利」なのか。六〇年の安保闘争では、「沖縄」はまったく蚊帳の外というか、視野の外というか、そういう経験があるものですから、あの頃の復帰闘争にたいして、思想的にはすごく違和感をもっていたわけです。

『沖縄少数派』（三一書房・一九八一年）から引きます。

> 安保闘争は幾多の転回を重ねて、ついにアイゼンハウアー訪日の日。（略）そして、その日、訪日阻止を叫んで国会前にすわり込んだ厖大な国民大衆に向って、執行部は誇らしげにかつ少々悲愴ぶって訪日阻止の成功を報告した。「岸内閣の議会主義の破壊と日米反動の陰謀のテコ入れに本日訪日予定のアイゼンハウアーの訪日は阻止されました。我々は勝利しました。卑怯なアイゼンハウアーは沖縄に逃げ去りました！」。大衆は歓呼した。だが、私は気も動転せんばかりに驚いた。これは一体どうしたことだ？　沖縄にアイゼンハウアーが上陸したことはとりもなおさず、日本＝沖縄に足を踏み込んだことなのではないのか！　沖縄は異質の外国だとでもいうのか！　安保反対のどのような政治的党派のアジテーターも必ず言及する沖縄の状況とは何なのか。真実は何も知らずに、いや偏見と先入観をもって前提された知識と意識の形でしか、沖縄は本土日本人、とりわけここに集まったいわゆる革新的な人々の中でさえ存在しているにすぎないのか。（p23―24）

それで沖縄では、六〇年の四月に「沖縄県祖国復帰協議会（復帰協）」が結成され、この復帰協が、サンフランシスコ講和条約が発効した四月二八日（一九五二年）を、沖縄が切り捨てられた「屈辱の日」として定め、運動していました（これは後で、現首相安倍晋三の話とつながります）。

沖縄と日本は、歴史的に矛盾と葛藤の中に置かれています。でも学校ではほとんど学ぶことはなかったから、「母なる祖国」を求める日本復帰運動が、アメリカの軍事支配への抵抗の拠点になり、沖縄と日本との異質性や矛盾については、意図的に無視するような風土になっていたのです。それが一九六八年ごろから、「反戦復帰運動」へと変わっていく。「日の丸＝母なる祖国論」から出発した「祖国復帰」運動が、「憲法をもたない沖縄」の地にあって、平和憲法と反戦・平和を求める「反戦復帰」をめざす運動として動き始めていたのです。

『沖縄差別と闘う』（未来社・二〇一四年）にも書いていますが、川満信一さんが「六八年前後というのは（中略）自分たちが外から見ていた沖縄の状況とは何であったのかということを考え出す時期だった」（『沖縄発──復帰運動から40年』情況新書・二〇一〇年九月）と指摘しているように、いま思えば、一九六八年は大きく変化のあった年でした。

一九五七年、アイゼンハワー大統領は沖縄統治基本法を公布し、沖縄にたいする絶対的権限をもつ高等弁務官を置き、高等弁務官は琉球政府の主席を親米派から任命していましたし、琉球政府民立法の拒否権、琉球政府の公務員の罷免権など、絶対君主のようでした。本土に行ったり来たりする際のパスポートの発給権限もそのひとつでした。

けれども県民のあいだには、「主席公選要求」の声が強くなります。ついに譲歩して、任命制だった琉球政府主席を公選制にすることを認め、屋良朝苗主席が誕生しました。これが六八年です。「祖国復帰」から「反戦復帰」へ変化し、これまでの国家─祖国幻想から身を引きはがそうとしていたときに現われたのが、「反復帰論」だったのです。

このあたりのことを、『沖縄差別と闘う』（未来社・二〇一四年）で次のように書いています。

かつて、復帰運動の集会で人びとは、「日の丸」の旗を掲げ、「日の丸」で鉢巻をしていた。国家論不在というより、むしろ、「国家」をイデーの中心に据えた沖縄教職員会の師範学校的な「日の丸＝母なる祖国」論を思想的（あるいは無思想的）体質として出発した復帰運動の悲惨と栄光の歴史は、佐藤・ニクソン会談の成功＝七二年沖縄返還合意によって、論理必然的にハッキリと死の宣告を受けた。「祖国」や「日本国民」へのあまりに強い渇仰が〈拒絶の思想〉を鈍らせ、「復帰」の内実への問いかけを忘れさせ、無内容同然と化した「即時無条件全面返還」を惰性的に連呼した復帰運動は体制側の術中に陥ったのだ。

そのころの集会から「日の丸」は消え、「赤旗」や「組合旗」が戦いの旗となっていく。すなわち、復帰闘争のスローガンは、いつしか、「日の丸＝母なる祖国」論から「反戦復帰」論へ変転する運命にあったのである。日本の外交交渉のなかから出た結論によって、沖縄の人間がおのれの運命を、おのれと無関係の意思によって決定づけられる不条理を甘受させられる結果となった。そしてそれこそが、「沖縄問題」を核とする「日本問題」を一挙的にみごとに収拾する現実的な、あまりにも現実的な日本の保守体制側の知恵であったのである。（p25）

七〇年代の「反復帰」論から「琉球共和国」論へ

少し話を戻すと、ぼくが大学を卒業して、沖縄に戻るのは一九六五年です。東京の満員電車に揺られ、帰って寝るだけの生活はちょっと考えられなかったのです。マスコミだったら受けてみようかと、ある新聞社の試験を受けたら内定をもらい、身体検査まで行ったのですが、でも当時、琉球政府の法律関係の上級試験に通っていたものですから、結局、帰ったのですね。帰ってから、ぼくは沖縄の復帰運動に関わることになっていくのです。

その頃、ぼくが新聞などに書いたことがきっかけでしょうか。新川明さんと川満信一さんがお二人揃ってぼくの職場を訪ねてきて、はじめて新川さんたちと会い、色々と話しました。なぜ「祖国復帰」ではなく、「反復帰」だったのかといえば、まず佐藤－ニクソン会談からでてきた、「祖国復帰」が胡散臭いという認識がありました。

そこで、沖縄タイムスが出している「新沖縄文学」一八号で「反復帰論」の特集を組んだとき、そのなかで、ぼくと新川さん、大城立裕さん、牧港篤三さんなど五人が書き、歴史学者の色川大吉さんがそれを敷衍して本土の雑誌で論じたり、「新沖縄文学」が続く号で「続・反復帰論」を特集したりして、それから「反復帰」が一つの潮流として出てきたのです。そこに岡本恵徳さんなど多くの若い人たちも加わり、新川、川満のお二人を中心にして、「新沖縄文学」や「沖縄タイムス」に連載したり、ぼくも本土の雑誌や著作で書いたりして、「反復帰論」の流れに加わっていったのです。

彼ら〈反復帰論者――佐藤註〉は、「国家」に代わる、近代を超克する共生社会の未来像を求め、沖縄の歴史と文化に通底する日本国家・本土日本人との〈異質感・差意識〉を逆手にとって日本国家を相対化することで、国家論を欠落させ「祖国」意識を疑うべからざる前提としてきた主流的な復帰運動の思想をみごとにハイジャックした六九年の「佐藤・ニクソン共同声明」による日本復帰への拒否を鮮明に主張したのである。（『同前』p38）

七〇年に、新川さん、川満さんと沖縄住民を国政選挙に参加させるというので、それは拒否すべきだと「国政参加拒否闘争」をします。集会をもったり、新川さん、川満さんとぼくとでコザ（いまの沖縄市ですね）に行き、中核派以外の各セクトの学生や労働者を集め、討論し、国政参加拒否のキャンペーンを張って、那覇市内で国政参加拒否大集会をもったりしました。ほとんどが沖縄の学生でしたが、本土の大学にいる学生たちも帰ってきて参加していましたね。

当時は、新川さんたちとはときどき会っていました。川満信一さんたちと沖縄自立についてシンポジウムをもったりしたのは復帰後一〇年目のころです。その内容である「沖縄自立への挑戦」が復帰十周年記念出版として、本が社会思想社からも出ていますが、そういうふうにして彼らとは付き合ってきました。

「反復帰」論を、ぼくは『沖縄差別と闘う』のなかで、次のように総括しています。

反復帰論が「現実」を唯一獲得したかに見えた国政参加拒否闘争は、こうして終息した。この拒否闘争を除けば、〈反復帰〉の思想と行動は、思想原理としては、国家に糾合されることを拒否する射程の深さと長さをもっていたにもかかわらず、政治運動としてはもちろん理念的にもありうべき沖縄の社会ないし国家構想にまで到達することはなかった。（p49）

最近出る沖縄戦後史の本のなかには、「反復帰論」に触れていないものがあったりして、党派性の強い著者は、我われのような少数派の運動を無視したがる傾向がありますね。*1

一九七〇年の安保闘争の際には、「沖縄奪還闘争」と言われたりもしましたが、その場合でも、沖縄から見れば、沖縄闘争を「神聖」視して、しかし実態は沖縄についてほとんど知らない。「沖縄と連帯しよう」とか、「沖縄奪還」とか、そういうスローガンがあったのですが、当時から、われわれ反復帰論者は、そういう流れにはプラスの評価は与えていなかったのです。

> 六〇年代の後半から七〇年にかけて、多くのセクトと知識人が、政治的、文化的な意味から沖縄にその関心を移動させてきて、多くの「沖縄論」や「沖縄闘争」を展開し始めても、私（たち）は、それを全面的に信じることはできなかった。七〇年が足音高く近づいたころになって、彼らがいかに沖縄を「聖地」視しようとも、体制の側が志向した日本社会総体の〝沖縄転覆〟のための政治構図＝七〇年安保に照応させる形で、彼らはその視座を沖縄に移動させたにすぎなかったからである。（『沖縄少数派』p161―162）

民族主義的な、主流をつくっていた復帰運動者たちは、本土のそういうスローガンに感激するところがあったのですが、我々は六〇年安保での経験を通し、沖縄のことは何も分かっていないという疑いをずっともっていたのです。

――琉球独立論は、以前は沖縄県内にあってもほとんど相手にされない考え方のようでしたが、現在に至って、かつてとは異なる潮流として浮かび上がっているように感じられます。この初期の独立論についてはいかがですか。

仲宗根　当時の潮流では、独立論というのは、ごくごく少数派で、野底土南（本名・武彦）という人が初代党首になって、琉球独立党をつくって選挙にも出たりしたのですが、ほとんど泡沫候補扱いだったですね。あの頃の独立論はその程度のものでした。

その当時においては、たとえば、ハッキリと「琉球独立」論を口走ることには、ある種の抵抗感があった。それは、戦後直後の日本共産党の琉球独立論、また早くも五〇年代に群島議会で提起された琉球独立論がアメリカの極東戦略とからめてイメージされたため、独立論は、思想的にも運動としても「祖国」復帰思想に席巻され、いつの間にか歴史上から退場し消滅したことが背景にある。（『沖縄差別と闘う』[*2] p49―50）

後半の話になるかと思いますが、いまのように本土政府が沖縄差別をつづけ、辺野古移転を強行しようというのであれば、また憲法を改悪して戦争のできる安保法制＝戦争法を、憲法クーデターをやってまで通していくんだという首相安倍のやり方を認める日本国家であるなら、あるいは日本人であるなら、我々は、そのときには日本国におさらばして、独立しても仕方がない。いま、官邸や首相は、そこまで沖縄を追いこんでいる。そのことを、本土の国民にはもっと知ってもらいたいと思いますね。

われわれは「琉球独立」論とは言わず、「沖縄自立」論とか「琉球共和国」論と言っています。「琉球共和国」論は、一九八一年「新沖縄文学」四八号で、特集「琉球共和国への架け橋」が企画され、川満さんが「琉球共和社会憲法C私（試）案」を書き、[*3] ぼくが「琉球共和国憲法F私（試）案　部分」を書きました。[*4]「編集者の依頼としては、百年後の沖縄をイメージしてパロディ的な内容ながら沖縄の意志と力を表現し、同時に復帰一〇年目の現実に対するアンチテーゼをも含ませるという無理難題の注文だったと思う」（『同書』p52）。

ぼくは「琉球独立」論者ではないけれど、安倍政権の暴走がこれからも続き、メディアも追従し、日本国民が反対しないのであるならば、沖縄独立のカードを切っていくのもやむなし、とは考えていますね。沖縄差別との闘いはずっと続いてきたし、本土の人民と政府の意識が変わらなければ、独立の動きは続くでしょう。沖縄独立は見果てぬ夢です。

（＊1）柳澤誠著『沖縄現代史』（中公新書）には、次のような記述が見られる。
《「反復帰」論は、「反国家」「非国民」「反権力」といった思想を打ち出し、国家としての日本を相対化し、精神の自立を主張していた。70年11月の国政参加選挙の際には、国会に代表を送ることは日本国家に取り込まれることだとして国政参加拒否闘争を行っている。／その根底には、これまでの民族運動としての復帰運動を担ってきた屋良主席や革新政党などへの批判があった。「反復帰」論は、復帰論に対する単なる独立論ではなく、日本という国家に復帰するとはどういうことなのかを捉え直す試みであった。／このような「反復帰」論の主張は、復帰協を軸に復帰運動を担ってきた革新諸政党・団体にとっては受け入れがたいものであり、徹底した批判が展開される。民族統一を自明の前提とする復帰論を批判した「反復帰」論に対しては、過剰な批判を繰り広げた。この時期、「反復帰」論は実際の政治を動かす力とはなっていない。しかし、現在にいたる、沖縄における大きな思想的潮流の一始点となる。》（p157―158）

《82年の復帰10年に向けて、再び沖縄と天皇、沖縄戦と皇軍の問題が議論されていくが、それはまた、復帰そのものを問い直す機会でもあった。／81年6月に刊行された雑誌『新沖縄文学』48号（沖縄タイムス社）の特集「琉球共和国への架け橋」は、川満信一と仲宗根勇による2つの憲法私（試）案を基にした座談会を掲載する。2人は復帰直前に「反復帰」論を主張していた。復帰10年を前にして、憲法私（試）案はあらためて復帰とは何だったのかを問い掛けるものであった。》（p223）

（＊2）『沖縄差別と闘う』に、新川明氏の発言について次のような記述が見られる。

雑誌『世界』（一九七一年六月号）の特集「復帰を問う」で、誌上憲法公聴会が開催され、その対論に、新川氏や仲宗根氏が参加者として顔をそろえていた。

《（略）新川明は、司会者からなぜ「反復帰」を言うのかと問われて、「具体的な問題として、沖縄が独立できるのかと言えばそれは不可能だ。しかし憲法ないしは日本とのかかわりで沖縄の今後のあり方を考えていく場合に、あるいは大衆運動を組織していく場合に、思想の問題として君は独立論かと言われると僕はそうだと答える」と言っていた。》（p50）

（＊3）川満氏の「琉球共和社会憲法C私（試）案」は「前文」から始まり、第一章から第六章まで、全五六条よりなっている。その「前文」の最後は、次のように書かれている（『琉球共和社会憲法の潜勢力』未来社・二〇一四年六月・より）。

《九死に一生を得て廃墟に立ったとき、われわれは戦争が国内の民を殺りくするからくりであることを知らされた。だが、米軍はその廃墟にまたしても巨大な軍事基地をつくった。われわれは非武装の抵抗を続け、そして、ひとしく国民的反省に立って、「戦争放棄」「非戦、非軍備」を冒頭に掲げた「日本国憲法」と、それを遵守する国民に連帯を求め、最後の期待をかけた。結果は無残な裏切りとなって返ってきた。日本国民の反省はあまりにも底浅く淡雪となって消えた。われわれはもうホトホトに愛想がつきた。／好戦国日本よ、好戦的日本国民と権力者共よ、好むところの道を行くがよい。もはやわれわれは人類廃滅への無理心中の道行きをこれ以上共にはできない。》（ｐ10）

（＊4）仲宗根氏の「琉球共和国憲法F私（試）案（部分）」は、「前文」と全九条と「注釈（コンメンタール）」よりなり、『沖縄差別と闘う』の第二部「自立・沖縄の夢とうつつと」の中に収録されている。第二部の冒頭に「「沖縄自立」の夢遠く」とタイトルされた文章が収録されており、そこから引用する。

《核も基地もない、平和で豊かな沖縄を求めて、孤立無援の沖縄の民衆は、アメリカ軍の銃剣とブルドーザーの前に、素手で立ちはだかった。だが、その日本復帰運動に結集した素朴なまでに純化された民族意識は、狡知にたけた支配者意思によって、みごとに秩序党的に転覆されてしまった。一九七二年五月十五日、二十七年に及んだアメリカ支配に終止符が打たれたものの、それは外装だけにとどまった。「核抜き本土並み無条件全面返還」という佐藤政府の政治宣伝は、文字通りのうたい文句に終わった。結局、返ってきたのは何もなかった。何事も変わりはしなかった。沖縄基地は昨日に続く今日であった。星条旗と日章旗が並び立ちはためいている、広大な軍事基地が、民間地域を睥睨《へいげい》している。民間空港に雑居する軍用機は、民間航空機を間一髪の危険にさらし続ける。軍事演習と爆音公害は、絶え間なく民衆を襲う。》（ｐ71―72）

さらに一ページほど沖縄の状況が書かれた後、次のように結ばれる。

《しかし、民衆の表情から、どこかあっけらかんとした、底抜けの南国の楽天的明るさが消えることはない。琉球舞踊や古典音楽など灰燼《かいじん》のなかから華麗に蘇生した伝統芸能の花は、いまを盛りと咲き誇り、人々に支えられている。（略）こうして、文化的には、沖縄的なるものは、政治経済的自立論等の衰亡と反比例するかのように、沖縄人のアイデンティティ確認の黙示の拠点として、沖縄社会のなかで、強固に根を張り続けている。沖縄の文化的自立は、「論」より前に、日常のなかに確実にその根拠をみいだす。沖縄は日本のなかの、ひとつの、文化の「共和国」なのだ。

／〝沖縄自立〟の夢こそは、沖縄の歴史がその裂け目を見せるたびに、姿を現わしては徘徊《はいかい》する思想的亡霊にほかならない。》（p72—73）

2. 辺野古から問う——日本は憲法と立憲主義を捨てるのですか

サンフランシスコ条約締結の屈辱の日に

——仲宗根さんはずっと辺野古に通っておられ、辺野古ゲート前の「辺野古総合大学」法学部教授と言われたりして、法律の専門家の目から演説をつづけており、それは『聞け！　オキナワの声』（未来社・二〇一五年九月）としてまとめられています。ここで辺野古問題についてお話し下さい。どの辺りから足を運ぶようになったのか。

仲宗根　ぼくが一九六五年に、沖縄に戻ったことは話しました。帰った後、九二年に最高裁の簡易裁判所判事試験に合格し、裁判官として沖縄や福岡県の裁判所に勤務し、二〇一〇年の年末に東京簡易裁判所を定年退官し、沖縄に戻りました。そのあとの一、二年間はもっぱら晴耕雨読で過ごしていましたし、これからも、そのつもりで読書の日々を送ろうと思っていたのです。

ところが、二〇一三年四月二八日に、安倍内閣は、政府主催で「主権回復・国際社会復帰を記念する式典」を、東京で開催しました。「式典」には、天皇・皇后が出席されましたが、口元を「へ」の字に歪めて立っていました。「式典」と同じ日、ぼくは宜野湾で開かれた「4・28【屈辱の日】沖縄大会」に参加していました。「所詮〝国家〟なんてそんなもんさ」と醒めた自分がいる一方、ショックを受け、これはまさに沖縄差別と侮蔑の根強さ、大きさだと万余の人びとと、怒り、悲しみ、絶望し、絶対に許せないという複雑な精神状態に落ち込んでいました。悔し涙が止まりませんでした。そして「ガッティンナラン！」「ガッティンナラン！」「ガッティンナラン！」と、シュプレヒコールをつづけていました。「ガッティンナラン！」は、「合点がいかない」よりもっと強い不同意や怒りを表す琉球語ですね。

『沖縄差別と闘う』で、ぼくはこんなことを書いています。

（沖縄戦の）その結果、四人にひとりの沖縄県民の命が奪われ、軍人よりも多い十数万人の民間人の名前を「平和の礎」の死者台帳に彫り込ませる惨劇を招いたのだった。そして、日本国家は、戦後二七年間にわたり、沖縄の戦後社会をアメリカの過酷な軍事支配下に投げ入れ、軍事基地建設のための銃剣とブルドーザーによる米軍の土地強制接収など、基本的人権を侵害され無視され続けた沖縄人の人権状況を放置し続けてきたのであった。その挙句のはてに、世論とともに、当時日本を代表する多くの学者たちの主張としてもあった、すべての連合国諸国との全面講和、軍事基地の設置に反対、中立不可侵と国際連合への加入を希望する声を無視して、サンフランシスコでの単独講和条約によって沖縄を「質草」としてアメリカに差し出し、同時に日米安保条約という軍事同盟を締結したのである。（p13—14）

まさにその沖縄の「屈辱の日」を、日本の「主権回復の日」として祝い記念する行為こそは、安倍晋三内閣およびその背後にいる、日米安保の利益を享受していながら、その負担を沖縄に超過剰に押しつけて恥じない本土日本人の傲慢な沖縄差別にほかならず、沖縄県民を「化外の民」としてその人間存在を冒瀆し無視する以外のなにものでもない。（略）（同）

翌年早々に「うるま市具志川九条の会」を立ち上げて、共同代表の一人になりました。

九条の会が辺野古の闘争を始めたのは、二〇一四年の七月五日からです。その後、辺野古ゲート前に人が集まり始めてからは、ずっと一緒に戦っています。安倍内閣の反憲法的暴走に対する危機意識から、辺野古新基地反対闘争と関わることになったわけです。

辺野古問題の歴史的経緯

仲宗根　辺野古の問題には重要な歴史的背景があるので、少し説明します。

一九九五年九月、小学生の女の子が米兵三名によって暴行され、この事件に対する県民の大きな怒りが八万五千人の県民大会となり、沖縄の全基地の存続を危うくする事態になります。ちょうどその四〇年前の一九五五年、六歳の女児がやはり米兵に暴行を受け、殺害されるという事件が起きました。結局この犯人は、軍事裁判で死刑の宣告を受けるのですが、アメリカに送還され、ウヤムヤにされてしまいます。

この前史もあって、九五年の事件にたいする県民の怒りは爆発するわけですが、このとき、日本側から外務省と防衛庁など、アメリカからは国防総省や軍の代表が集まってSACOの作業部会をつくり、怒りを鎮めようとして、基地軽減について協議します。日本側は嘉手納基地に普天間を統合しようという案を何回も出しますが、それに対してアメリカ側は、海兵隊のいる普天間基地と嘉手納の空軍基地と、北部訓練場（高江にある広大な地域です）は、それぞれ独自に持つべきだということで、統合案には反対します。

当時の、クリントン大統領と橋本龍太郎首相とが日米首脳対談をひらきますが、橋本さんは、アメリカに行く直前に沖縄県の太田昌秀知事と会い、「いま一番望むことは何か」と聞き、太田知事は「普天間を返してほしい、最優先はそれだ」と答え、橋本首相も深刻に受け止めます。

そしてクリントンとの会談の最後に普天間の問題を持ち出すと、大統領は「最善を尽くしたい」と答え、その結果、モンデール駐日大使と橋本首相との会談が四回ほど開かれることになります。そして九六年四月一二日、「五年ないし七年以内に県内に代替施設つくるという条件で返す」、という正式発表が出されるわけです。

ところがその後のSACOでの協議はまとまらず、結局最終報告が出たのは九六年一二月で、アメリカ側が主張していた「将来撤去可能な海上施設をつくる」ということになったのですが、移設先については書かれていなかった。地上案になったり水上案になったり、辺野古の沿岸部になったり、転々として「キャンプシュワブ辺野古崎地区と隣接する水域」ということで、現在に至っているわけです。

ところが、すでに一九六六年に、米海兵隊や米海軍が辺野古を埋め立てて、原子力空母が入港できるような軍港を計画していたことが、すでに分かっています。九七年にはこの計画を踏まえ、米国国防総省によって、ミサイル搭載エリアを併存させた辺野古海上基地の基本構想があったということで、ぼくは、安倍官邸が「辺野古が唯一の選択肢」と言い募っているのは、このことが日米の密約としてあったんじゃないかと疑っています。

辺野古は今どうなっているのか

仲宗根　こうしたなかで反対運動がおこってくるわけですが、最初のうちは少数の、周辺のオジイとかオバアたちが浜にテントを張って、座り込んでいました。海上保安庁もそのときには中立の立場で、暴力なんか振るったりしません。そうやって十数名の反対運動から始まるのですが、埋め立てを承認したのは、仲井眞前知事ですね。東京の病院で安倍官邸にまるで拉致の如くされ、八年間、三〇〇〇億以上の予算を確保するとか、五年以内に普天間基地を停止させるとか、誰が考えても空手形のような条件と引き換えに、埋め立てを承認するわけです。

仲井眞知事二期目の改選のときの公約は「県外移設」だったわけですから、公約破り、裏切りに対する怒りとともに、翁長知事を誕生させた「オール沖縄」の力が沖縄の政治の世界を圧倒するにつれて運動も広がり、毎日一〇〇名から二〇〇名以上の県民や、全国の人たちが応援に集まるようになったのです。

――よく、活動家を金で雇っているんだとか、座り込んでいる人の数は、地元の人よりも本土の活動家のほうがはるかに多いんだとか、そういう話が書かれたりネットやテレビで報じられたりすることがありますね。

仲宗根　ぼくもよく言われますよ。「辺野古に行くひとは一日五千円ずつもらっているそうだけど、仲宗根さんも週三日も行ってるんなら、たくさんもらってるでしょう」って、真顔で言う人も、沖縄のなかにもいるのです。冗談じゃないよね。本土から来たもの書きが一知半解のまま、そのへんの酒場で聞いた話を針小棒大にまき散らしていることが多いですからね。

いまの辺野古の現場の闘争は、これまでの沖縄の民衆運動のなかではなかったような闘争になっています。一般的に民衆運動には、指導部があって、そのもとに大衆がいて、大衆は共通の綱領というか理念というか、共通したものをもっていて、それを指針として動いていく。本来はそういうものですね。ところがいまの辺野古の運動が違うのは、組織の指令や決定がまったくないことです。平和運動センター、ヘリ基地反対協、平和市民連絡会、統一連の四つの組織が毎日交替で、現場を指揮するようになっています。

それ以外にあるとしたら「島ぐるみ会議」というものが各市町村にあり、その役員会で決めるのですが、参加するかどうか、どういう人たちが参加になるかは、個人が決めることで、皆個人として参加しているのです。組織としての動員はないのです。

そこで活動する場合にも、党派性を出していけないという明確な決まりはないのですが、自然にそうなっているのです。あの場で党派色を出して訴えかけるという、野暮なことをやる人間はいない。マイクをもって喋る人はたくさんいますが、党派色は出さないという暗黙のルールみたいなものができているのです。最初、党派性をもちこまれるのはまずいということで、ビラ配りも遠慮してほしいといわれました。われわれの「九条の会」の会員獲得のための会報でさえも、現場指揮をする人たちに止めてほしいといわれていたくらいです。

指導部がないわけですが、そのメリットもあり、テントを張った当初、首相官邸ではどうしても撤去させたいということで、沖縄総合事務局の職員にテント周辺を二四時間監視をさせたりして撤去を求めたのですが、強制執行ができないのです。なぜかというと、あそこに集まるのは毎日違うメンバーで、その集団の構成員の特定ができない。しかも代表者がいない。執行するために必要な、特定の執行債務者が法律上存在しない。だから法律上、強制執行できないことになる。ぼくはゲート前で、そういう演説をしていました。そして実際、撤去はできなかったのです。

辺野古に参加する人々の特徴は、「いつでも、いつまでも、どこからでも、だれでも来れる」ということです。有給休暇を使ってくる人、大学を休学してやって来る若い男女。著名な音楽家が来て、生の音楽や歌が聞けたりするし、人と人との出会いの場にもなっているのですね。

「オジイ、オバア」たちを中心とした非暴力徹底抗戦

仲宗根　辺野古問題の現段階は、法廷闘争と現場闘争。この二つで争われています。安倍内閣は、法的には使うことができない法律を使って、翁長知事の承認取り消しに対抗しようとしているわけですが、それに対して沖縄県側も対抗措置を繰り出しています。そのため何通りもの法律上の争いになりました。

国が使っている「行政不服審査法」という法律は、本来、行政庁の違法あるいは不当な処分、その他公権力の行使に当たる行為に対し、国民に対して広く不服申し立ての道を開き、簡易で迅速な手続きで、国民の権利や利益の救済を図る法律です。それが目的であり、そのことは、その法律の第一条に、ちゃんと書かれています。

ところが安倍官邸は、私人として「埋め立て」を申し立てていると主張し、強引にこの法律を持ち出して、「翁長知事の埋め立て承認の取り消しを違法としてその無効を求める審査請求とともに、取り消しの効力を一時停止せよ」と国交大臣に申し立てた。そして国交大臣は一時停止を認

めた。この判断が有効か無効か、裁判で確定するまで、翁長知事の取り消しの効力が一時停止され、その結果、工事が進んでいたわけです（3月4日の和解成立で工事は現在、中断中）。

数多くの行政法の学者が、この「行政不服審査法」を使うことができるわけがない、こういう法律の使い方は脱法である、と声明を出していますが、まったくその通りなのです。もっとも「集団的自衛権の容認」というような、憲法九条からはまったく導かれない解釈をし、最高裁の砂川判決という、まるで争点の異なる判決内容からその根拠を導き出すような内閣です（砂川判決については、次章で詳述する——佐藤註）。法律に無知であるか、知ってやっているのであれば、憲法や法律を無視したファッショ的なふるまいだと批判されて当然です。

このように憲法や法を侮蔑し、空洞化させていく法解釈をしてごり押ししているのが、いまの安倍政権の法廷闘争の実状です。

また辺野古の現場では、警備陣の暴力行為が、ますますエスカレートしています。昨年（二〇一五年）の一一月四日、警視庁の機動隊が辺野古に入りましたが、その日から、けが人は出る、逮捕者は出るという事態になりました。警察法には五九条に、各都道府県警察は相互に協力する義務がある、という条文があります。六〇条では、その助力を求める主体は各都道府県の公安委員会が警察庁に連絡をして、派遣をしてもらうよう定められています。そして派遣された警察官は、それを求めた都道府県の公安委員会の管理のもとで職権を行なう。そう書かれているのですが、辺野古では違います。

沖縄県機動隊は蚊帳の外に置かれ、おそらく首相官邸からの直接の指令のもと、条文をないがしろにした警備がなされている。しかも明らかに過剰な警備であり、何人もの人が救急病院に運ばれています。海では、海上保安官がカヌーに乗った人のところに飛び乗ってきて、首根っこをつかんだり、海中に顔を沈めたり、馬乗りになったりしている。機動隊に「犯罪者」呼ばわりされたゲート前の人たちが話し合いを持ち、私も代表になった「権力の暴圧による思想・表現の自由の侵害を許さない市民の会」が立ち上げられ、同会では、二〇一五年の六月に県庁記者クラブで記者会見をして「緊急声明」を出し、その後、県警本部長などに声明書を送りましたが、過剰警備は止みません。市民の会では、二〇一五年の六月に「緊急声明」を出しましたが、過剰警備もいいところです。

　ところで沖縄の基地負担軽減の一環として、普天間所属のオスプレイを使用した海兵隊の訓練について、佐賀で行なうことを中谷防衛庁長官は発表しました。ところが佐賀県知事が難色を示すと、すぐに取り下げました。佐賀では重視される民意、民主主義は、なぜ沖縄では無視されるのですか。憲法のうたう平等は、沖縄を例外としているのでしょうか。沖縄は、名護の市長選挙も県知事選挙も、そして直後の衆議院選挙においても、すべてにおいて「これ以上基地はいらない」と意思表示しています。なぜそれが無視されるのか。

　こうした基地問題の本質というのは、まぎれもなく沖縄差別だとぼくは思いますね。

現政権に正当性はどこまであるのか

仲宗根　では、暴走とごり押しを繰り返す安倍政権とはどんな政権なのか。暴走のもとにあるのは、まず小選挙区制の、一票の価値が不平等である選挙で選ばれた代表である。野党が分裂して投票棄権者が四八～九％もあり、投票者が五一～二％。全有権者の二四％か二五％くらいの得票で、自民党が、公明党と合わせて衆議院の議席の三分の二を取ってしまっている。

　こうした現状があるわけです。これでは日本国憲法の前文にうたわれている、「日本国民は、正当に選挙された国会における代表者を通じて行動し」には該当しないのだから、ぼくはいつも「これは国家権力を盗み取っていることに等しい」と言っているのです。そういう安倍政権の跳梁跋扈を許しているいまの日本国民が、ぼくにはまったく理解できないのです。

　そんなわけで、憲法を破壊する安倍クーデターを止めないといけないということで、ぼくは辺野古に通い出したのです。一四年の七月です。七月一日に集団的自衛権を承認する閣議決定をしましたが、その日に琉球新報のインタビューに答えて、「これは安倍憲法クーデターである」と語っています。「憲法クーデター」という言葉で新聞紙上で批判したのは、全国でぼくが初めてだったはずです。そして、七月一日の、集団的自衛権の行使承認の閣議決定の結果として出てきたのが、昨年九月一九日の戦争法案の強行採決ですね。

　ぼくの考えでは、七月一日の閣議決定は、日本の国家構造の基本を破壊するということにつながりますから、刑法七七条の内乱罪でいう故意ですよ。ご存知の通り、その故意に基づき暴動を起こせば、内乱罪で死刑か無期禁錮になるのですよ。議場における強行採決を暴動と見れば、十分に内乱罪の構成要件を充足させ、死刑判決が出てもおかしくない。それくらいぼくは怒りましたね。

昔は社会党も三分の一政党として力があり、総評とか国民会議があり、幅広い各派閥が生きていた自民党も派閥均衡で党内力学が働き、政府権力の横暴をチェックしていました。しかし、今や自民党に安倍一派を抑制する勢力、抵抗勢力はなく安倍独裁が進行している。安倍政治の暴走に対して、いまはSEALDsという、経験の浅い学生が、日常語を使って「民主主義ってなんだ!」「これだ!」、とやっている。言っては悪いけど、六〇年安保をやった人間から見たら、大丈夫かいなと心配するところはあるのですが、一方で学者たちがだらしなくて、組合がだらしなくて、結局、「SEALDsに引かれて善光寺」、というかたちになっています。自分たちのだらしなさを、SEALDsとか「安保関連法に反対するママの会」とかに、おんぶにだっこしてもらうようなかたちでやっているわけで、憲法学者の小林節さんが、しびれを切らして「国民の怒りの声」を立ち上げることになったのも頷けます。

戦争法案に反対して十二万人が国会前に集まったのは、昨年の八月三〇日でしたか。あの流れがそのまま持続できればまた希望はあるのですが、どうも熱が冷めつつある感じがしてなりません。くり返しますが、小選挙区制が政治を劣化させています。とくに自民党は、公認権を総裁派閥が握っていて、意にかなう候補者を立てますから、党内に異論が出にくくなっている。執行部に反抗的なことを言えば、次の選挙では公認しないと言われてしまう。自民党員をそうやって押さえつけ、そして、有権者の少数の得票で三分の二の議席を取り、憲法を破壊し、辺野古基地建設をごり押ししていく。

沖縄が党派を超えて「オール沖縄」で民意がまとまったように、野党も選挙協力をして「オールジャパン」体制をつくる。報道への圧力がどんどん強まっていると言いますが、このままでは自由にものが言えない社会が、ほんとうに来てしまいますよ。この七月の国政選挙が日本の命運を決するものとなるでしょう。

沖縄批判のパターン

——沖縄は、一方では非常に強い批判にもさらされてきました。沖縄批判をめぐる言説については、いくつかパターン（定型）がありますね。ひとつは辺野古で座り込んでいるのはプロの活動家や本土の人間のほうが多いんだというもので、この件についてはすでに話していただきました。これは「反対、反対と言っているが、ほんとうは、声なき民意があるんだ」という、官邸側からの批判につながっていくロジックですね。

もうひとつは中国脅威説、あるいは密通節です。中国は尖閣諸島のみならず沖縄をも狙っており、米軍が引き上げたとたん、あるいは日米安保が弱体化し、東アジアにおける米軍のプレゼンスが弱くなった途端、中国が沖縄に進出してくるという説ですね。こうした中国脅威説を根拠にして、沖縄から基地を撤去させることはできないといい、沖縄駐在の米軍海兵隊の存在理由にする。そして翁長知事はアメリカの影響力を阻止しようとして、ほんとうは中国と密通しているんだということになる。

仲宗根　それは保守や右翼が意図的に流す情報ですね。沖縄の人は、中国に対して全く脅威を感じてはいないです。琉球王国の時代から、中国が沖縄に攻め込んだり、沖縄を収奪しようとしたことは、まったくないわけです。日本とアメリカですよ、それをやってきたのは。鹿児島・薩摩が、一六〇九年に三〇〇〇名の兵を率いてやってきて、沖縄を収奪し、土地や税の徹底した搾取をやっています。秀吉の朝鮮出兵のときにも、たくさん収奪されました。明治には琉球処分があり、アジア太平洋戦争のときには「捨て石」にされ、県民は地獄の中を逃げ回りました。沖縄はいまだ自己決定権を持っていない。沖縄にとっての脅威はむしろ日本じゃないですか。

中国は沖縄に与えてきただけで、収奪したり、攻め込んだりしたことはないですよ。中国との交流は長く続いています。中国人がかつて沖縄に住み、沖縄化した「クニンダー」と言われる久米村の人たちがいます。彼らには中国人としての意識はないのですね。仲井眞前知事はその流れの人間で、一時、彼が県内移設は認めないと言っていたときには、「あいつは中国人だ、中国の回しものだ」と、ネトウヨに盛んに言われていたのです。ところが、彼が寝返って埋め立てを認めたとたん、パタリとそんなことは言わなくなった。

ここでは、沖縄は中国に乗っ取られるなんて思っている人間は、まずいないですよ。本土から来た一知半解の物書きが、ときどきそんなことを書いていますが、「沖縄の知られたくないこれこれの事情」とかね。酒飲み友だちが飲みながら言ったことを、まるで沖縄がすべてそうであるかのように書いている本がかなりあるのです。噴飯ものです。お笑いです。しっかりした情報源で、しっかりと調べて書いてほしいですね。例の百田発言はそんな類のものです。

基地依存の問題もそうですね。復帰前の経済状態が念頭にあるんでしょうが、基地への依存度が四〇何パーセントの時代があったことはあったのです。でも、いまは県民の生産高の五％弱ですからね。振興予算の問題にしてもそうですよ。

——百田氏の話が出ましたが、「沖縄の新聞は偏向している」という批判というか、ためにする悪口だと私は思うのですが、報道問題についてはいかがですか。

仲宗根 百田尚樹さんと自民党若手議員による勉強会での発言がありました。「安倍親衛隊」の驕りと無教養を、あますところなく晒してくれたなと思います。憲法における「表現の自由」や、新聞の社会的使命についての知識や認識が、まったく欠如しています。沖縄の二紙を潰さなければいけないと口にできるのなら、東京の大手町あたりに行って、朝日、毎日、東京の三紙は潰さないといけない、と言ってみたらどうでしょう。どれくらいの大問題になるか、彼らにも分かるでしょう。だから言えるわけがない。沖縄の新聞には言えるけど、中央の三大紙には言えない。こうした精神構造を「沖縄差別」というのです。

現在、本土のメディアはおしなべて、権力への批判力を弱体化させています。官邸側からの圧力が強くなっているとも言います。でも、権力のチェックや批判は、ジャーナリズムメディアにとっての命綱のはずですが、本土メディアはそれが自由にできなくなっている。その結果、ジャーナリズム本来の立ち位置を死守している沖縄の新聞報道が、本土のメディアに慣れた人たちから見れば、実際以上に「左翼的」であり、反政府的と映るかもしれません。

たとえば、辺野古問題で、海上やキャンプ・シュワブのゲート前に結集している県民に対し、海上保安官や県警の行動が「過剰警備だ」と、沖縄の新聞が報じたことがあります。すると海上保安庁は、本土のマスメディアに対し、「あの報道は誤報だ」と指摘し、それを本土メディアがそのまま報じるという出来事がありました。しかし、沖縄の二紙は、ゲート前で常に取材しており、直接現場をチェックしています。だから海上保安庁の説明は、自分たちの行為の正当性をごり押しすることに加え、沖縄県紙の報道が「偏向報道」であるかのように世論誘導を図ったものだ、そう考えざるを得ないものだとぼくは思います。本土のメディアは、もっとしっかりしてほしい。

くり返しますが、ジャーナリズムの使命は権力のチェックと批判です。それができなくなったメディアは、もはやジャーナリズムとはいえない。沖縄の新聞報道は、これまで同様に本土の様ざまな政治的な雑音に臆することなく、ジャーナリズムの王道を行って欲しいと思います。

沖縄の現状はどうすれば改善できるか

――簡単にはできないでしょうが、基地の継続と強化が進んでしまう状況を改善する、基地負担を軽減するためにどうすればよいか。アメリカの属国のような状態から抜け出すためにはどうすればよいか。いかがお考えですか。

仲宗根　オバマの後にだれが大統領になるかが大きいでしょうね。エスタブリッシュメントのクリントンになるのであれば、以前とあまり変わりはない。そうじゃなく、トランプが大統領になれば、むしろそれを好機にいい結果のほうへ導けるんじゃないか。「米軍駐留費用を全部払わないと、沖縄から米軍を引き上げる」なんてトランプは言っているけれど、今これだけの「思いやり予算」などと称して金をアメリカに出している国はどこにもない。そのことを知って言っているのかどうかは分からないけどね。

念のためにいいますが、「負担軽減」というのは、沖縄側の言葉ではないのですよ。沖縄は「これ以上、基地はいらない」と言っている。軽減ではなく、オール・オア・ナッシングです。「辺野古を認めるか認めないか」、沖縄は「認めない」。それにたいして「負担軽減」と言っているのは安倍官邸の用語であり、アメリカとのあいだの密約であり、沖縄の人は、負担軽減とはいっていない。これ以上は一切ノー。辺野古はノー。いまでも〇・六パーセントの国土面積に七四％の基地を負担しているのだから。

――問いは、その七四％もの負担をもっと軽減していくためには、どうすればいいのか。どんな方法があるだろうか、というものなのですが。

仲宗根　それは、辺野古を断念させた後の話ですね。辺野古ノーを通した後に出てくるスローガンが、「基地負担の軽減」です。いまは、辺野古の問題で戦っているときなのだから、そのときに「負担軽減」は言うべきではないですね。まず、「辺野古は一切認めない。それが沖縄の民意である」。そのあとに、嘉手納基地の問題。北部の訓練場の問題。軍事基地としては、あそこが一番面積が広いですからね。そこを撤去させる。いまオスプレイの発着場を作ろうとしていますが、それを認めてはいけない。

おそらく軍事的には、辺野古とオスプレイの発着場を高江につくるのとは、一体になっていると思うのですね。だから辺野古新基地は、どうしても潰さないといけないのです。安倍政権は無知で幼稚なように見ますが、タイムマネジメント戦略のうまい政権ですから、参議院選への影響を避けるために、TPPの審議に入らずに秋に持っていく。辺野古新基地をめぐる沖縄との法廷闘争を一時中断して、和解協議をやる。しかし「急がば回れ」とその和解協議にも罠を仕掛けているのです。

ところが、県の弁護団は何も問題はないと言っています。9項の主文及びそれを導く原因によって、今後お互いに協力してやっていく。その後もそうやってやると謳っている。もし国がいま闘っている裁判で勝ったときには、どういう判決理由を書くかによって違ってきますが、判決理由によっては、今後の県知事の権限まで奪われる恐れがあるわけです。それなのに、県の弁護団は、この和解条項のもたらす重要性を見落としているのです。危ないところです。

辺野古訴訟の「和解」とは何か

——いま言われた、辺野古訴訟における「和解」というのがシロウトには分かりにくくて、和解と言いながらも、一方では「従来通り、辺野古での工事は続行する」とも官邸側は言っているわけです。どこが和解なんだ、と私なんかは思いました。いま、罠があると言われましたが、どう考えればよいか、ここはすごく重要なところだと思います。多少重複してもかまいません。専門的な内容になるかとも思いますが、辺野古訴訟と和解についてお話し下さい。

仲宗根　この間の経緯について、少し話しましょう。

まず、当選した翁長知事は公約を実現するために、二〇一五年一月二六日、埋め立て承認手続きを検証する第三者委員会を設置しました。委員会は同年の七月一六日、「埋め立て承認に法的瑕疵あり」という報告書を提出し、それに基づき知事は同年一〇月一三日、埋め立て承認を取り消しました。

沖縄防衛局は、行政不服審査法を濫用して県知事の承認取り消しを違法として、その無効を求める審査請求と、執行停止を国土交通大臣に申し立てました。同年一〇月二七日、国土交通大臣は、「承認取り消し処分の効力を停止」する決定をしました。これに対し、沖縄県は、同年一二月二五日に、「効力停止決定の取り消し」を求める抗告訴訟を那覇地裁に提訴したのです。またこの同じ効力停止決定に対し、国地方係争処理委員会への審査申立て（同年一一月二日）が却下（同年一二月二四日）されたのに対し、二〇一六年二月一日、執行停止決定の取り消しを求めて福岡高裁那覇支部に提訴したわけです。

こうして、二つの訴訟を県が提訴せざるをえなかったのは、農水相によって県知事の沖縄防衛局に対する作業停止指示の効力が二〇一五年三月三〇日に停止された過去から学ばず、沖縄県が再び同じ轍を踏み、取り消しの効力停止決定を阻止する法的手段（それは、私が県の基地対策課と面会し提言書を提出した、国土交通大臣による執行停止決定前にすべき行政事件訴訟法37条の4〜5、3条7項の差止めの訴え提起・仮の差止め申立てですが）があったにもかかわらず、取り消しの効力停止決定をなすがまま許してしまった結果に他ならないのです。

一方、国は、福岡高裁那覇支部に代執行を求める代執行訴訟を同年一一月一七日に提起していました。

こうして三つの訴訟が係属している中で、二〇一六年一月二九日代執行訴訟の第三回口頭弁論後に福岡高裁那覇支部からA案、B案の二つの和解案が同時に示され、和解勧告がなされ、そして三月四日電撃的に和解が成立したわけです。

和解において、高裁に係属した国・県の訴訟及び沖縄防衛局の審査請求・執行停止申立てを取り下げることに双方が同意し、訴訟・審査請求・執行停止申立ての係属が消滅した。その結果、国土交通大臣がした承認取り消し処分の効力停止決定は失効し、翁長雄志知事がした承認取り消しの行政行為の効力が復活した。そして「沖縄防衛局長は、埋め立て工事を直ちに中止する」（和解条項第2項）ことになったのです。

——思いきり単純化して、整理してみます。不十分なところはご指摘ください。

翁長知事の、埋め立て承認の取り消しに対し、沖縄防衛局が無効と取り消しの効力の一時停止を国交省に訴え、国交省が取り消しの効力を一時停止することを認めた。すると沖縄県側は、那覇地裁にその取り消しを訴えて抗告、という裁判が一つ。

もう一つは、効力停止決定に対し、沖縄県による「国地方係争処理委員会への審査申立て」が却下されたことに対して執行停止決定の取り消しを求めて、福岡高裁那覇支部へ提訴した裁判。

一方の国側も、福岡高裁那覇支部に代執行を求める代執行訴訟を起こしている。この代執行と県が提訴した二つ。この三つの裁判が係属（訴訟法上の用語。訴訟が特定の裁判所で取り扱い中であること）していた。ところが代執行裁判で、福岡高裁那覇支部からA案、B案の二つの和解案が同時に示され、国と県、双方がB案（暫定的な解決案）を受け入れ、翁長知事がした「承認の取り消し」の行政行為が復活して、「工事中止」になった。

ここまではよろしいですか。

仲宗根　はい。それで、二つの和解案の内容が報道された直後から、私は、和解勧告の時期・方法についての異例の訴訟指揮の仕方に加え、和解案A案にある条項（「原告（国）は、新飛行場をその供用開始後三〇年以内に返還または軍民共用空港とすることを求める交渉を適切な時期に米国と開始する。」）を疑問視したのです。

この条項では、交渉開始時期が不明確であるのみならず、米国との交渉の成否は第三者である米国の意思いかんで決まる不確定なものであるから、国が「自由に処分しうる権利または法律関係」が和解の内容とはなっていないのです。「当事者が自由に処分しうる権利または法律関係」について「当事者双方間に互譲（ゆずり合い）がある」ことが、訴訟上の和解の成立要件です。従ってこの条項は和解成立の要件を欠き無効なものとなる。通常の能力を持つ裁判官がこのような和解条項を提案するはずはなく、これは、裁判事務に不案内の法務官僚が作成したものだろうと、私は、直感したのです。

二〇一六年三月二四日付けの中日新聞や沖縄タイムスに、共同通信の配信記事が掲載されました。「菅氏主導　極秘の調整—辺野古和解の舞台裏」（中日新聞）、「国、移設へ透ける打算—辺野古訴訟和解の裏側」（沖縄タイムス）、と見出しが付けられ、その記事内容は、案の定、私の推測どおりでした。記事によると二月二日に首相官邸の執務室で、首相が国の訴訟を所管する法務省の定塚誠訟務局長らと協議、二月一二日には官房長官、外務、防衛大臣と定塚誠訟務局長が協議の結果、B案（暫定的な解決案）の受け入れに傾く。記事は、「関係者は『定塚氏は高裁支部の多見谷寿郎裁判長と連絡をとっていたとみられる』と証言する。」とも書いています。

これは、三権分立、司法権の独立に重大な疑念を抱かせる驚くべき内容です。「多見谷寿郎裁判長と定塚局長は、成田空港に隣接する農地の明け渡しを求めた『成田訴訟』を千葉地裁、東京高裁の裁判官として手がけた過去がある。多見谷氏が福岡高裁那覇支部に異動になったのは昨年10月30日のことである。」（二〇一六年三月二四日付沖縄タイムス 社説）。「送り込み人事」が疑われ得る多見谷裁判長と、貞塚局長のこの間柄からすると、関係者の「証言」は、法務省を含む官邸側が、裁判長と裏で通底したのではないかとの疑いを抱かせるものなのです。

代執行訴訟和解勧告文は「仮に本件訴訟で国が勝ったとしても、さらに今後、埋立承認の撤回がされたり、設計変更に伴う変更承認が必要となったりすることが予想され……、知事の広範な裁量が認められて（国が）敗訴するリスクが高い。」と指摘しています（その指摘の理由は後述します）。そしてB案の最後の条項は「被告（県）と原告（国）は、違法確認訴訟判決後は、直ちに判決の結果に従い、それに沿った手続を実施することを相互に確約する。」とする単純明瞭な確認条項です。

ところが、和解条項第9項は「原告および利害関係人（沖縄防衛局長）と被告は、是正の指示の取消訴訟判決の確定後は、直ちに、同判決に従い、同主文およびそれを導く理由の趣旨に沿った手続を実施するとともに、その後も同趣旨に従って互いに協力して誠実に対応することを相互に確約する。」と修正されました。この修正は官邸と法務省が舞台裏で綿密な法廷戦術をねった協議の結果と思われるのですが、「これを根拠に菅氏は再訴訟で勝てば……、辺野古移設を推進できるとのシナリオを描く。」と記事は書いている。

単純明瞭なB案と、和解条項第9項の違いは明白です。B案が単に「判決の結果に従う」というのに対し、9項では「主文」、「主文を導く理由の趣旨」（これは実務上「判決理由」と呼ばれる）、「その後も同趣旨に従って」と三重に重ねた「確約」がされており、これは要注意です。

――ここから、官邸側が仕掛けた「罠」が何であるか、という話になっていくのですね。

仲宗根　主文とは判決の結論の部分のことで、判決主文ともいい、訴えの却下、請求認容または請求棄却を明示し、既判力、執行力が働く範囲は、民事訴訟法114条第1項（「確定判決は、主文に包含するものに限り、既判力を有する。」）により主文が基準になるので、法定事項をわざわざ和解条項に記載する必要はないのです。

B案に、「主文に沿った」云々の記載がないのは当然です。したがって、成立した和解条項第9項に本来なら、記載不要の「主文」の文字を冒頭にあえて記載したことは不自然であり、その真の記載動機は、核心的でより重要である「およびそれを導く理由の趣旨」以下の文章から相手当事者の注意力をそらし、隠そうとした、目くらましの策略であったと、そう考えるほかないわけです。

判決理由とは、判決の中で、主文の判断を導く前提事実や争点、法の適用を示して判断の過程を明らかにする部分で、判決理由そのものは既判力をもたないのです（被告の相殺の主張についての判断にだけ唯一例外的に既判力が生じる　民訴法114条第2項）。

――既判力というのはなんですか。

仲宗根　既判力というのは、裁判が確定した場合、その裁判で判断された事項は当事者も裁判所も拘束され、同じ当事者の間で再び訴訟上問題になった場合、先の判断と矛盾する主張や裁判は許されなくなる効力のことです。

従って、判決理由については既判力がないので、当然に、先の裁判の判断と矛盾する主張は許されることになります。和解勧告文で、埋め立て承認の撤回や設計変更に伴う変更承認に触れている理由は、国が勝訴しても、その判決理由に既判力がないこと、つまり和解条項第9項のような三重の合意が前提になっていないからこそ、知事の権限行使などに対する国のリスクが残ることを指摘しているわけです。

しかし、和解条項第9項の合意によって、当事者双方が、主文と同様に判決理由にも既判力を認めたことになると解されれば、例えば、仮に「埋立は国防・外交関係に関わるので、知事には公有水面埋立法上の判断権がない」とする判決理由によって県が敗訴した場合、県は、合意に基づく判決理由のもつ既判力により、県に不利に判断された判決理由に拘束され、それと矛盾する設計変更承認など、知事の権限行使の主張が許されなくなるので、後日の県の権利行使に対するリスクを国は負わないことになるわけです。

二〇一六年三月一〇日付けの毎日新聞は、「政府が和解に応じたのは、（第9項の）『その後も』に注目し、『新たな訴訟では負けない』（官邸筋）との見通しの下、判決が確定すれば県の協力が得られると考えたからだった」と報じました。また、三月一二日の日本経済新聞も「和解案は『新たな訴訟の結果が出たら双方が従う』というのが合意の前提だ。」として「（移設完了時期が遅れる）和解を選んだ背景には普天間移設の実現に向けた安倍晋三首相の『急がば回れ』の判断と、それを認めざるを得ないオバマ米政権の姿があった。」と報じています。

官邸と法務省が練り上げ、和解条項第9項に込めた意図はまさに報道の通りであろうと思います。これと異なる沖縄県の代理人らの第9項解釈は、和解の結果の、県側の「勝利」性を強調するとともに、自己の訴訟代理行為の無過失・無謬性を弁証する独自の希望的解釈に過ぎません。

三月一日に谷内正太郎・国家安全保障局長が訪米し、ホワイトハウスでライス大統領補佐官（国家安全保障担当）と会談し、和解について米国の理解を得たことも伝えられました。また、和解成立前、安慶田副知事が上京し、官邸と和解成立に向けた非公式協議をしたと思われる報道もありました。官邸側の和解に至るまでの過程が周到に準備されたのに対し、県側は、弁論終結後は裁判所と県の代理人との話し合いはなく、彼らにとって、国の和解受け入れは「突然の話だった」（竹下代理人　3月5日付琉球新報）ので、ドタバタと裁判所の和解期日呼び出しに応じて出頭し、熟慮の時間もなく和解合意に至ったものと思われるのです。

――沖縄県は、和解案を十分に吟味検討する時間のないまま、それを受け入れてしまったというのが、仲宗根さんのお考えなわけですね。

仲宗根　そうです。第9項の文言と、新基地建設は止めると言ったこととの整合性に疑問を呈した記者の質問に対し、県の竹下代理人は、和解条項第9項の射程範囲は埋め立て承認の取り消しだけに限られ、判決後の知事の権限行使などはできると答え、「少なくともこの和解に関しては（県に）デメリットがあるとは考えていない。」と述べています（二〇一六年三月五日付け琉球新報）が、「（和解せずに）沖縄が勝てる闘いを最後まで闘い抜いていれば、より大きな実を手にしていた可能性はないだろうか。『和解』は果たして沖縄に利する選択だったのか。和解に至るまでの過程とともに多角的な検証が必要である。」と述べる平安名純代・沖縄タイムス・米国特約記者の提言（二〇一六年三月二三日付沖縄タイムス「想い風」和解成立　利益は誰に）にこそ、真相が潜むように思われます。

翁長知事は新たな訴訟の判決確定後の対応について、埋め立て承認の撤回も視野に入れる、と四月五日の毎日新聞とのインタビューで明らかにしました。（四月六日付毎日新聞）。

しかし、県の敗訴が確定した後は、県が自ら招いてしまった第9項の拘束を自動的に受けることになりますから、その拘束から逃れるためには、新たな訴訟の判決確定前、かつ可能な限り長期間の裁判続行の後の弁論終結前後に、承認の撤回をするほうが得策であると考えます。

公益上の必要があるときはいつでも自由に撤回はできるが、和解条項で、是正の指示の取消訴訟判決確定まで協議を続けることになっているから、裁判の期間が長いと、それだけ工事の中止期間も長く続きます。すると承認撤回が争われる後日の裁判までの既成の工事量が少量に止まり、その経済的損失もさほど増えないので、撤回の要件である「公益上その効力を存続せしめえない新たな事由」と、工事の既契約関係者の受ける契約損害・経済的損失との比較考量の際に、県に有利な事情となり、また、撤回によって生ずる不利益に対する補償をする場合、補償の額を最小限に止めることができるわけです。

和解成立当日や、その後の訪米時のオバマ大統領との会談で、安倍首相が「辺野古移設が唯一の選択肢は不変」と発言したことは、国が「円満解決に向けた協議を行う。」（和解条項第8項）気など、さらさらないことを示していることは明らかです。

結局、法廷闘争の帰結とは関係なく、基地包囲の闘いの現場に結集する県民の無抵抗・不退転の民衆運動の持続発展こそが、辺野古・高江（オスプレイ発着訓練の場に予定している北部演習場――佐藤註）の闘いの帰趨を決することになるのだろうと、ぼくは思っています。

3. 敗戦と米軍占領時代のこと

――最後に、復帰以前の沖縄と少年時代について。また差し支えない範囲で結構ですので、戦争のご記憶などお話しいただければと思います。

仲宗根　我々の少年時代は、意外と日本的で、東北のような地方よりもむしろ東京に近い生活をしていたんじゃないかという気がしますね。朝鮮戦争がありましたね。すると屑鉄ブームがおこり、小学校高学年から中学生くらいのとき、当時は戦後すぐですから、戦争の後の薬莢とか屑鉄があちこちに落ちていたのです。それを拾って、行商で屑鉄屋が回っていたので、そこへ売って、月刊誌の冒険王とか少年とかの少年雑誌をとっていたし、江戸川乱歩の少年探偵団とか、明智小五郎なんかの探偵ものも買って読んでいました。結構文化的だったんですよ。

しかしアメリカ軍の軍事植民地のなかにあるわけで、一九五三年には土地収用令が出され、「軍用地料一括払いの四原則」貫徹の闘争というのが全県的にありました。五四年に米国民政府は軍用地の使用料を一括払いにすると発表し、無制限の使用を図ろうとしたのです。それに対し、「土地を守る四原則」(一括払い反対、使用中の軍用地の適正補償、米軍による損害賠償、新規接収の反対)の貫徹を掲げ、まさに「オール沖縄」の島ぐるみ闘争が繰り広げられました。そういうときの大人の動きにつられ、集会に出たりしていたのです。当時、沖縄で非常に人気のあった沖縄人民党(いまは沖縄共産党沖縄県支部になっていますが)の瀬長亀次郎さんの追っかけをしていました。中学三年くらいだったかな。

あの頃は、瀬長さんの民族主義的な反米復帰論が、大衆に受けていたのです。ところが物が分かってくると、民族主義的な復帰運動というのは、簡単に体制にかすめ取られる。そして現実にそうなった。これに対し、もっと人民解放の視点をもった復帰運動をしなければならない、というのが同じ人民党の、国場幸太郎という人の考えです。この人は、東大の経済学部を出ていて、人民党幹部として米軍の土地接収反対運動の先頭で闘い、瀬長さんと理論闘争をして、結局放逐されてしまうのです。彼は宮崎に行って、教師をやって人生を終えるのですが、地下でのそういう理論闘争があったりしました。ぼくは国場さんが岩波の『経済評論』や『思想』などという雑誌に、重厚な論文を書いているのを学生の頃に読んだのです。そういうこともありました。

復帰前の少年時代の思い出は、とにかく戦争中の「鬼畜米英」とは大違いです。アメリカ人といっても、個々のアメリカ人はヒューマンでそれほど怖くはないのですが、ただ夜、女性が襲われる問題とか、そういうことは頻繁にありましたね。終戦直後、ぼくが四歳くらいのときでしたが、畑に若い女性の死体があった。大人の話で、黒人兵に強姦され、殺されて捨てられていた、というそういう記憶がありますね。

復帰前の沖縄の政治構造は、米国民政府があってそこに高等弁務官がいて、その下に任命主席がいて、という強固な支配構造が沖縄にはあるんだということは、少年時代にはあまり分からないわけですね。素朴に、高校時代はそのへんを通るアメリカ人を呼びとめて、本を読ませてネイティブの英語を聞いたりしていたのです。大学にはいったとき、沖縄出身のぼくを、級友たちは、英語ぺらぺらだと勝手に思い込んでいるようでしたが、一番力がないと感じたのは英語でしたけどね。

復帰前の沖縄社会のことを、いまの若い人たちは分かっていないですね。ＣＩＡ（米中央情報局）とかＣＩＣ（米軍情報機関）がうごめき、職場から情報が流れ、パスポートが発行されなくて本土に渡航できなかったり、そういうことはありました。学生として本土に渡るときに密航で行ったりするひともいたようです。

沖縄戦については、ぼくは四歳でしたが、覚えていますよ。転々と逃げ回り、防空壕から先祖の墓に入って、沖縄の墓は大きいですから、中に入ると一階と二階ができるのです。板を敷いて一階と二階に分けて隠れていました。戦闘が済んでアメリカ兵が鉄砲をもって防空壕や墓に来ると、若い女性は顔に墨を塗って男のようにして、前のほうにはおバアさんたちが出て、若い女性の身を守っていました。食べる物をくれるんだけど、毒が入っているから食うなと言われる。するとアメリカ人は、自分が食べみせて、それからさし出してくるという記憶もありますね。いとこと一緒に防空壕に入っていて、同じ集落の男の人から、うるさいから出て行けと言われ、追い出されて北部の惣慶というところに避難し、そこにたくさんの避難民が収容されていたことも覚えていますね。

惣慶に避難していた頃、収容所で、アメリカ人が食べる缶詰がありますね。その空き缶が道に捨てたままになっていて、ぼくは四歳だから走っていて倒れ、そこにあった空き缶の尖った切れ端で下唇を切ったのです。まだ傷が残っていますが、それは戦争の痕ですね。親父に背負われて宜野座の病院に行って、そこで傷を縫ったんだと思うけど、とにかく背負われていったことは記憶にありますね。

戦争の傷痕は、心理的にも肉体的にも根強くもっています。だから戦争は許せない。そういう原点が、肉体感覚としてあるのですね。
敗戦のあと、ぼくが住んでいたところは米軍が囲い込んでいなかったところで、すぐに北部の収容所から実家に戻れたようです。長い間収容所にいた人もいれば、住まいが囲われていない場所であれば、すぐに戻っていけたのです。土地は全て瓦礫にされたんだけど、配給制度があったからようやく食べていけたようなものだと思います。アメリカの軍は最低限の支給はしていました。芋掘りなどの食料集めのために住民の強制的な作業動員はかなりあったようです。芋を掘らせたり食料を集めさせたりしていました。軍作業というのは、そこから始まっているのですね。占領統治が落ち着いてきてからも、軍基地のなかで労働作業をやらされるという軍作業ですね。終戦直後の沖縄の大人たちのほとんどは、それをさせられていたんじゃないでしょうか。

本土の知識人には、昔の独立論といまの独立志向の潮流とが、区別できない人がいるようです。ぼくは琉球独立論者ではないですが、いまの安倍政権の暴走が成功するのであれば、沖縄側から独立を突きつけていくのは無理もないという感じになると思います。

（二〇一六年五月一一日　うるま市にて収録。聞き手・構成・註作成　佐藤幹夫）

仲宗根勇（なかそね・いさむ）
一九四一年　沖縄県うるま市生まれ。一九六五年　東京大学法学部を卒業し、琉球政府裁判所入所。一九九二年に最高裁判所簡易裁判所判事試験に合格し、裁判官に任官。二〇一〇年　東京簡易裁判所を最後に定年退官。二〇一四年よりうるま市具志川九条の会共同代表、うるま市「島ぐるみ会議」共同代表。
著書『沖縄少数派―その思想的遺言』（一九八一年　三一書房）、『沖縄差別と闘う―悠久の自立を求めて』（二〇一四年　未来社）、『聞け！オキナワの声』（二〇一五年　未来社）など。

山城紀子さんに聞く

沖縄と女性たちの戦後史

「戦争と性」を中心に

1. 戦争と性暴力について

――今回は、山城さんに、「沖縄と女性史」というテーマでお話を伺おうと思いました。山城さんは、かつては沖縄タイムスの記者として、現在はフリーのライターとして活動しておられますが、これまで取り組んできたテーマは、精神疾患を抱える人たちの問題、障害の問題、老いと介護というように、私が取り組んできたテーマのタフな先行者であり、大先輩です。そして山城さんのもう一つのテーマが「女性」について。いわゆるジェンダー問題ですね。女性問題については、すでに『沖縄　社会を拓いた女たち』（沖縄タイムス社）という著書をお持ちですし、私の発行する雑誌での、山城さんへの最初のインタビューでも触れていただきました[*1]。

せっかく「沖縄の戦後史」というテーマを取り上げるわけですから、今日はそちらに比重を当てて、さらに踏み込んだお話をお聞きしたいと考えました。「沖縄戦後史」の、いわゆる男性目線の政治史や経済史からは、これまであまり光が当たらなかった部分に光を当てていただきたいということです。

それにしても、飢餓陣営（佐藤）がなぜ女性史なのか。個人的なことですが、私はここ四、五年ほど、知的な障害をもつ若い女性たちが、様ざまな状況に追い込まれるように性風俗産業に入っていく。そこで経済のみならず、身心ともに激しく搾取されてしまうという現状がある。こうした問題に取り組もうとしてきたのですが、どうしても大きな壁があってはじき返されてしまうと感じてきました。今回、もっと鍛え直す機会としたい、と真正面に据えて考えようと思った次第です。

お話しいただきたいテーマは三つ。一つは「沖縄戦と従軍慰安婦問題」を中心に。沖縄の現状や、戦後、慰安婦の人たちはどうなったかということも、分かっておられる範囲で。二つ目が「性暴力と戦後史」。主に基地の問題です。三つ目が「戦争被害と晩発性の心的外傷」。最近注目されている、戦争トラウマが、晩年になって心身の変調として現われてくるという問題。この三点です。大きく括れば、「戦争と女性」というテーマになるかと思います。厳しい問題ばかり並べさせてもらいましたが、どうぞよろしくお願いいします。

語られなかった「戦争と性暴力」

山城紀子（以下山城）　一つ目の「沖縄戦と従軍慰安婦問題」と、二番目の「性暴力と戦後史」という問題は、深くつながっていると思うのです。たしかに、これまで沖縄戦についての証言や語りのなかから性暴力の問題が抜け落ちているという事実があり、そのことは沖縄の女性にとって、長い間のテーマでした。私も新聞記者になって、沖縄戦の証言や戦争体験の取材をすることがしばしばありました。沖縄のメディアは6・23（沖縄戦の組織的戦闘が終わったとされる日）「慰霊の日」や戦後〇〇年という節目の時期などに、総力をあげて沖縄戦に取り組み報道しています。多くの記者たちが戦争体験者の元へ話を聞きに行きます。戦争未亡人から、あるいは家族を亡くした人から、学徒として動員された人など様ざまな体験を聞いて紙面化していくのですが、そのなかからも「性暴力」という被害の体験はまったく抜けていました。

数少ない女の記者として新聞社に入社した者として、「戦争と性暴力」という問題が抜け落ちているという事実は、じつはとても気になっていて、そのへんを何とかして聞きたい、書き残しておきたいという気持ちはあったのです。けれども、実際に性暴力があった事実を知っている人たちも、その頃は、話してはならない、語ってはならない、語らないことがその人を守ることだ、というおもいから話していただけなかったのです。そういう時代でした。沖縄で戦争を体験した人の中には、自分のそばで起こった性暴力を見ていた人も少なくない。被害にあった人も知っている。だけどもそれは語れない。

沖縄で起こった戦争を、若い人たちに伝えていかなくてはならないわけですが、そのときに実際に起こった性暴力を、なかったことにして伝えていくのは違うんじゃないか。そういうことをある女性リーダーにいったとき、「いつかは語らないといけないと思う」とおっしゃいました。「でも、いま（語る）必要も感じているとも言っていました。「でも、いまは話せない。関係者が生きているから。それは自分の村でも起こったことだった。私たちがよく知っている女性が、二人レイプをされた。二人とも夫がいた。一人の女性はその後すぐに離婚された。もう一人の女性は、今も夫婦として一緒に暮らしている。周りのみんなもそのことは誰にも語らない。そうやって戦後を過ごしてきた。関わりのある人たちが生存している間は話せない。時期が来たら話したいと思う」。

そう言っていたその方が、結局語らないまま亡くなってしまいました。「性暴力はたくさんあったよ」と言いながら、漠然と「あった」といわれる状況が続いてきたのです。

一九九一年に、キムハクスンさんが、五〇年近い沈黙をやぶって「私は日本軍の従軍慰安婦だった」という名乗りを上げましたが、彼女の名乗りに引っ張られるように、フィリピンで、インドネシアで、中国で、台湾でというように、従軍慰安婦の人たちが名乗りを上げた状況がありました。そういうなかで、「性暴力」という概念が、女たちのなかで、とても深くとらえられるようになってきたと思うのです。「性暴力」にたいして女たちが向き合えるようになったのは、慰安婦の人たちの立ち上がりや名乗りがあったことがとても大きいと思います。

ちょうどその頃、ウィーンで開かれた世界人権会議で「女性への暴力撤廃宣言」が採択されています（一九九三年）。世界的規模で女性に対する暴力に関心が集まったと言えます。女性に対する暴力の概念ですが、国家による暴力は先に話した「従軍慰安婦問題」です。家庭内での暴力はドメスティックバイオレンス、いわゆるＤＶ（配偶者や恋人からの暴力）、そして社会での暴力はレイプ、セクシャルハラスメントです。

どれだけ実態が隠れたものになっていたかについて女性たちは論議を深めていきます。そして「性暴力を許さない」、あるいは「ＤＶという密室（家庭内）での女への性暴力を許さない」、「こうした問題を積極的に取り上げていこう」、という声が挙がるようになりました。間違った考え方に気づいたわけです。つまり性暴力を受けた被害者は汚れた存在であり、恥だとされてきたが、それはおかしい。また被害者が声をあげないことで加害者の罪が問われてこなかったことにも問題意識を向けるようになりました。性暴力にたいする不処罰を許さない。不処罰にしない。

長い間、レイプされた女性たちは、あるいは慰安婦にされてきた女の人たちは、被害者なのに、被害を受けた女のほうが沈黙を強いられてきた。性犯罪が起こると、女性の落ち度が問われたのです。女のほうが誘ったからだ、とか。（性被害にあうような）暗い場所、あるいは辺鄙な場所にいたからだ、または（女性が歩くのにふさわしくない）遅い時間に。さらに（性被害にあうような）露出の多い服を着ていたとか、（性行為を誘うような）仕種をしていたからだ、とか。長いあいだ女の落ち度ばかりが問われてきた。そういう歴史がありました。

そのことに対し、九〇年ごろを境に世界的規模で女たちは覚醒したのだと思います。それは日本の女も同じで、韓国で多くの日本軍従軍慰安婦だった女性たちが立ちあがったときに、日本の女たちも多くの気づきを得、支援をしたいと思うようになりました。

こうした女性たちの変化に対して、日本のメディアはほとんど関心を向けてこなかったと思います。二〇〇〇年一二月、東京で開かれた「女性国際戦犯法廷」[*2]では、九つの国や地域から、六〇名を超す慰安婦にされた被害女性たちが来て、証言しました。世界各国から女性の法律の専門家も関わり、日本の犯罪性を明らかにして行ったのです。あのとき私も会社の年休を取って、国際法廷に参加したのですが、右翼のたいへんな妨害があって、朝、会場に入ったら、「危険なので外には出ないように」という連絡があり、朝から夕方まで会場内にいて、昼食も会場内で摂りながら過ごしたことを覚えています。

いまから考えれば、あの当時から、慰安婦問題をなかったものにして行こうという日本社会の空気が濃厚にありました。驚いたのは、世界のあれだけの法律の専門家が集まり、日本軍の慰安婦にされた女性たちが大変な勇気をもって証言をしに来たというのに、朝日、毎日、読売など、ここまで無視できるのかと思うくらい、記事がほとんど掲載されていないのです。朝会場に行く前にコンビニで新聞を買っていたのですが、まるで取り上げない。

あの頃まだお元気で、同国際法廷の実行委員会共同代表の一人で元朝日新聞社の記者だった松井やよりさんが、一月三〇日でしたか、「ＮＨＫのＥＴＶ特集で、取り上げてもらえるのよ」と喜んでいたのが、いまでもとても印象深いのですが、結局それも放送番組の改変問題が生じました。

政権党の有力政治家の圧力で、バランスがとれていないということで、保守的な人たちの発言を入れていったり、加害兵士の証言をなくしていったり、というような番組の改変が行なわれています。女性国際戦犯法廷には沖縄からも数名の女性が参加していました。沖縄の女たちも性暴力という問題に真剣に向き合うようになった。日本や世界各地で女性が女性への暴力に向き合うようになった頃と重なります。

一九九五年の少女にたいする性暴力事件[*3]の以前に少女や女性にたいする性暴力事件がなかったかというと、山ほどあったわけですが、それに触れないことが人権を守ることであり、配慮だ、と考えられてきた長い歴史があったことを先に述べました。性被害にあった人が特定されると、その人の人生を滅茶苦茶にしてしまうということから、性犯罪にたいしてはほとんど報道もしないという、暗黙のルールがメディアにもあったわけです。

だから、それ以前の沖縄社会であれば、九五年の少女にたいする性暴力の事件は記事として出なかったか、雑報といって、たんに「これこれがあった」というだけの小さな記事で済まされたはずです。実際、初発の記事は、ほんとうに短い行数の雑報だったのです。

しかしそのとき沖縄の女たちが、性暴力はもう絶対に許さない、不処罰の歴史はもうくり返さない、そういう女同志の出会いや論議、性暴力にたいする女性を主体にする考え方というものをしっかり持っていたから、世界を揺るがす沖縄の運動になったのだと思います。

沖縄戦と基地の問題を「女性」の眼で見る

山城　話を少し前に戻しますが、九一年にキムハクスンさんが、日本軍の従軍慰安婦であったという名乗りを上げたその直後、沖縄の女性グループが、沖縄における慰安所の調査をし、発表していきます。九二年の段階で、一三〇カ所の慰安所があったことが明らかになっています。今ではその数が少しずつ増え、延べ一四五カ所になっています。

慰安所があったことに対する問題提起は、沖縄戦は、常に沖縄の犠牲と被害という視点から語られてきたけれど、「性暴力」という視点から見ると、沖縄という地が加害の地でもあった。そのことに女たちは気づいていくのです。朝鮮からたくさんの女たちが連れてこられた。それを目撃している人も、記憶している人たちもおおぜいいる。連れてこられたその人たちがその後どうなったかは、ほとんど分かっていません。戦後、長い沈黙を破って慰安婦であったことを名乗った人のなかにも、沖縄で慰安婦だったという人はほとんどいないようです。こうしたことをきっかけにして、ジェンダーという視点、あるいは性暴力という視点から、沖縄戦や米軍占領という問題を、女たちは見ていくようになったのだと思います。

一九七五年、国連は「国際婦人年」と定め、女性の問題に取り組みます。第一回世界女性会議がメキシコシティであったのですが、それから五年ごとに世界女性会議が開催されることになります。一九九五年第四回目になる世界女性会議が、北京で開かれました。その会議での大きなテーマが女性の人権です。[*4]そのときに、沖縄の女たちもたくさんのワークショップをもって参加しています。ワークショップの一つが「トートーメー」という、男系優先の祖先崇拝でした。生活や慣習のなかの性差別だったのです。他に「軍隊・その構造的暴力と女性」というテーマをもって参加したグループがありました。

彼女たちは、沖縄では、これまでの歴史の中でずっと性暴力は続いていたことへの問題意識から無言劇のパフォーマンスを持って参加したのです。五つの場面から構成されるその劇は、言葉のハンディもあるので、北京会議で世界の女性たちに伝わるようにと考えてつくられたものでした。「沖縄の女性たちの過去の、軍隊にその尊厳を奪われ続けた経験を寸劇にして伝える」ことをねらいとしていました。最初の場面は一八五四年。米国海軍のペリー総督が開国をせまって日本に来たとき、じつは沖縄にも立ち寄っていて、ペリーが浦賀に行っていた間に残されていた兵隊の一人が高齢の女性を強姦した「ボード事件」でした。[*5]一四〇年前に軍隊による性暴力は起きていたのです。次の場面は一九四三年から一九四五年、沖縄のなかにあったたくさんの慰安所ですね。沖縄では地上戦があり、日本軍の兵隊が動けば、それに伴って慰安婦も移動させられるという状況のなかで、慰安所に整列する日本兵が、チケット係に許可証を渡して中に入り、「急いで用をすませる」姿を表現して見せました。次の場面はやはり戦時中から終戦までの「がまの中の女性と兵隊」を描いています。「泣き止まない乳飲み子を胸に抱いてうろたえる若い母親。米兵に発見されることを恐れた日本兵に赤子は殺され、その日本兵も米兵に殺される。赤子にしがみついて泣きじゃくる母も米兵に拉致されて犯される」というストーリーでした。

このような場面を設定し、北京会議ではワークショップで無言劇を演じたということでした。

北京の女性国際会議の前年、私は「うないフェスティバル」ではじめてその無言劇を見る機会を得ました。「うない」というのは沖縄では「女」という意味で、「うないフェスティバル」は文字通り「女のお祭り」です。これは一九八五年、「国連女性の10年最終年」に始まりました。沖縄のラジオ局、ラジオ沖縄が、一二時間、女だけで番組をつくるという取り組みを始めたのがきっかけになって、以後ずっと開かれるようになりました。毎年秋に、女たちがさまざまな取り組みや、さまざまな展示、さまざまなパフォーマンスをもってイベントをするという催しです。現在は女性のワクを超えてハンセン病問題やＨＩＶ、性的マイノリティに取り組んでいる人の参加などもある催しになっています。性暴力の無言劇は那覇市久茂地の「パレット市民劇場とパレットくもじ」で開催された第一一回「うないフェステバル」のなかで、演じられました。場所はパレットくもじの正面玄関前の広場でした。

当時私は新聞社に勤務していて、取材をしていたのですが、涙ながらに劇を見ている女の人も見かけました。「なにを感じていらっしゃるんですか」って聞いたら、「長い歴史のなかで、性的な暴力を受けつづけながら、それを言葉にできず、語ることのできなかった女の歴史を、いま考えさせられている」と話してくれました。そういう無言劇を持って女性たちは北京に行き、演じた。ところが、国際会議から帰ってきたときに起こっていたのが、あの九五年の、少女にたいする性暴力事件だったのです。

九五年以前とそれ以後とでは、性暴力の事件にたいする報道のあり方がまったく違っていると思います。私は八〇年代の後半、司法担当をしていました。強姦罪の裁判はありましたが、各社ともほとんど触らないという状況でした。狭い島社会だし、あっという間に被害者が特定されてしまう、そのために、その女性の人生をだめにしてはいけない、という暗黙の考えがありました。そしてまた、刑法には強姦罪という法律用語はあるのですが、新聞では当時〝強姦〟という言葉は使わないことになっていました。性犯罪を書くときにも暴行とか乱暴と書いたわけです。でも、暴行という言葉では、性暴力は表現できない。暴行や乱暴だと、殴られた、蹴られたという意味になってしまいます。

私は性暴力に関する署名入りの記事やコラムを書く時は、あえて〝強姦〟という言葉を使うことがありました。でも新聞用語では用いないため、自動的に言葉が変えられてしまったりする。そういう場合は署名記事であり、自分の記事には責任をもつから、暴行ではなく〝強姦〟にしてほしいということで、そのまま使ったこともありました。

女はつねに受身で、性被害に遭った女性は、かわいそうで、どうにかしてさらに傷がつくようなことにならないように守ってあげなければならない、という前提や社会の価値観があったわけですが、そういう時代から明らかに変わりつつあるのです。覚醒したのだと思います。女たちの運動が世界的な規模で起こったことによって、沖縄の女たちも考え、学び、獲得したし、基地や軍隊を見るときの視点も、男の後からついていく存在としてではなく、また男の目や感性をくぐるのではなく、戦争や紛争があることで、あるいは軍隊があることによって女に何が起こるのか、ということにはっきりと覚醒し、主体としての女として沖縄戦や基地、軍隊を見る。そういう取り組みが、九〇年代以降、ここ二、三〇年の女たちの、新しくてパワフルで、特筆すべき視点であると思っています。

戦争が終わった直後から、女たちにとっては新たな戦争が始まっていたのです。いま、性暴力の被害にあった女性にたいする取り組みが、盛んに行なわれています。これは（冊子を示し）「基地・軍隊を許さない行動する女たちの会」が発行している「沖縄・米兵による女性への性犯罪」（一九四五年四月～二〇一六年五月）です。新聞や書物などに出た、いわば明らかになった性犯罪をピックアップした一覧表を冊子にしたものです。ピックアップした事件の記載が増えると新たな版を刷り増し、いま一二版ですが、これを見ると戦後女たちは、場所を問わず、年齢を問わず、それこそ赤ちゃんから年少の少女、高齢女性まで、畑で、家で、夫の目の前で、性暴力を受けている。この事実を記録していこうということで、今現在も活動に取組んでいます。戦時中の日本軍慰安所と戦後の米軍による性暴力は、軍隊による女性への性暴力として表れたものです。女性たちが県内各地で開催している「慰安婦展」では、米兵による性犯罪の冊子に掲載された事件を一人称で表記した声がひとつの壁を覆って展示されていました。「一九五一年二月二三日、就寝中に家に押し入ってきた二人の米兵に輪姦されました。三〇歳でした。真和志村」「一九九五年一二月、父が働いている部隊に所属している米兵に強姦されました。一四歳でした」というふうに。被害に遭った女性たちの声を聞くおもいでした。

冊子をつくっている「基地・軍隊を許さない行動する女たちの会」[*6]という女性の団体は、一九九五年の少女にたいする性暴力事件の直後にできました。高里鈴代さんと糸数慶子さんという二人の共同代表でやっている団体で、女性の視点から基地・軍隊を見ていこうと結成されました。
労働運動などにおいてもかつては「男は外、女は内」という固定的役割分担が明確にありました。先頭に立つのは男性で、女性の役割は、おにぎりを握るとか、男の人を応援するとか、そういうものだったわけですが、いまや女性は男の応援団としての役割ではありません。女にとって、軍隊ってなんだろう、基地ってなんだろう。戦争や紛争は、女の身に何が起こるのだろう。そういう問い直しが広がってきたという点が、大きく異なると思っています。

「沖縄の慰安婦」問題とカムアウト

――今年の二月に、ホンユンシン（洪玧伸）さんの『沖縄戦場の記憶と「慰安所」』（インパクト出版会）という非常にボリュームのある研究書が出版されました。すごく詳細なところまで研究が進んでいるようで、驚きもし、また感心もしたのですが、この研究には山城さんも関わっておられるようですね。

山城　沖縄は戦時中慰安所があった場所です。慰安所や慰安婦のことを今も記憶している人が少なくありません。そういうこともあって、慰安婦にされた女性が九〇年代から何人もいらして、講演会やセミナーが開催されたりしました。私も何度かインタビューをしています。取材をしていて思ったことは、昨年の暮れに日韓合意というかたちでの問題の決着の仕方があったのですが、私が取材した慰安婦の人たちは、日本という国から謝罪が欲しい。真相の究明をしてほしい。そして若い人たちに伝えてほしい。そういうことを繰り返し語っていました。

取材をした当時は、アジア女性基金というものがあって、国もお金を出すけれども、民間からお金を出して慰安婦の人たちに渡そう、ということでした。その質問をすると「チャリティは要らない」という言葉が返ってきたのです。「私が欲しいのはチャリティではない、賠償が欲しいし、謝罪が欲しい」、そういう答えでした。そのとき、慰安婦の人たちが長年苦しんだ末につかんだ思想の強さと正しさを、見せられた思いがしました。

それから、韓国の慰安婦の問題を、リーダーとしてがんばっていたユンジュンオク（尹貞玉）さんも何度か沖縄にいらしたのですが、ユン先生に、沖縄の新聞社に勤める女の記者として何ができるでしょう、と聞いたことがありました。その時にユン先生がおっしゃったことは「沖縄にも、たくさんの慰安婦にされた女性たちがいます。同じ被害を抱えているのです。だからその女性たちに、『私も日本軍の慰安婦にされた』というカムアウトを、たくさんさせてほしい。連帯できるはずです」、そう言われたのです。

本当にそうだと思いました。ところがそれは、ほとんどできていません。沖縄にはもともと辻というものがあり、そこはいわゆる遊郭だったのですね。貧しい家の男の子は「糸満うい（売り）」といい、前借金と引き換えに本島南部の糸満の漁師のもとで年季奉公させられた。女の子は「ジュリうい（売り）」といって、辻に遊女として売られる。*7ジュリにさせられた女たちが、沖縄戦が始まるや、次々に慰安婦にさせられていった事実は分かっているのです。ところが沖縄では、ジュリから慰安婦にされた女性たちのカムアウトはほとんどないのです。四歳で辻遊郭に売られた上原栄子さんは戦後、女性実業家としてたくましく生きたことで知られていますが、たいへんな人生を送らされた女性のカウアムトというのはほとんどありません。*7

そういう女性にたいし、沖縄社会は、いまなされている慰安婦への攻撃、例えば元々売春婦だったのではないかとか、もともとそういう職業の女性だったという批判ですね。本来貧しさのためジュリに売られたことそのものが大きな被害であるにもかかわらず、被害者としての立ち上がりを後押しし切れない沖縄社会の厳しさも、沖縄のもつ現実です。癒しの島だとか、おおらかで優しい島だといわれるのですが、辛い体験をした女性たちに、「じつは私は、従軍慰安婦でした」というカムアウトをさせきれない壁の厚さが、沖縄社会にはまだまだ強くあるんだということも、同時に考えさせられます。

慰安婦問題についてはもうひとつ。ペ・ポンギさんという方がいて、この方は、復帰後、不法滞在していることが分かって、一九七五年に「特別在留許可取得」を発行してもらうために、慰安婦として連れてこられたということを言わざるを得なくなり、カムアウトして沖縄で暮らした方です。そのことで、沖縄に朝鮮から連れてこられて県内各地の慰安所に連れていかれたということが明らかになった。このペ・ホンギさんは、戦後も生まれた国に帰ることができなかったのです。

ペ・ポンギさんは、「特別在留許可取得」のために名乗らざるを得なかったのですが、ペ・ポンギさん以外にも沖縄の地で人知れず生き、人知れず命を落としていった女性たちは、たぶんいたと思います。そういう女性がいたというような話も耳にしたことはありますが、その後女性たちがどうなったのか、ほとんど分かっていません。

――その壁の高さは、性被害を受けた人たちが名乗り出て告訴し、告発するというときの難しさと同じ壁の高さですね。

山城　そう思います。とくに戦後すぐのあの時代はそうですね。

――性被害を受けた、性犯罪があったときのいまのメディア報道は、個人が特定されないというところに、最大の注意を払っているように映ります。表向きには、被害女性の人権への最大の配慮、というスタンスのようではあるのですが、山城さんとしては、それは違うのではないか。そこは女性たちは、乗り越えていかなくてはいけないんだ、というお考えなわけですね。

山城　被害者が特定されないための配慮はとても大事だと思います。しかし、そのことが被害を隠すことにはならないはずです。被害者が泣き寝入りすることで、性犯罪を不処罰の犯罪にしてしまうことは終わりにせねばならないと思います。犯罪を告発することとプライバシーが守られることは矛盾しないはずです。女たちがいろいろな辛さを隠さなければ生きていけない時代は、たしかにあったと思います。あまりにも男性との格差が大きい時代が少し前まであったからです。学歴、教育を受ける権利、社会的な自立など。女性は弱く、男性に守ってもらう存在である、と。しかし、もうそういう時代ではなくなっています。

女たちは自分でものを言い、自分で考え、自分で立って、自分の足で歩けるという時代に入った。そうしたとき、犯罪をなかったことにする（不起訴にし、不処罰にする）ことで、次の犯罪を引き起こすことにつながる。またほかの誰かが性被害を受ける。そのことに女たちが気づき、自分の受けた性犯罪被害を外に出すことによって、次の犯罪被害をなくしていくと考えるようになりつつあります。

（＊1）聞き書きシリーズ「山城紀子氏を訪ねて「こころ病んだ人」を書くこと、島成郎が教えてくれたこと」（佐藤幹夫編集・発行『飢餓陣営43』二〇一六年冬号・所収）。（p104〜119）

（＊2）「2000年12月に東京で開かれた女性国際戦犯法廷（以下「法廷」）は、「慰安婦」制度についての日本軍上層部の刑事責任と日本政府の国家責任を裁いた民衆法廷です。戦時性暴力の不処罰の連鎖を断ち切るため、加害国日本の女性たちが提案し、被害国の人びととグローバルな国際連帯によって準備されました」。冊子「沖縄の日本軍慰安所と米軍の性暴力」（女たちの戦争と平和資料館・主催）より。

また、大越愛子「裁かれた戦時性暴力とフェミニズムの課題」（『女性国際戦犯法廷の全記録Ⅰ』所収・緑風出版・二〇〇二年）には、次のような指摘がなされている。

「（略）戦時性暴力は、平和時にも頻発する「女性に対する暴力」と地続きであり、それゆえ戦時性暴力が裁かれるということは、平和時の「女性に対する暴力」もまた裁きの対象とされることを意味するからである。／この「法廷」は、直接的には一九三〇年代と四〇年代における日本軍性奴隷制度の遂行責任者を裁く法廷であるが、しかし同時にそれは、「女性に対する暴力」を容認し、それどころか、それを社会秩序の維持のために利用してきた男性中心の「歴史」に対する審判の場としての意義をもっているといえるだろう。」（p342）

（＊3）桜澤誠著『沖縄現代史』（中公新書）より以下引用。「1995年9月4日、米兵3名が12歳の小学生を拉致強姦するという、いわゆる「沖縄米兵少女暴行事件」が起こった。8日、沖縄県警は米軍に容疑者の身柄引き渡しを要求。だが、日米地位協定の規定に基づき、起訴されるまでは米軍側が身柄を拘束できるため、米軍は引き渡しを拒否した。／事件の残忍さに加えてこうした経緯が拍車をかけ、県民の反基地感情が高揚、「島ぐるみ」の運動が展開されていく。沖縄県婦人団体連合協議会、NGO北京95フォーラム沖縄実行委員会の抗議表明を皮切りに抗議活動が広がり、さらには19日の沖縄県議会をはじめ、県内市町村議会でも抗議活動が相次いで採択された」。（略）「10月21日には宜野湾公園で「（略）沖縄県民総決起大会」が開催され、「8万5000人（主催者発表）が集まる復帰後最大の集会となった」。（p243～245）

この抗議行動のあとの二〇〇四年、九三年から九六年まで駐日大使を務めたウォルター・モンデール氏にたいする琉球新報のインタビューが行なわれ、次のような事実があったことが記載されている。全体の文脈は辺野古返還についての記述部分であるが、『沖縄は「不正義」を問う』（琉球新報論説委員会）より引用。「（モンデール元駐日大使は）1995年の米兵による少女乱暴事件に関し、こう述懐している。「（事件から）数日のうちに米軍は沖縄から撤退すべきか、最低でも駐留を大幅に減らすかといった議論に発展した」が、「彼ら（日本側）はわれわれが沖縄を追い出されることを望んでいなかった」。日本政府もまた、八万五千の県民の「怒りの声」のみならず、残忍な暴力の犠牲となった少女を、さらに踏みつぶした当事者だった。

（＊4）第四回世界女性会議：「1995年9月に北京で開催された第4回世界女性会議では、（略）、「北京宣言」及び「行動綱領」が採択された。「行動綱領」は（略）、12の重大問題領域（貧困、教育と訓練、健康、女性に対する暴力、人権、メディア、環境、女児など）が設定され、それぞれの戦略目標と、政府やNGO等のとるべき行動指針が示された。（略）「公益財団法人　日本女性学習財団」キーワード用語解説より。
http://jawe2011.jp/cgi/keyword.cgi?num = n000030&mode=detail&catlist=1...

（＊5）一八九四年ペリー艦隊の残留水兵ボードが、那覇市内の民家で老婦人に暴行、その息子らに撲殺された。日本より戻ったペリーの激しい追及で王府は犯人を挙げ、八重山へ流罪とした（琉球新報ウェブサイトを参照している）。

（＊6）ホームページ　http://www.space-yui.com/koudou.htm

（＊7）浅井春夫著『沖縄戦と孤児院』（吉川弘文館・二〇一六年三月）に次のような記載が見える。

「座覇律子氏の証言によれば、「孤児院には、一〇〇人位の一二歳以下の子どもが収容されていた」ということである。実際には「朝鮮人の女性たち一〇人ほどが、あれこれと世話をしていました。慰安婦だったんでしょうか、体格が良く美人でした」（字誌編集委員会編―二〇〇八・一二七頁）と証言している。／「「慰安婦」とされた女性は朝鮮人が一〇〇〇人、沖縄の遊郭である辻出身の女性が五〇〇人、日本本土、台湾の女性も若干数いたのではないかとされている。（高里―一九九八・四五四～四五九）」（p131）

「沖縄の唯一の遊郭街となったのは辻（女性だけによって運営される特別地区）で、一九三四年頃には一七六軒以上の遊郭が建ち並び、あらゆる階層の男性たちが出入りするようになっていた。その結果、大正年間には沖縄県の年間予算の五%を占める税収があったといわれるほど隆盛を呈し（太田他編著―一九八四・九九頁）、沖縄県の一大産業といえる状況を呈していた。しかし太平洋戦争が勃発すると、一九四四年のいわゆる一〇・一〇空襲で焼き尽くされ、遊郭街としての辻はその歴史に幕を下ろすこととなった。この際、一部のジュリは慰安婦として軍に徴用されたのである。その徴用の方法や実際の人数は資料的には把握できていない」（p132）

2. 沖縄を切り拓いた女性たち

「うないフェスティバル」について

――先ほどお話に出た「うないフェスティバル」について、もう少し説明していただけますか。

山城　「うないフェスティバル」は、ラジオ沖縄に源啓美さんという女性のディレクターがいて、女性の問題にも強い関心を向けていました。一九八五年、その年は「国連婦人の10年」の最終年であり、ラジオ沖縄の開局二五周年だったので、女性のための企画をという話があったようです。源さんはナイロビの世界女性会議に参加した女性たちの報告会を聞いて、女性たちがイキイキ報告する様子から思いついたというようなことを書いていたのを見たことがあります。なんとレギュラーの番組を全部外して朝九時から夜九時までの一二時間、女性だけで一日番組を流すという試みをやったのです。女から女たちへ、一〇〇人のメッセージというプログラムもありました。何を話したかは覚えていませんが、私も一〇〇人のうちの一人として語った記憶があります。沖縄のメディアの系列から言えば、ラジオ沖縄は琉球新報の系列です。私は当時沖縄タイムスの婦人欄を担当していましたが、何度も「うないフェスティバル」の特集を組み、メディアの枠を超えて紙面化しました。女性は企業への帰属意識が強くないので、気楽に企業を超えてつながれることを実感しました。今になって考えてみるとどの企業にいる女性たちも、自分の存在は企業のなかではアウトであることをどこかで感じさせられる。記者にしても「記者」というのは男を指していて、女の記者は二流であり、どの分野も一流は男だったわけですね。

二流の記者であり、二流の市民だった女たちは、一流の男たちとは違い、組織を超えて連帯しないと社会を変えることはできない、という共感があったのではないかと思います。「うないフェスティバル」は、主催者や共催する団体は変わってきていますが、いまでも開かれています。初期の頃は女性の問題に特化して、その後は生き難さを抱えた人の視点から社会の在り方を問い直す、という方向になっています。バスガイドの若年定年問題が、明らかになった時は、「寸劇・『発車オーライ』いま、女が変わる」と題した劇を通して三五歳定年で辞めさせられようとしていた女性に対する支援をしたりしていました。沖縄の女性たちがハワイに観光に行くのですが、そこのガイドは六〇歳という設定にしています。社会のなかにある様々な女の不利益や差別を取り上げていった、そういう試みです。

沖縄の無国籍児の問題

山城　国際婦人年の一〇年の取り組みがあったとき、沖縄の女たちは、この世界的なキャンペーンを大いに活用したと思います。たとえば、女性差別に対する日本の社会的な眼は、とても鈍いと思います。

国連婦人年の一〇年のなかで、「女性差別撤廃条約[*1]」を批准しようという動きが出たときに、日本政府は「時期尚早」ということで見送ることを考えていたのですね。ところが市川房江さんはじめ、この機を逃したら、日本が性差別のない社会になるのがいつになるか分からない。そう言って、多くの声をあげ始めるのです。朝日新聞の記者であった松井やよりさんは、他の先進国は批准しようとしているのに、日本政府は見送ろうとしているといったことを記事にしていたと思います。外圧に押される形で日本政府も批准することになりました。

しかし批准するためには、抵触する国内法を整備しないといけなくなりました。三つ問題がありました。一つは国籍法の問題。そのときの日本の国籍法は、父系血統主義を採用していて、子どもを産むのは女であるにもかかわらず、自分の産んだ子どもに、女性は国籍を与えることができない。そういう法律だったのです。

日本に無国籍児がいるということが社会問題になったときに、その大半が沖縄にいることが明らかになりました。沖縄は、日本全体の0・6％の面積に、74％の在日米軍専用施設があるところです。そこでは当然、沖縄女性と米兵との恋愛も生じます。結婚もある。すると、アメリカは出生地主義をとっていて、アメリカで出生していないと、アメリカ国籍は取得できない。日本の国籍は父系血統主義ですから、生まれた子は父親からしか取得できない。そうすると沖縄で、米兵と結婚した女性が産んだ子どもたちは、国籍を取得できず、無国籍だった。そういう子どもたちがたくさんいることが分かったのです。

いまはもうないのですが、当時、沖縄国際福祉相談所[*2]というところがあり、外国人がらみのさまざまな、恋愛、結婚、夫の蒸発、離婚の手続きを取りたいのだけど、夫と連絡がとれない、あるいは英語で書類をつくることができない、といったトラブルを扱っていました。そのケースワーカー、所長、沖縄県婦人団体連合会の会長などが国会などで証言をし、一九八五年、父系血統主義の国籍法が、父母両系血統主義の改正国籍法に変わるのです。[*3]

それから三つの問題のもう一つ、男女雇用機会均等法に関しても、一九八〇年代、バスガイドは三五歳で定年になる、という暗黙の決まりがありました。ところが一九八八年、沖縄バスのガイドだった城間佐智子さんが、社会的に訴えを起こしたのです。三五歳になると女は定年、これはおかしい。男性なら納得するだろうか。そういう訴えですね。

ところが当時、会社側はかなり強気で、いややはり三五歳までだ、と。女性への差別ではなく、職種別定年である、と。そういって譲らなかった。本裁判になる前、「審尋」をくりかえしたのですが、両者の言い分が埋まらなくて、とうとう本裁判になったのです。すると本裁判になった時点で、城間さんを支援しようという女性たちの支援活動が沖縄じゅうに広まっていきました。

沖縄では、圧倒的に女性が働いているように見えるし、実感としてもそうなのですが、データで見ると、既婚女性の就業率が全国平均よりも下です。そのことは私にとっても不思議でしようがなくて、労働省の沖縄婦人少年室（当時）に、聞きに行ったことがありました。そこでわかったことは、データにも表れない場所で女たちは働いているということでした。どういうことかというと、データで就業率を取るときには三〇人規模の事業所とか、一定の規模の事業所が対象となりますが、沖縄の女性たちは、もっと小さい場所で働いていることが多いので、データには引っ掛からない。組織のなかの女性労働者よりも、未組織労働者のほうが、圧倒的に多かったわけです。

城間佐智子さんの三五歳バスガイド若年定年問題というのは、沖縄の女性たちが、どれだけ過酷な条件のなかで労働者として働いていたか、そのことを見せつけられた思いがするのです。城間さんを支援する人のなかには、お花をもってきて、名前も告げないで「がんばってください」とだけ言って花を手渡して帰った人もいたそうです。絶対にがんばってほしい、と女たちが立ち上がり、応援をし、城間さんも、もうこれは自分一人だけの問題ではないと、思い知らされたといいます。それまでの女たちの長い我慢が、城間さんの裁判であふれ出てきたのですね。それはとても印象的なことでした。

彼女は結局、間もなく勝訴判決をかちとれる、と思われる時点で和解しました。労働争議はえてして勝訴しても、職場には戻れないという状況が多いなかで、彼女は和解して職場に戻っていくことを選びました。そして二〇一三年、六〇歳で定年を迎えます。そのとき、那覇市内のホテルで盛大な定年祝いがありました。出席者が二〇〇人くらいいたんじゃないでしょうか。後輩たちは、「今三五歳ですがあなたのおかげであと二五年働ける」、「道をつくっていただいて感謝です。しっかり歩いていきます」などといい、彼女の闘いにたいしてひじょうに敬意を払っていました。

裁判を起こした当時、「バスガイドは若い女」というのが常識で、二〇代を主流に三〇代前半まで。ところが城間さんの闘いは、そういう状況を決定的に変えたのです。二〇一二年の取材時で、彼女の勤務するバス会社でガイド八四人中三五歳未満は三七人。三五歳以上が四七人。五〇代も一四人いました。ガイドの要件とは何かということを、城間さんは問うたわけです。お客さんにたいする様ざまな配慮が、はたして二〇代のほうが素晴らしいのか。彼女の裁判のとき、四〇代のバスガイドの証言などもあり、「私が若かったころのバスのお客さんには、お詫びをしたい」、そういうのです。「お客さんへのガイドは棒読みだったし、プロとしての力が身についていなかった。障害をもっているお客さんや高齢のお客さんに、どう配慮すればいいかも分からなかった。人生経験を積んだ今は、どうすればハンディのある方にツアーを楽しく過ごしてもらえるか工夫できる、またどうガイドをすればより伝わるかをいつも考える。若かったころよりも、いまのほうがはるかにプロだと思う」。そういう内容の証言でした。城間さんが沖縄の社会や沖縄の女たちに投げかけた波紋は、とても大きな印象として残っています。

性犯罪を不処罰にしない

山城　先ほどの「トートーメー」問題についても、なぜ家は男だけしか継げないのか。なぜこの家の祖先を守ることができるのは男だけなのか。女たちから大きな疑問と、悲しみ、苦しみの証言があいつぎました。男の子を産まなかったというだけで、すごくバカにされたり、排除されたり、財産を継がせることはできないということで、遠縁の男たちに継がせたりすることがあったのです。「トートーメー」が女の人権を阻害しているということで、「トートーメーシンポジウム」も開かれました。会場を埋め尽くし、それでもまだ、どうしても中に入りたいという人が出るくらい関心を集めていました。

子どもが娘だけであるということで、親族に仏壇をもっていかれたとか、そのことをめぐる裁判もあり、女性が位牌を継ぐことは何の差し支えもないという、当たり前の判決が出たりするなど、女たちが慣習のなかにある性差別、労働における性差別などさまざまな分野を女性の視点でとらえ直すようになったことは女性の生き方の可能性を大きく広げてきたと思います。性暴力という概念を獲得し、性犯罪を女性の視点からみるようになったことも画期的です。被害者に落ち度があるという視点がどれだけ、男社会に慣らされた、男の目をくぐった見方であったかということにしっかりと目覚めた。そして立ち向かうということに関して、大きな歴史の転換があったなと思います。

もちろん九五年の少女の事件の後すべてが変わったわけではありません。米兵が基地の外に住んでいて、その人の車に乗っていって被害に遭った女性がいますが、そのときにも、ついていった女性が悪いとか、なぜついて行ったのかとか、加害者を罰するのではなく、被害者の落ち度を問うことが相次ぎ、被害者が告訴を取りやめた、ということもありました。私たちが長年のあいだで身につけてしまった皮膚感覚は、一朝一夕には変わらないわけですから。被害に遭った女性の落ち度をあげつらうことがインターネット上でいろいろ書かれるなど、たいへんな攻撃にあうということがありました。まだまだ啓発活動が必要だと思います。

被害にあった女性が告訴を取り下げるとか、そっとしておいてほしい、表面化したくないなど加害者を不処罰にしないという意思を貫けない、というようなことが今もあります。性犯罪については、不処罰が何十年にもわたって続いてきたという長い歴史があるので、これからも地道に努力をして行かなければならないことだと思います。でも、九五年の事件をきっかけに、勇気をもって訴えるケースは、確実に増えています。

二〇一二年には米国の海軍基地からきていた海軍兵による集団強姦致傷事件があったのですが、事件の日はグアムに発つ直前でした。翌年の裁判の中で動機として「事件の日にグアムへ行くため、暴行しても捕まらないと安易な気持ちで犯行に至った」と述べています。罪を逃れられるはずだと考えていたわけです。ところが、被害を受けた女性がすぐに告訴をし、そのことによって捕まえることができたという事件がありました。基地の中に逃げ込めば捜査の手が及ばないとか、公務中であれば、捜査が難しいなど地位協定の問題も大きな壁として立ちはだかっています。つい最近も、観光に来た女性が米兵にレイプされて、それを知った友人がすぐに訴えて、大きな市民運動になって行った事例もありました。以前とは異なり、性暴力という犯罪にたいし、女性たちが声を挙げ立ち上がるという行動が女性の枠を超え、男性たちも一緒に立ちあがって声を上げるという方向に広がっています。

それから、性犯罪、性暴力にたいする刑法の罰則がすごく軽いのですね。この点も、女性たちの話題のなかによく出てきます。皮肉なことに、本国で裁かれるともっと重いはずなのに、日本で裁かれるから軽い罪で済んでしまうとか、そういう矛盾もありますね。

この男性は医師なんですが（記事を示しながら）、この記事は二〇一二年ですから三年半ほど前ですね。米兵の性暴力を目撃したといいます。終戦直後、収容所にいるときのことで、まだ少年だったそうです。「女性を連れて来い」と脅され、非常に恐怖だったと語っています。少年たちにたいして米兵が自分の股間を出して「ここをなめろ」と指示したことも語っています。収容所の近くで米兵四人が住民の女性をレイプ（新聞記事なので暴行という表現になっていますが）するのを見ている。七〇年近く経って証言しているのですが、取材は家の外で受けている。「こんなひどい話は家の中ではしたくない」と写真説明の文として出ているのが強く印象に残りました。この写真は外で話している状況ですね。それくらい、目の前で性暴力を見せられたということもまた暴力で、見せられた子供はそのことを何十年も口にできないことだった。何十年経ったその時でも、家のなかでは話したくないほど重く、深刻なできごとだったということが伝わってきます。

それから、同じ紙面にまだ子どもだった（小学校五年生の時の体験）から分からなかったけれど、取材を受けた女性の二つ年上の近所のお姉さんがジープに乗せられて連れて行かれた。何時間か経って戻ってきたお姉さんは何も言わずただ泣いていた。その後、そのお姉さんは学校にこなくなったそうです。取材を受けたその女性が、かつてのその出来事を性暴力だと理解したのは一九九五年の事件で、その抗議集会であの時のお姉さんの姿を見たことで記憶がよみがえったと語っています。こういう証言をするにも、何十年も時間がかかったのだということを考えさせられます。死んだ家族のことは話せても、性暴力の被害を受けた人のことを話せなかった歴史というものを、今になって考えさせられていますね。

（＊1）女性差別撤廃条約：一九七九年、第三四回国連総会において採択され、一九八一年に発効。日本は一九八五年に締結した。

（＊2）山城紀子・高里鈴代『―沖縄―社会を拓いた女たち』（沖縄タイムス社・2014年12月）には次のような記載がある。「沖縄福祉相談所」は、現在、沖縄県男女共同参画センター「てぃるる」が引き継いでおり、「2011年度は186件の相談が寄せられた。過去5年間の年平均相談件数は157件。米軍基地を抱える県内の国際相談のニーズは高い。」とあり、相談内容は「離婚・別居・慰謝料に関すること」が45％、「養育費・認知・親権」14・4％、「結婚や離婚に関する手続き」10・3％と「国際結婚に関わる相談は全体の7割に達している」という。

（＊3）「無国籍児」問題は、現在、形を変え、新たな社会的課題として浮上している。「離婚後300日以内に生まれた子供は前夫の子供と推定される」という民法の規定があり、離婚を選択した女性が、新しい夫（男性）のあいだに生まれた子どもが前夫の子どもであるという認定を避けるため、女性が出生届の提出を控えることによって「無国籍児」となる。以前とは異なり、現在は就学を始め、様々な行政サービスを受けられるようになり、その通達が出されている。日経新聞電子版（2015年7月21日）によれば、文科省の調査を受け「法務省が把握した無国籍者は567人（今年3月10日時点）。このうち6～15歳の義務教育年齢は142人」だった（これは氷山の一角だろうと推定されている）。不登校やネグレクトなど、養育上の困難をかかえやすい、発達上のハンディをもちやすいとも指摘され、文科省は各教育委員会に丁寧な調査と対応を求めたという。

この問題を早い時期に扱った著書として、本田英郎『存在しない子どもたち―沖縄の無国籍児問題』（汐文社・一九八二年）がある。

3. 戦争トラウマについて

「老いをみる」の連載と高齢者家庭の訪問

――ここで改めて触れますが、沖縄は日本で唯一県民を巻き込んだ地上戦が行なわれた場所です（硫黄島でも地上戦が行なわれていますが、住民は疎開させられていて被害はありませんでした）。沖縄戦がどれほどの規模で[*1]、どんなふうに闘われ、多くの命を奪い、地獄のような凄惨な事態をもたらしたか、膨大な著作が書かれてきました。そのなかで近年注目を集めているのが、「戦争トラウマ」の問題です。逆に言えば、これまで気づかれずに戦後六〇年を過ごしてきたことになるわけですが、この「戦争トラウマ」についてお話し下さい。

山城　私が一番最初に出した本が、『老いをみる』（ニライ社・一九九五年）という本なのですが、取材時はまだ四〇代前半で、自分の両親を介護して看取った後でした。母の介護と看取り、その後の父と同居しての介護と看取り。三〇代半ばで始まった介護でしたが、想像以上に介護が大変なことを実感しました。まだ十分に若く、体力もあったはずなのにかなり心身の疲労を感じていたのです。当時の沖縄は長寿県であり、「高齢期はすばらしい」「長寿はすばらしい」という受け止め方があったのですが、そのパターンだけで老いが語られるのはおかしい、と思い始めたのです。それで『老いをみる』のサブタイトルに「在宅福祉の現場から」と付け、高齢になって心身にさまざまなハンディのある方が地域でどのように暮らしているのかを追いました。高齢者を家族がケアする。家族は、特に女たちはどういう状況で沖縄の「老い」を感じ、支えているのだろうか。そういうことを知りたいと思いました。取材を始めてみると、それまでは表面化していなかったとても深刻な沖縄の介護の実態が見えてきたのです。

介護に専念しなければならなくて、中学校も高校もいけなかったばかりか、社会参加も恋愛も、何も経験できなかった人たちがいることを知りました。あるいは介護を語る場がアンダーグラウンドです。周囲に知られてはならない。介護に追われ、何のために自分の人生があるんだということを、泣きっぱなしで語る人がいる。認知症になり、夜、夜中も起き出して日中と同じような活動を始める母親に寄り添っていた娘は介護の負担があまりにも重くて毎日のように高速道路を北から南に、南から北にと車を走らせながら「死ぬ」ことばかり考えていたというのです。また、老老介護の女性は夫をしっかり介護したいと思いながらも体がついていかず、医師に処方してもらっている睡眠薬を、自分が死ねる分量を貯めているとか、そういう話などを聞き、強烈なショックを受けました。

高齢者を支えるということは、介護をしている人の生きる意欲さえ奪うほどのものであることもわかりました。介護の社会化を広げていかないと介護される方もする方も幸せではないことを連載で伝えていかないといけない、そう考えながら老いの現場を取材したのです。

三〇年間、自分の親と夫の親とを介護して表彰された女性にも会ってもらいました。三〇年間です！　自分の親がぼけているのに、そのことを周囲の人には絶対に知られたくないために、ぼけていないことにして長年暮らしてきた母娘とか。

連載中に、「あまりにも暗い」という電話が、読者からかかってくることがありました（笑）。「介護の現場は大変だけれどそういうそぶりも見せず、みんな明るく頑張っているのに、どうしてこんな暗い内容の記事を連載するんだ」と。会社の先輩からも沖縄は高齢なのに驚くほど元気な人がたくさんいる。そういうパワフルな高齢者に登場してもらうほうが読む側も元気になれる、といわれたりしました。取材をしている私からすれば、それぞれ深刻な状況を抱えていたとしても取材に応じていただいた方々は明るい事例でした。

その理由は、老いの問題を引き受けている人しか記事にしてこなかったからです。お母さんがぼけているけれど、そのお母さんを責任をもって見ている娘さんが、そのお母さんといっしょに死ぬことを考えていた。しかし、ひょんなきっかけで周囲の人のアドバイスを受け、福祉サービスを活用するようになる。そのことで母娘とも生活がかなり向上したので、かつての自身のように苦しいおもいをしている介護者のために、体験を語る、というような方々でした。親を引き受け、なおかつ自分の名前を出し、顔を出して取材を受ける人というのは、私のなかでは明るいのです。じつは紙面化できなかった暗いケースの方がずいぶんいました。取材を受けてもらえない、取材はしたけれど紙面化することの了解が取れない、という事例です。

その何人かをあげるとすれば、Aさんという人は市営住宅に住んでいたのですが、Aさんの階下の住人から水が漏れてくる、という苦情が出た。上の階のAさんの部屋を開けてもらうこととなった。そうするとその部屋の中は、生ゴミの山だったそうです。高齢の女性が一人で暮らしていました。その生ごみは、トラックを何台かをつかって運ぶことになったそうです。

Aさんは、人と接触することがとても苦手のようでした。私はようやっとAさんとつながった民生委員の方と一緒に訪ねました。民生委員の方も声を掛けると、やっと扉を開けてもらえるようになったと話していました。「生ごみはもうないかもしれないけど、においは相当きつい、我慢できますか。おばあちゃんも相当気むずかしいよ」といわれながら付いて行きました。部屋の前で民生委員さんが名前を言って開けてもらったのですが、驚いたことに部屋の主はドアの向こう側で綱を両手で持って立っていました。鍵を閉め、そのドアを縄でぐるぐる巻いていて、扉を開ける時は縄をほどいてカギをあけるというのが彼女のやり方のようでした。

ずっと一人暮らしで、人気のなくなる遅い時間になると時たま買い物に行かれるようでした。近所の人の話では、日中はまったく見かけることがないようでした。部屋をみると、確かに生ごみは片づけられていましたが、ゴキブリがすごいのです。取材は受けてもらえませんでした。子どもがいるようでしたがどこにいてどんな人かということは、まったく言わない。福祉サービスも一切受けている様子はありませんでした。

その方をはじめ、書けない人がたくさんいたのです。

「福祉はいらない」という言葉の向こうにあるもの

山城　その頃、沖縄に初めて訪問看護ステーションができました。スタッフの看護師さんたちは地域の高齢者に訪問看護ステーションというものがどういうものかを知ってもらおうと、ニーズの掘り起こしをしていて、私も同行させてもらいました。

ある高齢女性の家を訪ねました。昼間でしたが、声を掛けられて顔を出した女性の部屋はひどく暗い感じがしました。看護師さんが訪問しての健康のチェックや入浴、リハビリのお手伝いなど訪問看護ステーションの内容などを説明しましたが、女性は、なにも困っていることはないというのです。でも、どう考えても、ながい間、お風呂に入っている様子はないのだと聞いていました。家のなかは家具らしい家具もほとんどなく、テレビもないようだ、と訪問前に看護師さんからは聞いていました。看護師さんが女性を訪ねるのはその時が初めてではなく、とりあえずお風呂に入れたい、と足を運んでいました。訪ねるたびにお風呂のことを聞くけれど、お風呂くらいは入っている、と応える。しかしどう見ても家にお風呂はない。「お風呂はないですよね」というと、「親戚からもらっている」とこたえる。私が行ったときも、さかんに「シムサ、シムサ」と言っていました。シムサとは沖縄の方言で「いらない」ということですね。

それから半年くらいしてから、訪問看護ステーションの看護師さんから「山城さん、あのおばあちゃん、お風呂に入りましたよ」と弾んだ声の電話をもらいました。お風呂は移動式だったのですが、利用してもらえるようになるまで半年かかったということでした。何度か訪ねているうちに顔なじみになって家のなかにも入れてもらえるようになった。そうすると顔を洗う石鹸の上にネズミのふんが付いているなど女性の暮らしぶりがいろいろと気になってしょうがなかったそうです。「なぜ、シムサなのかわからない」と。お風呂に入れたい、どうしても入ってもらいたい、と看護師さんたちは強く思うようになり、とうとう「では、使ってみようかね」となったわけです。気持ち良かったって言ってくれた、とうれしそうな報告がありましたが、その女性も取材対象にはなってもらえなかったのです。

もう一人、Tさん。当時九〇代で、息子二人に介護されていました。新たにできた別の訪問看護ステーションの看護師さんと訊ねたのですが、部屋に入った途端に悪臭がありました。息子二人は、お母さんを一生懸命介護しているのでしょうが、尿や便で漏らしたシーツを、洗うということを知らないのです。尿で汚れたシーツを外に干して乾かしては使わせる。悪意はないんだろうけれど、洗う、という概念がない。それで部屋がすごく臭っている。母親も慣れてしまっているのか、特に文句もない。年齢にしてはたっぷりある髪の毛も櫛やブラシのかかった様子もない。どういう人生を歩んでこられたのだろうか。洗う、ということもできていない息子たちと母の関わりはどういう家族の在りようから生じているのだろうか。でもその息子さんたちからも取材OKが出ませんでした。

こんなふうに、取材に応じてもらえず、記事に書けない人はたくさんいたのですが、あのときのおばあちゃんたちは、なぜあの状況のなかで、あの不衛生さ、あの臭い、あの垢まみれの状況のなかで、福祉サービスを使うことすらもよしとしない。どうしてなんだろう。特別養護老人ホームで相談員として働く女性や社会福祉協議会の職員たちからも、「なぜ、シムサなんですかね」と生活の質の向上をのぞまない高齢者の気持ちについて疑問を持つ、あるいは不思議がる会話を何度かしたことがありました。私も取材できなかった、「シムサ」の高齢者のことはとても気になり、今も取材できなかったことを残念に思っています。

なぜ、シムサか。一つには、福祉嫌いということがあるのだろうか、とも考えたりしました。権利としての福祉ではなく、〝お恵み〟、あるいは救済としての福祉というとらえかた。お上から与えられる〝お恵み〟という古い考えが活用を潔しとしない。そういうことなのだろうか。でも福祉のケースワーカーさんや相談員さんは、上手に説明していたし、収入に応じての費用だから、ほとんど費用もかからずに使えることなども丁寧に説明しているように見えました。何が原因で、あの状況をよしとしているのか。それが気になってしょうがなかったわけです。

その後、何年も経って新聞社を辞め、平和ガイドの養成をねらいとした連続講座があったので受講することにしました。沖縄のガマ（洞窟）をいくつも回ったのですが、暗く、ジメジメしていて、空気の入れ替えもあまりないから、時間が経つほどに、外へ出て新鮮な空気を吸いたい思いにかられました。沖縄の高齢者の中には何カ月もガマで過ごさなくてはならなかった人もいます。近年、平和学習に力を入れている南風原では、戦時中の「におい」を再現する取り組みがあり、関心を集めています。ガマの中では排泄もし、ものも炊き、血の臭いや死臭もし、というあのときの空気の臭い、淀み、閉塞感。そういうことを知るにつれ、ひょっとしたら、シムサはあそこにつながるのではないか。ふとそういうおもいが頭をもたげました。

沖縄住民の四人に一人が犠牲になったという沖縄戦を生きのびた人たちが何を基準にして生き、暮らしていたのか。一九九〇年代初期の七〇代～九〇代の方々は沖縄戦時二〇代から四〇代ということになります。おそらく身近に犠牲者をもたない人はいなかったと思います。死臭も含め、ガマのなかの不衛生さ、臭い、体の汚れ方、そういったものを経験してきた人たちです。

身近な人をたくさん亡くした人は、それも間近に死を見てきたとしたら「死んだ人」が比べる基準になりはしないだろうか。そういう妄想にかられました。生きていただけでも儲けものだ、生きていただけでもよかった、と思いながら生きてきた人の価値観が、ああやって暮らしていた高齢者たちの姿だったんじゃないか。沖縄社会のなかでは、よりよい生活とか、よりよい高齢期とか、そういうことが、多くの高齢者のテーマにはなり得てこなかったのでは。死んだ人と比べてどうか。死ななかっただけでよかった。そういう根本的なところの価値観を、あの時期の沖縄の高齢者は皮膚感覚として身につけていたのかもしれないと思ったりします。

だからPTSD（戦争トラウマ）という問題も、苦しいと思っても、悲しいと思っても、あなたより悲しい人は何人もいたじゃないか。あなたより苦しんだ人は山のようにいたんだよ、というような思いを誰もがもたされて、自分の苦しみや悲しみにたいしても、非常に抑制させられてきたんじゃないか。私は自分の年齢が高くなればなるほど、そう考えるようになっています。

——PTSDという医療診断が該当するかどうかにかかわりなく、生活で見せていたそうした状態そのものが、戦争後遺症と呼んでいいものなんだ、ということですね。

山城　そうなんですね。医療の分野のなかには入らないくらしそのものにあったのではないかと。医療で括ることのほうが不自然なほどで、むしろ沖縄社会全体が、そうした価値観や考え方をもち続けて暮らしてきたような気がしているのですが。

——人間らしい生活とか、人間らしい老いというときの「らしさ」が、ガマに隠れ潜んで生き延びたことや、周りで多くの人が死んでいったという事実を基準にしているから、非常に低いところというか、むしろマイナスに置かれている。

山城　そうですね。自分の不衛生さやひどく臭う状況は、けっして未経験なものではなかったわけです。あの沖縄戦のときにすでに経験しているのですね。最近、ある人に戦争体験を聞いたとき、あのときの蛆虫の太り方、あまりに大量の蛆虫、ということを話すのですが、いまの我々の衛生感覚ではとても想像もできないほどで、話を聞きながらも気持ちが悪くなったほどでした。「チュウチュウ」と音を立てて、人の肉を吸う音を聞くような体験をした人が、その音が耳から離れない、と語っているのです。

私が家庭を訪問して内心驚いた高齢者の人たちの中には、ひょっとしたら自分のいまの状況が相当ひどいものだという認識を、持っていなかったかもしれない。死や死んだ人と比べれば、どんなひどい状況でもまだまし、ということになるわけですから。四人に一人が死んだということは、そういうことなのではないか。そういうレベルなのかもしれないということです。

戦争体験と心的外傷

――いまは福島の相馬に移っている蟻塚亮二医師が、沖縄に住んでいたときに、沖縄戦のトラウマに臨床的に注目し、勉強会もしてきたということですが、山城さんもその勉強会のメンバーの一人だったのですね。蟻塚氏は、『沖縄戦と心の傷』（大月書店・二〇一四年六月）としてまとめましたが、勉強会ではどんなことが話し合われてきたのですか。

山城　とりあえず、語って下さる人たちの話に耳を傾けようということで、戦争の体験者に来ていただいて、それを聴くということをくり返しやっています。それから、PTSDという概念が、世代間で連鎖していったんじゃないかということで、次の世代にどういうかたちであらわれているんだろうか。子どもの世代は、親が戦争をどう語ったか、あるいはどう避けていたか、それをどんなふうに見ていたんだろうか。そういうことも含め、話し合いをしている状況です。たとえば死体を踏んで歩いた人が、その足に痛みを感じているとか、さっきも言ったように、ウジ虫が人の肉を吸っていた音が耳から離れないとか、そういう話を聴くということですね。

これまで、四回公開講座をもちました。「ヒバクシャの心の傷を追って」の著者で精神科医の中澤正夫さんを迎えて基調講演をしてもらい、そのあと地元の我々がパネラーとなってシンポジウムをする。あるいはやはり精神科医で戦争と精神医療の研究を長く続けておられる岡田靖雄さんに来ていただいて「戦争と精神障害」についての講演をしていただき、そのあと我々で沖縄の状況をベースにシンポジウムをする。そういう取り組みをしているのですが、今年はこれまでおこなった講座の記録をまとめよう、と今月から話し合いを始めていく予定です。

私がこの研究会に入ったきっかけは、学びたいということと、知りたいということでした。沖縄の記者として、戦争体験とか「六・二三」の戦没者慰霊祭の日に関わってきたけれど、戦争を体験した人の思いとかは、年齢を重ねれば重ねるほどに分からなさのほうが圧倒的に多いのです。それで、沖縄戦を生きのびた人たちが心の中に抱えさせられたものなどを知りたいということが、私が会に入った一つのきっかけです。

会としての協働作業はまだできていない状況で、まだ始まったばかりという状況です。蟻塚先生は医師という視点からまとめられましたけれど、医療という観点からだけではまとめきれない分野も含めて、もっといろいろな視点から知りたいと思っています。

——単に医療の対象であるとか、経済的・心理的支援の対象である、と捉えるだけではなく、沖縄戦を体験しなくてはならなかったことで、その人が生きてきたことの全体について考えるといいますか、こんなふうに生きてきた、こんなふうにしか生きられなかった、というその人生の意味を掘り下げて考えたい、そういうことになるのでしょうか。

山城　医師に診てもらえれば、その人の医療的な診断は出るのかもしれませんが、医師には診せない人たちも大勢いるだろうし、その人たちの問題がどんなふうに現われているかは、人それぞれだと思うのです。それぞれの人のなかにPTSDがどんなふうに現われ、そのためにどんな生き方になったのかということは、本当に分からないことなんだという気持ちが強くて、どこからどんなふうに関わっていけば、沖縄戦での「傷」が少しでも分かっていくのか。

でもそれは、私たちの概念で考える「傷」というようなものと同じであるかどうか、それさえ分からないわけです。「傷」という概念が、ひょっとすると真逆の「笑い」というかたちで出ているのかもしれないし、「笑い」を追求していったら、それが「傷」だったりするのかもしれない。そんなことも含め、どんなふうに捉えていくか、みんなでもう少し議論を積んでいきたいと思っています。

沖縄では、戦争をはさんで精神障害者の数が非常に増えたにもかかわらず[*2]、「沖縄戦と精神障害者」というテーマが、テーマになり得なかった。それをもう一度テーマにしたい、という思いがあります。戦争体験を話して下さる方の中には蟻塚先生の患者さんで、「戦争のときにあなたはどうしていましたか」と問いかけられたことで、自分が抱えている症状と戦争に何か関係性があることを知り、納得し、話されるようになる。話されることで病状が楽になるという方もいるわけです。心が解放される感覚があるのかもしれません。最初は体験を聞きたい、ということに激怒された方が、少しずつ話をされることで、考えをまとめられるところまで行ったりすることもあるので、語りそのものが、自分の問題のステップアップにつながるような方には、これからもぜひ来ていただきたいと思っています。

つくづく思うことは、戦争があった土地で、自分のなかにできた「傷」とか苦しさを表に出すことが、こんなにも時間のかかるものなのか、こんなにも大変なことなのか、ということを実感するのです。七〇年たって、やっと少し話せるようになった。そういうことを考えるときに、どれだけの人が苦しさを抱えたまま、亡くなったんだろうか。つくづくそんなことを思います。

「六・二三」が近づくと始まる高齢者の不穏

――苦しさを直接戦争と結びつけて口にはしないけれど、六月二三日の「沖縄全戦没者追悼式」が近付いてくると、さわがしくなる、眠れなくなる、動けなくなる、そういう人たちが少なからずおられるということを、山城さんが書いておられましたね（「沖縄社会を拓く―戦後七〇年、女たちの活動と歩み」:「沖縄における性暴力と軍事主義」研究会発行冊子、「沖縄戦と戦争犠牲としての「福祉」『戦争と福祉についてボクらが考えていること』共著・本の泉社・二〇一五年）。

山城　何度か書いたりしたのですが、ここ数年、六・二三を、名護にある特別養護老人ホームで過ごしているのです。そこは園のなかで慰霊祭をしています。以前は入所者の希望で糸満の摩文仁の平和記念公園まで連れていき、式典に参加してもらっていたのですが、次第に高齢化し、行く途中で脱水症になったり、調子を悪くしてそのまま園に戻るということが相次いだために、もう連れていくことができなくなったのです。いま、その特別養護老人ホームの平均年齢が、九〇歳を超えているようです。

でも、重度の認知症になっても、「チムワサワサー」するというのです。沖縄の言葉で「チム」は心、「ワサワサー」は騒がしいということ、六月二三日が近くなると、落ち着いていられない状態になるのですね。福祉用語でいう不穏状態ですね。そこに兵隊さんが立っているとか、お婆さんが呼んでいるとか、そんなふうにとても落ち着かない様子が園のなかで起こるようです。これはその老人ホームに限ったことではないようで、他の高齢者施設の関係者からも同じようなことがあると聞いています。

その名護の園のなかでの慰霊祭は、今年で八度目になると思いますが、今年も行きたいと思っています。去年、一昨年も、六月二三日はそこで過ごしました。

九〇代という高齢になって、しかも自分がどこにいるか、いくつになっているか、聞いても分からない高齢者が、あの当時の空気を覚えている。湿り気とか暑さとか空の様子とかなんでしょうか。そういう感覚を覚えていて、あの時期になると落ち着かないということが起きる。これは、胸が締め付けられる思いがします。

残念ながら、証言能力を失くしている方がほとんどです。まとまった語りはできない。少し前に本土のメディアから、施設での慰霊祭を取材したいので紹介してほしいという依頼があったので施設に電話で問い合わせてみたのですが、高齢者たちは何を聞かれても証言はできない、だから来ないでほしいといわれたので、その通りに伝えました。

少し前までは証言する力があったのです。いまは語れないけれども、不穏状態にはなる。私は慰霊祭がある間は足を運んでおきたいと思っています。沖縄戦を生き残った人が、あの時期になると落ち着いていられない状況になる。このことはしっかりと覚えておきたいと思います。

(＊1) 沖縄戦については、林博史『沖縄戦と民衆』(大月書店・二〇〇一年)に次のように書かれている。

「沖縄戦とは、アジア太平洋戦争の最終盤、一九四五年三月二三日、米機動部隊による空襲、二四日の艦砲射撃によって始まり、二六日の慶良間諸島への上陸、四月一日沖縄本島への上陸より本格的な地上戦が開始され、六月二二日牛島第三二軍司令官の自決、七月二日米軍による沖縄戦終了宣言によって組織的な戦闘は終了し、沖縄の日本軍が降伏調印式をおこなった九月七日に最終的に終了した戦いである。両軍の組織的な戦闘は約三か月間続き、そこに約五〇万人の住民が巻き込まれ、県民のなかから約一五万人が犠牲になった」(p4)

また『沖縄シュガーローフの戦い』ジェームス・H・ハラス(光人社NF文庫)には次の記述がある。

「沖縄戦は太平洋戦争を通じてもっとも血みどろの戦いであった。八二日間の戦闘で米軍の陸上兵力は七六一二名が戦死もしくは行方不明、三万一三一二名が負傷、二万六二一一名が戦闘疲労症となった。海上兵力の被害も深刻で、輸送や支援攻撃の任務中に四三二〇名が戦死し、七三一二名が負傷した。」(p4)

これほどの激しい戦闘のなかに県民たちも取り残され、阿鼻叫喚のなかを逃げまわった。

(＊2) 北村毅「通史:沖縄の精神保健福祉のあゆみ(第I部)」(『沖縄における精神保健福祉のあゆみ―沖縄精神保健福祉協会五五周年記念誌』北村毅編著・二〇一四年)より、三七ページの次の表「精神衛生実態調査による有病率の比較」(北村氏作成)を転載させていただく。

精神衛生実態調査による有病率の比較

	調査対象	調査対象者数	精神障がいの人口千対有病率		
			広義	狭義（精神病）	統合失調症
全国精神衛生実態調査（1963年）	無作為抽出	44,092人	12.9（569人）	5.9（262人）	2.3（101人）
平安座島精神障害者実態調査（1965年）	全数（実質全人口の82%）	2,379人	107.6（256人）	50.4（120人）	8.8（21人）
沖縄精神衛生実態調査（1966年）	無作為抽出	5,127人	25.7（132人）	15.4（79人）	8.2（42人）

（二〇一六年五月一二日　那覇にて収録。聞き手・構成・註作成　佐藤幹夫）

山城紀子（やましろ・のりこ）
沖縄県那覇市生まれ。一九七二年　日本女子大学文学部卒業。一九七四年　沖縄タイムス入社。学芸部、社会部の記者を経て、編集委員、論説委員を歴任。二〇〇四年に退社し、現在フリージャーナリスト。
著書『老いをみる―在宅福祉の現場から』（一九九五年・ニライ社）、『心病んでも―「あたりまえ」に向かって』（一九九八年・ニライ社）、『人を不幸にしない医療―患者・家族・医療者』（二〇〇三年・岩波書店、二〇一一年・岩波現代文庫）、『―沖縄―　社会を切り拓いた女たち』（共著・二〇一四年・沖縄タイムス社）

加藤典洋の「戦後論」を読む ▸ II

嘉手納基地

加藤典洋氏に聞く

「戦後」の出口なし情況からどう脱却するか

『戦後入門』までと「戦後」以後へ

1. カナダ滞在と『アメリカの影』

『アメリカの影』のモチーフはどこからきたか

——最初の問いです。『アメリカの影』のテーマ、占領と検閲の問題、無条件降伏や原爆の問題が戦後史のなかで生じ、「ねじれている」、なにかが「隠蔽されている」というテーマが、加藤さんご自身のなかにどのようにして生じ、重要になっていった経緯とはどのようなものだったでしょうか。江藤淳の先行する占領研究の仕事があり、『アメリカの影』は江藤淳批判のようにも読めますが、改めて最初『アメリカの影』として結実していく過程についてお聞きしたいと思います。

加藤典洋（以下、加藤）「ねじれている」というモチーフは『アメリカの影』には入っていなくて、じつは『敗戦後論』以降のものですね。なぜ「ねじれ」というモチーフがぼくの思考に入ってきたかについては、別にお話しするのがよいと思います。

『アメリカの影』では、まず「『アメリカ』の影——高度成長下の文学」というタイトルの文章を一九八二年に二〇〇枚ほど書き、およそ二年後に「戦後再見——天皇・原爆・無条件降伏」を書いています。一つ書いて、次を書くのに一年半かかっているわけです。もうひとつまん中に、

「崩壊と受苦」という文章があり、三つ合わせて『アメリカの影』になっています。内容は、主に、二つの「発見」からなっているといってよいでしょう。

はじめの「『アメリカ』の影――高度成長下の文学」での発見は、日本における「アメリカ」のプレゼンスは、微妙に〝ぼかされている〟というものです。アメリカにはいろいろな国が依存したり従属したりしていますが、日本の場合には、それが非常に見えにくいようにソフト・ハードの両面で緩和されている。その発見ですね。

次の「戦後再見――天皇・原爆・無条件降伏」は、原爆の登場が世界史にもたらした視覚転換の発見です。二つを合わせて、戦後日本の隠蔽構造を「内」と「外」から照らし出す、という形になっています。「内」から見ると「アメリカへのあこがれ」であり、それは「従属の隠蔽」ですね。「外」からは無条件降伏という政策の登場であり、それはイコール原爆の登場による世界の変質とその隠蔽、プラス、日本がアメリカの無条件降伏政策のもとでいわば世界とのつながりを失う、という文脈の発見ということだったと思います。

一九七八年に、本多秋五が「日本は無条件降伏をしたんだ」と言い、それにたいして江藤淳が「いや、していない」という無条件降伏論争がありました。しかし、考えてみると、これは「無条件降伏」という政策に対しては双方が判断停止をしたうえでの論争になっている。「じゃあ、無条件降伏だったら、いいの？　しょうがないということになるの？　この政策自身がおかしいということをいわなくちゃいけないんじゃないの？」という、無条件降伏という政策自体を譴責する観点が、ともに欠けていた。「無条件降伏」に疑問をもたないことを共通の基盤として、論争がなされている。その不思議さ、不健全さへの発見がこの第二論考の入り口になっています。

こういうものが自分のなかにはいってきた経緯についていうと、いくつかのきっかけというか、ポイントがあります。

ひとつは、だいぶ長い間日本を留守にしたということです。一九七九年に、ぼくは勤めていた国会図書館から派遣の形で、カナダのモントリオールに行き、そこに三年四カ月のあいだ滞在していました。その間、日本には一度も帰ってきていません。逆にできるだけ日本とは没交渉になりたいと思ってカナダに行ったわけです。この不在のあいだに、村上春樹、高橋源一郎が登場しています。帰国したあと、友人の瀬尾育生さん（詩人・詩論家）に会って、「何か面白い作家は出てきた?」と聞いたら、村上春樹と高橋源一郎の二人の名前をあげた。すぐに読んでみると、面白い。やっとまともな書き手が出てきたか。そんな感じだったですね。当時はさほど考えていなかったのですが、最近とみに、自分の感じ方がどうもこの日本に住む人びとと違う、と思う機会が強まり、考えてみると、三〇歳前半のこの三年以上の不在が、大きく自分を分かつ契機になったらしいと思うようになりました。

アメリカに北で隣接するのはカナダですね。南で隣接するのがメキシコです。そして西に太平洋を隔てて日本がある。カナダでは、アメリカへの半従属的な関係は前提になっていて、カナダの人たちは、そのなかで物事を考えている。そこで自分たちの独立性を築いているわけです。しかし、日本に帰ってくると、「自分たちは独立国で、違う国だ」というような感じになっていて、アメリカの属国、衛星国である要素は、カナダ以上であるのに、「衛星国じゃないよ、東ドイツとは違うだろ」、また、「ほかのアジアの国とは違うだろ」という感じだったわけです。でもそれって違うわけですね。ソ連は第二次世界大戦の後、衛星国圏をつくって、アメリカもそれに対抗して衛星国圏をつくった。日本もその中に入っている。日本はさしずめ衛星国の「長男」格を任じていますが、他のアジアの衛星国群と同等で、そのさまは、それこそ東ドイツに対応している。

その頃ぼくが読んだなかでよく覚えているのは、一九六五年に書かれた岩波新書の『回想の日本外交』という西春彦という人の本ですね。駐ソ公使などをへて第二次大戦勃発時の外務次官を務めた人物ですが、戦後は駐英大使などを務め、退官した後、一九六〇年の安保闘争の折りには事前協議制や極東条項の問題を取り上げ、改定案は日本の安全保障に寄与しない、逆にソ連や中国の軍拡の口実を与えるだけだと安保に反対した。五〇年代の日ソ国交回復を準備したのもこの人物だといわれています。よくソ連、アメリカ、日本の地政学的関係を把握していた人で、しかも冷静沈着、剛胆。昔は、このような人物が外務省にはいたわけです。

その本には、一九六〇年の日本の安保闘争の帰趨が六三年のキューバ危機を出来させたのではないかという驚くべき見解が記されています(第八章「日米新安保を憂う」)。ソ連は、占領後、日本が中立に転じるか、それともアメリカの従属国化を固定化させるかに注視していた。安保をへて、日本中立化の可能性が消え、アメリカの世界戦略の橋頭堡となることが決まった。それへの対抗が、では、同じような位置にわれわれも橋頭堡を作ろう、という発想でキューバへのミサイル基地設置となる。事実、ソ連が公然とキューバ援助に踏み切ったのは一九六〇年二月のことだと、西は記しているのです。そしていまわかることは、アメリカも、一九六〇年六月にアイゼンハワーによる日本訪問を計画する一方——それはハガティー事件で頓挫するのですが——、ソ連同様、このとき、同時進行で、キューバに対する働きかけを行なっている、つまりこちらは軍事侵攻作戦を準備している。六一年一月には国交断絶、四月には軍事侵攻のピッグス湾作戦となり、これが失敗に終わった後、六三年のキューバ危機となる。こういう図柄の中に日米安保はあった。西は、ソ連から見ると、ソ連における日本、アメリカにおけるキューバは、ある意味等価であることを鳥瞰している。「アメリカのお膝下」で「フロリダからわずか一〇〇マイルのキューバ」と記しています。

外交官というのはすごいな、と思ったものですが、当時、そういう考えに敏感に反応する気分が、ぼくのなかにはあった。一方、そういうところから見ていると、日本の人は対外感覚がぼけている。

それがなぜこういうものになったか。具体的な話をすると、帰国後、ある特集枠のなかで『なんとなく、クリスタル』について少し書いてみないかと「早稲田文学」の編集部から言われたのですね。それで『なんとなく、クリスタル』を読んでみたら、面白い。また、ベストセラーになった後の、その作品に対するバッシングぶりがすごかった。それで、こうした反響まで含めて考えたいので、今回はパスして次回もう少し踏み込んで長い枚数で書かせてもらえないかな、とお願いした。一カ月待って取りに来てくれた編集者が、編集実務をやっていた当時早稲田の学生のYくんで、いまは編集者をやっていますが、その彼に原稿を見せたら、もう七〇枚を超えていた。「面白いですね。まず五〇枚、載せましょう。残りは翌月に何とか入れます」といってくれたのが、また、延びて、最終的に、「早稲田文学」の編集委員会から「早稲田大学と関係ない無名の書き手に何でこんなにページを使うんだ」とクレームが出るか(笑)、なんとか三回の掲載で二〇〇枚近くを載せてもらったのです。一回目の掲載直後に江藤淳さんから速達で手紙が来たし、掲載途中か直後くらいに東京新聞の「大波小波」が取りあげてくれた。これは磯田光一さんだったのですが、そんな援軍もあって、こういうことが可能になった。そんなわけで、編集実務のYくんには大いに世話になった一方、『早稲田文学』の編集委員会にはあまり恩義は感じなかった（笑）。

鶴見俊輔との出会い

きっかけの二つ目は、カナダで鶴見俊輔と知り合ったことです。

それまでのぼくの教養のバックグラウンドは、吉本隆明、埴谷雄高、谷川雁という全共闘系列の文学者というか、そうした人たちで、べ平連という運動はどこか軟弱（？）で軽く見えていました。鶴見俊輔もさして読んでいなかった。知り合った頃、最初、ぼくは鶴見さんによく突っかかって、かなり嫌がられていたのではないかと思いますね。

当初、品のいいリベラルなだけのおじさんかと思っていたのですが、付き合っているうちに、全然そういう人間ではないことがわかった。この人は一種の狂人だったんです（笑）。そのとき、人間を簡単にバカにしてはいけない、世間は広い、と反省させられました。ほんとうにガツンとやられた感じでした。

自分のいままでの感性や考え方に馴染まないような、幅の広い見方の人間にたいして、謙虚にならなければならないと思った。そういうふうにして、違う考えの人とやっていくことの面白さに気がついた。いわば自分の狭さに気づき、見方が広がったのです。

吉本隆明さんに最初に会ったのは、一九八〇年代のなかばで詩人の北川透さんや瀬尾育生さんが主宰した名古屋の「菊屋まつり」に呼ばれたときなのですが、そのときに[*1]吉本さんが「加藤さんは、鶴見さんと親しいんですよね」といいました。正確な言葉ではないんだけれど、なんと言ったかな、「あの人、ちょっとずれているところがあるでしょう」みたいなことを、けっして揶揄するようにでなく、半分おかしくて、半分面白いみたいな言い方で、いわれたと思います。それにぼくは「はい、でも、鶴見さんはそのうさん臭いところがいいんです」と答えたのをおぼえています。

鶴見は丸山真男からも、「庶民庶民というけど、きみは本当の庶民なんてわかってないでしょう？」と、とっちめられていますね。でも、そういう「ほんとか？」というあたりを、数行「飛ぶ」、その自由さ、面白さをこの人から教えられたと思うんです。それまでぼくは、これはうさんくさい人だと思うと、もうだめで、心を閉ざす、相手を切って捨てる、そういう「本物志向」タイプの人間だったんです。そうじゃなくて、うさんくさい人間というのは、面白いんだ、そこに自分の破れ目がある、そこから世界が開けていく、という感じを受けた。ちょうどその頃、国会図書館で知り合いたちが発行しているミニコミ誌があって、最近、そこに自分がカナダから投稿した文章を読む機会があったのですが、そこには「いま、鶴見俊輔という人物に出会い、うさん臭いということの広さを教えられている」と書いてありました。

「『アメリカ』の影」という文章は、よく覚えているんですが、子ども二人を抱え、引っ越したばかりのごくごく狭い公務員住宅の台所のテーブルで書いたんです。カナダでは、日本人のいない移民街に住んでいたのですが、それでもアパートは広い。日本に来て、天井は低いし、四畳半と六畳しかないし、うへっ、という感じだったのですが、その出だしの何頁かは、すごく軽快なんです。失うものは何もない、という感じで書いている。それまでは、カナダに行くまで、中原中也について書いたり、吉本について書いたりしていたけど、自分にとってかけがえのない、大事な相手で、ある意味命を削って書いた。重い文章だったんです。そのときに比べたら鼻歌まじり、という感じ。その「アメリカの影」の軽い文章が、それからのぼくの原点になった。後で自分の文章が重くなってくると、この最初の個所をよく読みかえしたものですが、あえて自分を軽くするというか、自分を自分にたいして見知らないものにする。そのことの面白さですね。それがいま考えれば、鶴見さんからの感化だったのだろうと思います。

江藤淳の発見

三つ目は、江藤淳の発見というか、再発見です。先ほどいったように、江藤さんが手紙をくれた、「大波小波」が取り上げてくれた。こうして、自分にとっての「売文」の足場ができた。文芸評論を「商売」にするきっかけが作られたわけで、お礼をいうべきなんですが、このときは、ほんとうに生意気で、不遜でした。

いま考えると、驚くのですが、手紙をくれたとき、江藤さんは五〇歳前後だったんですね。きわめて早熟な人で、亡くなったのが一九九九年。それがいまのぼくと同じくらいの齢です。悪いことをした、また、失礼だったなと思いますね。[*2]つまり第一線でやっている人間が、まったく無名の若い人間の書くものを読んで、一〇年来の知己のようだと激賞するんですから、無防備です。なぜ無防備かといったら、この若者を褒めてあげようと無心だからです。ふつう、批評家はけっしてそんなふうに無防備にはならない。ほんとうに共感したとき、一瞬、無心になるわけです。そんなとき、この後、あなたを批判するから、読んでみてくれ、なんていう無礼な手紙を受けとったら、傷つくでしょう。絶対に許さない、と思うでしょう。それから江藤さんは事実、長い間、ぼくのことを許さなかったし、心を開きませんでした。『文藝』で竹田青嗣さんと三人で鼎談をして大激論になったし、[3] その後、他にも何度か顔を合わせる機会はありましたが、僕は軽い会釈をし、相手は、一目見て、すれ違うだけでした。江藤さんは正月になると、自宅に何人も若い批評家を呼び集めていたのですが、ぼくは一切呼ばれませんでしたね。

でも、年賀のやりとりは続いたし、そのあと『日本という身体――「大・高・新」の精神史』（講談社・一九九四年）を書いて、送ったら、ハガキで返礼があり、変な本だがつい読んでしまったと書いてあった。何年かしてから、知人に教えられたところによると、この本は、ある新聞社の設置した文学賞の最終候補まで残って、最後、阿川弘之の『志賀直哉』と競って、落ちているのですが、聞くと、それを推したのが、江藤淳だったという。『アメリカの影』というのは、鶴見さんなしには書かれなかったというところがあるのですが、書く中で、江藤淳との結びつきを生んだ。ぼくはもともと文芸評論なんて、小林秀雄一人で十分という気持ちでいたので、それまで江藤淳はそれほど読んでいなかった。でも、この仕事を通じて、江藤の批評の仕事の面白さを発見しました。そして、ここから先の領域を先導されたと思います。

江藤淳は、アメリカに行って戻ってきたあと、『成熟と喪失』を書いています。上野千鶴子がこの本の文庫の解説を書いていますが、『成熟と喪失』をぼくが「アメリカの影」で取り上げたときには、この本はほぼ完全に忘れられていたのです。日本の文学をいわば外にいた人間の目で見ている。そこに僕と江藤の共通体験のようなものがあった。そこからこの本を生き返らせたので、江藤さんは喜んで、手紙をくれた。でもそこから江藤の孤立がはじまる。一人、日本の現状、文学の状況に苛立ち、対米関係の「対等化」をめざす批評活動をはじめていく。[4] しかし、まさしくその時期、ぼくの江藤淳にたいする注目が始まったわけです。

江藤の占領研究はなぜ「高度成長下」で出てきたのか

四つ目は、きっかけというより、それ自体が一つの発見でもあるのですが、対米従属と高度成長のマッチングということです。なぜ江藤のああいう指摘が、高度成長たけなわの時期をへて出てくるのか。対米従属というなら、五〇年代のほうがもっと露骨だったわけです。事実このときに日本共産党は、「反米愛国」を唱え、『愛国心』という岩波新書が一九五〇年に清水幾太郎の手で書かれました。発展途上国タイプのいわばどこにも見られるタイプのナショナリズムが日本に浸透していたのです。ところが、日本が豊かになって、経済的にアメリカから理不尽な追及を受けて、譲歩を強いられるようになった。そうしたら、だいぶ屈折した形で江藤淳のいわば親米型ナショナリズムが現れる。なぜ八〇年前後にああいう「感じやすい」ナショナルな自尊心が、新しい反応として出てくるのか。これは、五〇年代の（反米）ナショナリズムとはまったく異質なものです。いわば身体は大人になった、しかし、心は子どものまま。いわば――不正確な言い方になりますけれども――通俗に解された限りでの、あの「アダルト・チルドレン」的覚醒が生じている。それは、一方に豊かな生活があり、他方に屈折した自尊心がある、そういうなかからはじめて生まれてくる、微妙な憤懣、不満、フラストレーションであり、従属の認容なのです。だから、きっかけが、あの消費社会を謳歌する『なんとなく、クリスタル』でなければならない。そこに江藤は対米従属への成熟した自己認識のかたちを見た。これに最初に反応し、八〇年前後、最初に声をあげたのが、江藤だったのです。

「『アメリカ』の影」を書いたときに、「高度成長下の文学」とサブタイトルを付けたのは、中村光夫が一九五二年に「占領下の文学」という文章を書いていたからです。平野謙も『昭和文学史』だったかな、そこでの章立てを「占領下の文学」としています。中村光夫や平野謙の時期に対米従属の問題が出てくるのはわかるけれども、それが高度成長下に出てくるのはどうしてなんだ、という問題意識があった。

『なんとなく、クリスタル』の最後に、香水がまじりあう場面が出てきますね。主人公の若い女性が青山の近くをジョギングしていると、三〇代前半の品のいい女性とすれ違うのですが、そしたら「かすかにゲランの香水のかおりがした」というのです。そこで、主人公のジョギングの汗とゲランの香水がまじりあっている。対米従属の汗と高度消費社会のかおりが混淆しているのです。あの最後のシーンはいま読んでも、面白い。喚起力を失っていません。

『戦後再見——天皇・原爆・無条件降伏』の執筆

『アメリカの影』に入っているもうひとつは、「戦後再見——天皇・原爆・無条件降伏」という論考です。八二年に、「早稲田文学」に書いた「『アメリカ』の影——高度成長下の文学」を鶴見さんに送って読んでもらったのですが、そこではじめて褒められた。これはいい、これと同じレベルのものをもう一本書いたら、本になるでしょう、と言われたのです。

外国の研究者は、五年くらいかけて一つの仕事をします。書きあげてから出版する前の一年間、色々な人間に読んでもらい、言われるところを直しながら仕上げていく。日本では、文芸雑誌にちょこちょこと書いて、「小商い」をして、お金をもらって、本にして、ちょっと評判になっても、だんだん小粒になっていく人が大半ですね。でも、外国にいて、むこうの物書きの世界、学者の世界を見て、こういうところに十分に張り合える仕事でないとダメだ、という気持ちがあった。ですから、このあと、自分のペースで仕事をしなければという気持ちがありました。

ですから、「『アメリカ』の影」以降、文芸誌から声がかかり、評論を書くようになっていたのですが、鶴見さんの言葉を忘れないようにして、それとは別に、もう一つのラインを手放さないように心がけました。長い視野に立つ、しっかりした論考を書かなければダメだと考えたのです。カナダから帰った後も、国会図書館に勤めていたんですが、やがて部署が変わり、本はどんなにでも借りて読める立場になった。それで、まず先の論考で発見した江藤淳を一方で追い続けた。ぼくが思ったのは、江藤淳という人はいつ、どこからこういう占領とか、検閲のことを気にするようになったんだろうか、ということでした。

六〇年代に書かれたものを読んでも、そんなことは一言も書いていないんですね。それは五〇年代の末までに書かれたものを読んでも、三島由紀夫の中に天皇呪詛など、これっぽっちもないのとほぼ同様なのです。彼らにおいては、あるとき急に、「戦後文学は破産している」という戦後呪詛が浮上し、また、「憂国」、「英霊の聲」の天皇呪詛が現れるのです。

江藤のばあい、きっかけは講談社から『現代の文学』シリーズの別巻『戦後文学史』が刊行されたことです。秋山駿、磯田光一、松原新一の執筆ですが、そこで松原新一が「昭和二十（一九四五）年八月一五日、ポツダム宣言を受諾した日本の無条件降伏によって太平洋戦争は終結した」と書いている。この一行をとらえて、これは間違いで、そのもとは平野謙の『現代日本文学史・昭和篇』（筑摩書房）だといって嚙みついた。そして、戦後文学はすべて破産していると、突然、「毎日新聞」の文芸時評に書くのですが、これは、だいぶ無茶な「言いがかり」でした。*5

これも、ぼくがカナダに行く年（一九七八年）にはじまり、向こうにいるあいだに展開した論争ですが、その江藤淳の第一撃は、平野謙ががんで亡くなりかけているときだったんです。はたして平野が三カ月後、七八年四月に亡くなると、見るに見かねて僚友の本多秋五が江藤との喧嘩を買って出た。でも、今回『戦後入門』にも書いたんですが、江藤淳自身が英語の論文でたった四年前に「無条件降伏」と書いているのですね。江藤は、そのことを口を拭って隠している。これはひどいと思ったけれども、週刊誌ではないのだからと、「アメリカの影」の註に明記しました。こうやって書いておけば、誰か取り上げるだろうと思って撒き餌のつもりで入れておいたんだけど、以後、だれも取りあげない。それで今回は本文中に、再度、書いているのです（笑）。

だけど、それまで自分も他の人同様に「無条件降伏」とあっさり書いていた人が、どうして、そのことは口を拭って、いやそれは違うんだ、となるのか。

いかにも異様で、ぼくはそこから考えていったのですが、そのときに新しい発見がありました。ずっと見ていくと、無条件降伏と原爆と、その二つが出現する時期が、近接しているという事実に気がついたのです。「アメリカの影」に、無条件降伏と原爆の「相関年表」を載せています（文庫版p304）。原爆の開発が一九四二年一二月二日「シカゴで核分裂実験成功」。無条件政策が一九四三年の一月二四日「カサブランカ会議で無条件降伏政策発表」。原爆の実験が成功したとき、何が起こったか、といえば当然、実験を統括する責任者からルーズベルトに電話がいったはずです。ルーズベルトがその報告を受けるのは、一九四二年の一二月二日です。しかし、そのことはどこにも触れていないのですね。ピューリッツァー賞をとったロバート・シャーウッドの二巻本の浩瀚な名著『ルーズヴェルトとホプキンス』にも出てこない。そして、無条件降伏政策の突如としての発表がなされるのが、その約五〇日後、そのための——ともいえる——会議のはじまるのが約一カ月後、で、調べていくと、その準備がはじまるのが、いってみれば、その日、一二月二日なのです。

最初の発想は、自分がルーズベルトだったらどう思うだろう。どれだけの破壊力があるかわからないほどの未曾有の威力がある、そんな新型爆弾が確実に手に入るのです。核分裂実験にとうとう成功しました、と言われたら、自分だったらどう思うだろう。最初になにを考えるだろう、という想像でした。

それは「文学的」なものですね。たいそうな孤独を感じるだろう、と思ったのを覚えています。

そしたら、これだけ無差別で破壊力のある兵器は、国際法で禁止されるに決まっている。では、それを禁止されずに適法的に使い、その後も安定して兵器として使えるようにしていくやり方というのは、どういうものだろう。すると、そこから、無条件降伏という考え方が出てくる。ぼくはそこから、いわば「文学」的に、また「文学」を離陸して考えていったわけです。

図書館で調べ上げていったら、『ルーズベルトとチャーチル　秘密戦時書簡集』という英語の本が一九七五年に出ていました。そのやりとりの一九四二年一二月二日の項を前後の文脈のなかで読んでみると、二人は、大規模な作戦会議を開くか開かないかで、やりあっている。イギリスはナチスのロンドン爆撃をなんとか持ちこたえながら、一日も早く、アメリカにより本格的に大西洋戦線に参加してもらいたい。アメリカはお金がかかるし、議会の説得も大変なので、できれば一日延ばしにしたい。ところが急遽、一二月二日に、ルーズベルトは会議をやりましょう、と提案している。そのつもりで見ると、この前後で、ルーズベルトの態度ががらりと変わっているのです。

場所をどこにするか。一二月中に決まる。カサブランカです。ちょうど『カサブランカ』[*6]という映画が完成した直後でしたから、ルーズベルトは、まだ封切り前のフィルムを取り寄せ、クリスマスにホワイトハウスでこの『カサブランカ』を観ています。そのことが『ルーズヴェルトとホプキンス』に出てきます。その一方で、一月初旬、出発前の会議ですでに無条件降伏のことも検討しているけれど、原爆のことは記録のどこにも、一語も、出てこない。完全な極秘事項なのです。

要は、無条件降伏政策は、原爆をぎりぎり国際社会に認められる形で使用するための政策的な環境作りという意味を担っていた。それがぼくのたどりついた結論で、しかし、それを事前に表に出すわけにはいかないので、いたるところで茶番劇的なお芝居、だんまり、とぼけ、あるいは強圧的な沈黙などが使い分けられ、煙幕が張られることになったのだろうと考えた。なぜ無条件降伏政策というものを考えたのかと記者会見で問われると、ルーズベルトはたまたま思いついたからだとか、南北戦争のときの将軍のやりとりからだとでたらめを答えています。そしてその態度を四五年四月、急死するまで改めなかった。最初にこの政策の可能性を検討し、ルーズベルトにあげてきた国務省のハルは、この件に関しては目の上のたんこぶ的存在と煙たがられ、この案件と原爆開発計画の双方から、国務長官であるにもかかわらず、徹底的に排除され続けるのです。しかし、このぼくの仮説を裏付ける情報、記録、文献は出てこない（笑）。

調べているうちに、「原爆」問題はいまも生きていると いうことを実感しました。そこからすべてを見直さなければならない、と感じた、それが第一の発見です。

そしていまなお、「無条件降伏政策」について、根底的な批判がないことのうちにこの原爆の呪縛が生きているのではないか、というように今度は日本の戦後が転倒しているさまが見えてきた。そこから、冒頭に述べたこの「戦後再見――天皇・原爆・無条件降伏」の原型、論の入り口が生まれたわけです。

江藤さんも占領研究では、論争後、無条件降伏政策というのは、おかしい、と批判するようになります。「終戦史録」の「解説」に長大な無条件降伏論を展開しているのですが、ただ、ルーズベルトのダミー説を鵜呑みにした南北戦争起源説に立った批判にとどまっている。これに対し、その背景には原爆がある、これによって国際政治の質が変わった、原爆というのは民主主義原則に究極的に背反する存在だ、ということから考えていかないとダメなのではないか、というのがぼくのこの論での構えだったわけです。

ただ、このぼくの論も、江藤さんの占領研究と同様、専門家たちからも、批評家たちからも、なかば黙殺されました。七〇年代末、江藤淳は突然、占領研究をはじめ、反米に転じますが、そのとき江藤に起こったことは、六〇年代後半、三島に起こったことと類推可能な事態で、それは、ともに彼らを社会から切り離し、孤立させます。同じようなことは、九〇年代に入り、彼らに比べれば小ぶりながら、ぼく自身にも生じ、ずいぶんと長い孤立がやってきます。どうすればそれを避けることができたかは、なかなか難しい問いですね。この論考は江藤淳批判でもありましたが、江藤さんからは何の反応もありませんでした。彼は九九年に亡くなりますが、あれだけ騒がれた『敗戦後論』に、一切、何の反応も示さなかったのです。

『アメリカの影』を書いたとき、ぼくの書くことの意味を十全に理解できるカウンターパートは、批評家では、平野謙、江藤淳、磯田光一の三人だろうと思っていました。しかし、このときすでに平野謙は亡くなっており、江藤淳は激賞の後、黙殺。磯田光一は反応してくれたけど、その磯田さんも急逝する。こういう問題をカバーしている仮想読者が、いっせいに消えた。この方面で、はしごを外された、という感じがありましたね。

ともあれ、原爆と江藤淳の無条件降伏論争のこの批評的側面が二番目の問題で、三点目として、この原爆のインパクトという発見に立って、そこから日本の戦後の歴史を捉え直すという課題が現れてきました。なぜ、戦前から戦後へ、象徴天皇制という形で移行できたのか。そう考えていくと、天皇の権威が占めていた位置を、そのまま原爆の軍事的な破壊の威力が占めるようになり、天皇と原爆が代置されるという像が得られる。この本では、原爆民主主義、と呼んでいますが、そのようなことを「戦後再見」には、書いていったわけです。

九一年の湾岸戦争と「ねじれ」の問題

ただ、一九八五年に『アメリカの影』を出したあとに、もうひとつの転機がやってきます。

それが九一年の湾岸戦争の反対署名運動に対する反対です。ぼくは、あのあと、三年半ほどのあいだ、文芸雑誌の世界から姿を消しています。一種の排除対象にされたということですが、いまではなぜあんな反対の仕方をしたのか、他の人にはわかりにくいと思います。しかし、自分としては、非常にはっきりした理由があった。冒頭に述べた「ねじれ」の出所がどこにあるかというと、ここにあるように思うのです。

ぼくは簡単にいうと、反日共系の新左翼の出身です。学生時代、全共闘にいた人間なんです。そういう人間は、学生のころから、日共系の「平和と民主主義」というお題目はダメだ、もっと強い、批判にしっかりと向き合った自立した平和主義、民主主義を作り上げなければダメだ、と言ってきたのです。そんな憲法九条護憲論で、憲法九条のめざす平和理念が実現できるか、と批判してきたわけですね。憲法九条はいいけれど、本当に生かそうと思ったら、押しつけ憲法説、日米安保条約、自衛隊の問題にふたをしたままの九条護憲でよいのか。たとえば、〝押し付けられた事実〟なんて右翼が言うのなら、それをしっかりと受けとめた上で、それを無効にするような強靱な論理で九条の意味を自分たちのものにしなくてはならない、それに弱い言い訳をして、ただ金科玉条のように持ち上げているだけではダメだ、そう主張してきたわけです。

でもこれは、憲法九条を大事に思うなら、護憲論を批判しなくてはならない、という論理なのです。「ねじれ」ているわけです。いまなら、えっ、全然わからない。なぜ、平和理念を大事に思うなら、護憲論に反対するの？　となるでしょう。

しかし、それまではそうでなかった。そこに反日共系新左翼、全共闘の論理、当時の若い人間の政治感覚は立脚していたわけです。しかし、あるときから、それが消えた。これまでは使用価値として問題になっていたものが、交換価値の問題にすりかわった。そしてこの「ねじれ」の感覚が消えたのです。その転換点をなすのが、一九九一年の若手文学者による湾岸戦争反対署名の論理だったというのが、ぼくの考えです。

この反対署名運動の「論理」を主導したのは柄谷行人を中心とする何人かの文学者たちでした。これに従来、ぼくのいう「ねじれ」た主張を行なってきていたはずの若手の文学者たちが、まったく従順に追従して、日本のことをさほど知らない、外国の特派員を集めた記者会見で、日本には憲法九条というものがあって、戦争を否定している、これがあるから我々は湾岸戦争には反対する、とリニアル（単線的）で「ねじれ」のない素直な声明を行なった。これまで欺瞞的だと攻撃してきた憲法九条を、護憲派から簒奪して、今度は海外向けに、西洋の理念の精華として提示した。それまでの隠喩としての憲法九条を換喩化して、再提示したわけです。

ぼくはそのとき、文面を一読して、これはひどい！　詐欺だ、と思いましたね。当時はバブル期の絶頂でしたから、日本にたくさん有力な、しかし日本のことをさほど知らないジャーナリストが来ていました。そういう記者を相手に、九条をもちだして戦争反対を声明するというのは、憲法九条の「使用価値」を「交換価値」にすり変えて、剰余価値をかすめとる行為だと見えたのです。いかにも柄谷行人など、腰軽なポストモダンの論者のやりそうなことで、ぼくは端的に、彼らは恥知らずだ、と思ったのです。

今まで使用価値でやってきたボロボロの護憲派の人びと

にたいしては、批判はあるけれど、ぼくはそれなりの敬意を持ってきたし、いまも持っています。いまなら、九条の会などに合流している人びとですね。しかし、あのときに反対署名をした若手の文学者たちは、それまで九条なんて欺瞞だ、と言ってきたはずなのに、急に「ひねくれた」論理を捨てて、しかもこれまでの護憲論者をさしおいて、彼らとは別の新集団として、憲法九条はステキだ、すばらしい、と言い出した。そこで、彼ら全員を批判し、嘲笑し、こき下ろすために、「これは批評ではない」という文章を書いた。[*7]

もちろん、ぼくのところにも署名依頼は来ていたのですが、一読して、これはダメだな、と思い、会には出なかったのです。そのときはまともな人間なら、みな自分のように反応するだろうと思っていました。それが違っていた。言ってみれば、そこに高橋源一郎のような信頼する人間も加わっていたことに、ショックを受けたわけです。

この文章を書いたとき、担当の編集者が、これは肝の据わった人でしたが、「加藤さん、これを出すと、文芸評論をもう止めないといけなくなるかもしれませんよ、いいのですか」と言った。タイトルは「これは批評ではない」ですが、誰かが言わなくちゃならないと、思って書いた。むろん、批評です(笑)。タイトルはルネ・マグリット、フーコーの「これはパイプではない」のもじりだったのです。[*8]

その運動のやり方にも批判があった。そのときの呼びかけ人たちは、ぼくにいわせると、みんな「旦那衆」です。とても旧套のセンスでやられている。なんら、批評的でも政治的でもないのです。政治活動というのは、どんなことも自立的に行なうことが原理原則だと思うんですが、彼らは人を使う。文章を書いて、「文筆・売文」活動をしているときならいいのですが、反戦署名の政治活動も、同じ流儀でやってしまう。田中康夫がどこかで書いていますが、中上健次が「タバコを買ってきてくれ」と編集者をあごで使ったとき、田中康夫が「タバコくらい、自分で買ってきたらどうかな」と言ったそうです。そしたら、その場が凍ったと言うのです。民主的でない。メンバーは旦那であり、徒弟であり、丁稚どん、なのです。編集者も大半がこの反戦署名の「共犯」者だったので、ぼくも、こういう編集者とはつきあいたくないと思ったし、向こうもぼくとは会いづらい関係になった。その結果、結局、その後三年半、文芸雑誌にはほぼ登場しなかった。そして、そのあとに書いたのが、「敗戦後論」だったのです。

当時、同時に、もう一つ書いたものがあります。これも、一種のフィクションで、イラクの「皇国少年」を語り手にした「聖戦日記」というものです。[*9]当時連載をもっていた『中央公論文芸特集』に書いたもので、日記の書き手のイラクの少年は、第二次世界大戦のおりの皇国少年と同じように、フセインを自分たちの天皇同然の存在だと渇仰しており、フセインの行なっていることは、西欧への理由ある反逆だと考えています。そういう観点から、湾岸戦争を見る少年が存在しうる、と思ったのです。つまり、オレ達は、かつては、この中東のイラクの少年だった。この戦争を同時に、中東の側からも見返す、重層的に見る視点、「ねじれ」を蔵した視点が必要なのではないか。オレ達がそういう見方をもたなかったら、世界の誰がもつというのか、というのがそのときのぼくが考えたことだった。それで、この少年が、フセインは正しい、という信念に立って、湾岸戦争の日々を日記に書く、そういう架空の日記を書いて、発表したのです。

三年半をへて書いた『敗戦後論』に「ねじれ」というモチーフが入る、その根源は、ですから、このときにある。九一年の湾岸戦争をへて、それまでは「ねじれ」を蔵していた日本社会がうすっぺらくなり、一本調子になってしまった。それで、ぼくのような少数者のなかに「ねじれ」が残った。変わったのは、社会のほうだ、というのがぼくの考えです。そしてそれが以後、ぼくの視覚を大きく宰領するようになりました。

『敗戦後論』で最初に、そのことを書いたのは、ドイツの例をとりあげた個所です。冒頭近くに出てきますね。

一九八四年、ノルマンディの四十周年の祝典のとき、ドイツのコール首相が呼ばれなかった。それでドイツの国内がショックを受けた。そのとき、テオ・ゾンマー[*10]というドイツではナンバーワンのジャーナリストが、むろんこういうコトバは使っていないのですが、こう書きました。戦後、我々の国は粉砕された。そしてその結果、いまの自分たちがある、そういう「ねじれ」た構造のなかに自分たちはいる。そう考えれば、われわれを作った連合国のノルマンディ作戦が、同時に、われわれを粉砕するためのものだったという理由がわかるだろう。彼ら連合国の人間が、ノルマンディの祝典にドイツの首相が来たら、非常に居心地が悪くなるのは、彼らがわれわれのような「ねじれ」をもっていない以上、当然だというべきなのだ。そのことをわれわれの生の条件として受け入れよう。そういう文章を入り口に、「敗戦後論」ではこの「ねじれ」を戦後の本質と考え、そこから書いていくことにしたのです。

（＊１）加藤典洋著『みじかい文章』（五柳書院・一九九七年）所収の「鶴見俊輔——誤解される権利」には、当時、加藤氏が見た鶴見俊輔の姿が写し取られている。また別のところ（『戦後思想——そのポストコロニアルな側面』『ふたつの講演——戦後思想の射程について』岩波書店・二〇一三年所収の）では、鶴見と吉本隆明をならべ、「そのうち、この輸入思想への抵抗というところ、別に言うなら、「戦争と戦後」の日本の現実を、「素として」思想を築くあり方に最も自覚的だった思想家」として、両者の名前をあげ（ｐ８）、二人の対極性に触れて、「ある意味でこの二人は両極」である、と述べている。また、氏の鶴見観を記したものにはほかに「書く人　鶴見俊輔」（『考える人・鶴見俊輔』二〇一三年）があり、「戦後思想」と「戦後民主主義思想」について、この観点をさらに展開したものとして、「死に臨んで彼が考えたこと——三年後のソクラテス考」（『新潮』二〇一六年七月号）、「災後と戦後——33年後の「アメリカの影」」などがある（『災後と戦後』岩波書店、二〇一六年八月刊行予定）。

（＊２）一九九九年七月二一日、江藤淳自裁。六六歳。加藤氏は『中央公論』同年九月号に、「「戦後」の地平」と題された追悼文を寄せている（二〇一一年一〇月刊の「中央公論特別編集　江藤淳１９６０」に転載）。以下、引用。

「さて、その後の江藤淳の注目すべき仕事を一つあげよといわれれば、わたしとしては、『昭和の文人』をあげる。／この評論で、江藤は、はじめて戦後文学、そして戦後思想の底の浅さを、誰の目にもわかる形でいいあてている。それまで彼は、占領史研究などを通じ、いわば外在的に戦後思想、戦後文学の欺瞞をあばこうとしてきたが、その仕事はわたしの見るところ、成功していない。彼は、むしろここではじめて、内在的な戦後批判の核心に、ふれているのである。」

「江藤さんの仕事からわたしが受けとった戦後の核心を、こういってみることができる。どのような時代にも、社会にも、そこから考えていかない限り、必ず、逆にそこから考えられた思考にひっくり返されるというゼロの地点がある。これを戦後のモラルについていえば、戦後のモラルのバックボーンは、戦争の死者である。戦争の死者の場所からさまざまな事象を考えること。そうでない限り、考えられたことは、必ず、そこで考えられたことにしっぺ返しを食らう。江藤さんとわたしの違いは、江藤さんが戦争の死者というこの戦後のモラルの源泉との関係で、昭和天皇の道義的な正統性を引き出そうとした（戦争の死者を弔うために天皇はいる）のに対し、わたしが、同じ源泉から、昭和天皇の道義的責任を引き出している（昭和天皇は戦争の死者へのコミットを一方的に打ち切りながら、その責任を放棄した）ことだが、そこから考えていかない限り、戦後の問題は解決がつかないということを、わたしは、江藤淳という仮想的な対話者との内的対話を通じ、学んだ気がしている。」（中公版p220）

また加藤氏は、『三田文學』（二〇〇五冬季号、№80）が「没後五年　特集・江藤淳」を企画したときにも、「見ぬ世の人　江藤淳」という文章を寄せている。なお右記の、加藤氏の「昭和天皇の道義的責任」についての詳細は、『天皇の戦争責任』（橋爪大三郎・竹田青嗣の両氏との共著・二〇〇〇年十一月・径書房）を参照。

江藤淳の大がかりな追悼号としては、『文學界』（一九九九年九月号）がある。吉本隆明、柄谷行人他の各氏による追悼文のほかに、「江藤淳　妻を語る」と題されたエッセイ、詳細な年譜などが付されている。

（＊3）『文藝』一九八五年一月号「批評の戦後と現在」。出席者は江藤、竹田、加藤の各氏。

対談の全体をトレースすることは難しいが、ここでは江藤淳の『自由と禁忌』が入口とされており、『成熟と喪失』と『共同幻想論』（吉本隆明）が対応し、一七年の歳月を経て書かれた『自由と禁忌』と『マス・イメージ論』（吉本）が対応関係にあり（加藤・竹田、両氏の発言）、それぞれの著書に見られるこの一七年の、文芸批評の変化・変容、批評を支える言葉と社会の変化をどうとらえるかが、全体を通したテーマとなっている。具体的には、この間、江藤が取り組んできた戦後空間と国家の関わりという話題が、行きつ戻りつされる（私見を挟めば、七〇年の全共闘運動、七二年のあさま山荘・連合赤軍事件以降、文学や思想の場で、政治や国家を語ることが、あるいは「国家」という言葉が、一気に機能しなくなっていった）。ここでは竹田氏の江藤淳評価の発言を引く。

「竹田　（略）僕は、江藤さんが戦後の問題を論ずる以前の批評の態度というのは、戦争をどういうふうに考えるかという戦後の思想の枠組みを、そんな枠組みの表層だけで考えちゃだめなんだと。それは観念が動いている底に、これは江藤さんの言葉ですけど、人間が実はどういうふうに生きているかというもっとリアルな層があって、そこから考えてみなければだめだという、基本的にそういう言い方をされていたと思うわけです。／そういう江藤さんの批評の態度というのは僕には大変鮮やかだったんです。というのは、僕が在日の問題を考えるときに、北か南か民族か同化かという選択の枠組みがあって、しかもどれが正しいかという形でそれは存在していたし、いまも存在しているんです。（……しかし自分はそうは考えなかった。それは江藤が『夏目漱石』や『小林秀雄』でとっていた「視線のあり方に、やはり強く触発」されていた……）／つまり主張の形が変わっているからだめだと言うんじゃないんです。現在の、戦後を問題にしはじめた江藤さんの言い方というのは、いろんな観念の底には人間が実際にどう生きているのかという、そういう問題があるからそこをじっくり掘り下げてみるという眼差しの説得力がずっと後退していると思うんです。つまりここにいちばん悪い根源があったと。諸悪の根源みたいなものがあって、これを取り戻さないと、いっさいのほんとうの問題が見えてこないんじゃないか、そういう言い方になっていると思うわけです。それは質的に違っている。なぜなんだろうかと思うわけです。」

これにたいして江藤淳は、自分がいつどこでそう言っているか、証拠をあげて具体的に書いてほしいといい、「私はやはり、いつも人間というものをそして言葉というものを問題にしてきたと思っています」と反論する。「それしか言ってこなかった」と言い、そして文学は占領軍の意志によって拘束されている、と自説を述べていく。この鼎談に対し、加藤氏は後の追悼文で、「白熱し、激論を交わすこととなったその鼎談の折りにも、不幸な行き違いがあった」と書いている（「戦後」の地平」）。

（＊4）江藤淳の「孤立」については、柄谷行人氏の「検閲と近代・日本・文学」（『隠喩としての建築』一九八三年）にあっても、以下の指摘がなされている。

「近年、江藤淳は占領軍による検閲の実態を史料的に明らかにする試みをつづけてきているが、私の見るかぎりでは、政治学者や法律学者はむしろそれを自明のこととして無関心であり、一方文学者は検閲と「戦後文学」との関係づけの唐突さ・性急さのために、反撥的というよりやはり無関心であるようにみえる」（p142　初出『中央公論』一九八一年九月号）

江藤淳の検閲問題については、柄谷氏は次のように書いている。

「江藤淳は占領軍ＣＣＤ当局の「徹底的な検閲」について、つぎのようにのべている。

　しかもこの検閲の実態は、「検閲制度への言及」を厳禁した上で実施されるという、きわめて周到かつ隠微な検閲にほかならなかった。比喩的にいえばこの検閲制度によって、日本人は憲法に関して鏡張りの部屋に閉じ込められたようなものだともいえる。この鏡はこちら側から見ればまさしく鏡としか見えず、自分の顔以外なにも写さないが、あちら側、つまり占領軍当局と米国政府の側から見れば実は素通しのガラスで、部屋の中の様子は細大洩らさず、手に取るようによくわかるような仕掛けになっている。（『一九四六年憲法――その拘束』）

江藤淳は、このようないい方を各所で用いている。それは占領軍の検閲の特異性を強調するためである。しかし、検閲が一切ないとみえるような検閲、あるいは検閲されているという事実そのものを知らしめないような検閲、それが「検閲」の本質というべきなのだ。フロイトが検閲という語を心理学において比喩的に用いたとき、逆にその本質を明らかにしたのだといえる。すなわち、「自由な表現」や「自由な意識」といったものの制度性を。その意味で、江藤淳の言説は、形式的にはきわめてフロイト的なものになっている。彼が「戦後の言語空間」が実は〝閉ざされた空間〟であるというとき、たぶんそれを〝歪められた空間〟とよんでもさしつかえない。いいかえれば、江藤淳は、〝自由〟にみえる戦後の言語表現が、それ自体視えざる制度としての「言語空間」に内属していることを指摘しているのである。」（同ｐ143～144）

柄谷氏における「戦後の言語空間における検閲」の問題は、最近著『憲法の無意識』（岩波新書）にも引き継がれ、九条は、なぜここまで改憲されることなくつづいてきたかと問い、日本国民のなかに、改憲を拒否する無意識の「超自我」による自律的・自己規制的な「検閲」が働いていたのだ、という憲法論を展開している。なお『隠喩としての建築』は、『批評とポストモダン』と合わせ、再構成され、一九九六年に『差異としての場所』として刊行されている（柄谷氏の『アメリカの影』評価については後述する）。

（＊5）以下、江藤淳の「文芸時評」から引用。

「（略）なぜなら〝戦後〟はいまやいたるところで破産を露呈しはじめ、〝文学〟という戦後現象ももとよりその例外ではないからである。／ここで私は、かならずしも文壇的党派としての狭義の〝戦後文学〟の破産のみを指摘しているのではない。一般に文学そのものが、昭和二十年八月十五日以降の日本においては、もっぱら戦後現象の一つとして存在して来たが、それがいまや破産に逢着しているという事実を指摘しているのである。」

ちなみに本多秋五との間で交わされた「無条件降伏論争」の発端となったのは、平野謙批判であるが、その最後は次のようにまとめられている。

「戦後を食い物にするとは、とりも直さず、連合国が明示した条件による降伏を「無条件降伏」と置き換え、内務省の検閲のかわりに占領軍当局の「より巧妙」な検閲の存在した時代を絶対化し、日本人がようやく自由を得た時代を「逆コース」呼ばわりするような論法にとぐろを巻き、そこから一歩も出ようとせず、周囲の状況の変化をつねに否定して能事足れりとする精神の怠惰をいうのである。その帰結が、今日の文学の水位低下に歴然とあらわれている」

どちらも『全文芸時評』下巻・新潮社（一九八九年）。初出は一九七八年一月二四日「毎日新聞」。一方、本多秋五の反論を、朝日新聞・文化欄記事は「波紋呼ぶ無条件降伏論争　戦後文学の評価左右」とタイトルし、次のようにまとめている（一九七八年九月一六日夕刊）。

「これに対し、真っ向から「異議あり」と反論したのが、「文芸」九月号に掲載された本多秋五氏の「『無条件降伏』の意味」だ。／本多氏は、一九四三年のカイロ宣言にあった「日本国の無条件降伏」の思想はポツダム宣言にも「底流」していたと説く。そして字句上の解釈よりも日本の降伏の実態をこそ直視すべきだという立場から「日本は『ポツダム宣言』を受諾するに際して、最小限の希望条件さえまともに取り上げてもらえず、どんな希望条件について折衝するよりもなかった厳然たる事実」を正面に据える。／（略）／つまり、「大括弧でくくられる『無条件降伏』の思想と、小括弧でくくられる『有条件降伏』の方式とが同時に存在」するのであり、「日本人の常識は大括弧内の事態をひと目で洞察した」が、江藤氏は「小括弧内の事実に終始して、より根本的な大括弧内の事態を見落としている」と、本多氏は批判した」

さらにもう一度江藤は批判を書き、本多が再反論するという展開となった。この際、柄谷行人氏も本多批判を書いている。

（＊6）制作は一九四三年、日本公開は一九四六年。舞台は、フランス領モロッコの首都カサブランカ。カサブランカは、ドイツに侵攻されつつある戦乱のヨーロッパを脱出し、アメリカへ渡るための中継地になっていた。そのため、多くの人種、職業の人間が集まっていた。この地で〝カフェ・アメリカン〟を経営する男（ハンフリー・ボガート）の店に、昔の恋人（イングリッド・バーグマン）がやってくるところから物語は展開する。他にポール・ヘンリードなど。反戦・反ナチ色が色濃いが、「面白さは抜群、出来もまた優秀であった」（『世界名作映画全史・戦後篇』猪俣勝人・現代教養文庫）と称賛された名作。なお「戦争と映画」というテーマについては、『「戦争映画」が教えてくれる現代史の読み方』福井次郎（言視舎）が詳しい。

（＊7）「これは批評ではない」（『群像』一九九一年五月号）。単行本未収録。

（＊8）シュルレアリスムの画家ルネ・マグリットに、パイプの絵に「これはパイプではない」という言葉の付された、同タイトルの絵画作品がある。これをもとに、ミシェル・フーコーが『これはパイプではない』を書いた（豊崎光一、清水正訳、哲学書房、一九八六年）。

（＊9）「聖戦日記」（『中央公論文芸特集』一九九一年春季号、加藤典洋編『日本の名随筆・別巻98　昭和Ⅱ』作品社、一九九九年、所収）

（＊10）テオ・ゾンマー。一九三〇年ドイツ生まれ。ドイツの主要紙「ディ・ツァイト」編集長などを歴任。ジャーナリスト。著書に『ナチスドイツと軍国日本―防共協定から三国同盟まで』金森誠也訳（時事通信社）、『不死身のヨーロッパ』加藤幹雄訳（岩波書店）、『一九四五年のドイツ―瓦礫のなかの希望』山木一之（中央公論社）など。

2.『戦後入門』で考えたこと

世界戦争・無条件降伏・占領

――次は『戦後入門』です。『戦後入門』には『敗戦後論』までの内容と、はっきりと区別される点があると感じました。一つは、「敗戦・無条件降伏」と「占領」の意味を深く捉え返すべく、「世界戦争」の持つ意味を一から追求し直していること、二つ目は、日米の、原爆投下の「責任」問題を徹底して追求していること（ここまで書いて大丈夫か？　などと感じながら拝読しました）。三つ目は、ポツダム宣言受諾と米国占領軍の無条件降伏政策の差、その後の占領政策の差の検証、などです。

『敗戦後論』以降、これらのモチーフはどう深まっていったのか、その経緯を含めてお話し下さい。

加藤　順番に答えてみます。まずは世界戦争について。

先ほどいったように『敗戦後論』のときにも、第二次大戦で無条件降伏政策を適用された敗戦国である日本とドイツには共通する問題がある、という認識がありました。それが『敗戦後論』では、国内的な「ねじれ」の構造という形で取り出されたのですが、それを外から見たらどうなるか、という問題が残っていた。

世界戦争という観点は、ちょうどこの共通性を外から見た場合の回答になると思います。

戦後の問題を外から見るようになったきっかけは、二〇〇五年にそれまで勤務していた明治学院大学から早稲田大学に移って、留学生を多数含んだ学生に、英語で日本の「戦後」について授業するようになったことだったと思います。やってみて気づいたのですが、どの国にもその国なりの「戦後」というものがあるわけですね。あなた方にとって戦後とは、何か。そう問えば、千差万別の、それぞれに意味ある「戦後」像が返ってくる。ベトナムの戦後、モンゴルの戦後、そういうものに気づかされ、教えられた。そういうなか、たとえば、ベトナムから来ている留学生、モンゴルから来ている留学生、中国、韓国、さらにアメリカ、フランス、スウェーデンから来ている留学生に対し、「日本の戦後」について教えることに、どういう意味があるのか、それを自分で考えなくてはならなくなりました。日本の戦後の経験に学び、それについて考えることが、現代の、国際社会を考えるうえでも有益だ、必要だ、なんてことがほんとうに言えるのか。そういう学生を前に、とりわけ「日本の戦後」について話す、教える意味というものがあるとしたら、それは何か、と考えざるをえなくなったのです。

きっかけのもう一つが、彼らに鶴見、吉本、竹内（好）、江藤といった戦後思想の担い手たちを教えようとしたことです。ローレンス・オルソンという変わった日本研究者がこの四人を扱って書いた『アンビヴァレント・モダーンズ』という戦後思想家論があります。[*1] これを題材に、一人に二回の講義時間をあて、学生に教えようとしたのですが、これが難しいことだった。オルソン自身が、なぜ、こんなに欧米の観点からいったら「わかりにくい」「どこにポイントがあるのかわからない」思想家たちが日本でかくも甚大な影響力を行使しているのか、というところに着目して、吉本隆明などにインタビューまでして、この本を書いているのです。丸山真男、加藤周一ならわかる。何の問題もない。しかし、「いったいどんな人びとが、外国人に向かって、自分たちを理解するには絶望が足りないなどというだろうか」、これはオルソンが吉本から言われた言葉なのですが、そう嘆いている。

それを伝えるには、世界戦争とその後の日本の「戦後」の大きな「ねじれ」の構造を明らかにしなければならない、そしてそれは、意味あることだと思うようになったのです。

授業をはじめたのは、二〇〇五年でしたから、当初とりあげたのは、いま起こっているイラク戦争の民主化占領の帰趨と日本の比較でした。アメリカはイラクでも民主化政策をやろうとしますが、民主化というのは、democratization といい、それ自体が「ねじれ」た概念なのです。民主化というのは、ほんとうは、自分たちで自分たちの社会を民主化するのであって、自動詞的行為なんですね。人によってさせられるものでも、人にさせるものでもない。しかし、その語幹をなす democratize（民主化する）は使役ともなる他動詞で、ここではそう用いられている。そんなことは字義矛盾だと、『ニッポン日記』のマーク・ゲインも言っているのですが、[*2] 自分たちは日本で民主化をやって成功した、イラクでもそれをやるんだ。ブッシュはそう言ったのです。

なぜブッシュの思惑を超えて、イラクの民主化は、日本での民主化のようにうまくいっていないのか。どこが両国の敗戦・民主化の違いなのか。米国の研究者、ヨーロッパ、中東、日本の専門家は、それをどう見ているのか。そういうところから論じていったわけです。

たとえば、そのとき、ジョン・ダワーは、ブッシュ政権を、満州国を作った時点の日本の一九三〇年代の軍国主義政権とアナロジーする論考を書いています。[*3] いまのアメリカのネオコン（新保守主義のイデオローグ）は、満州国という傀儡政権を作った当時の日本の「革新官僚」と同じだ。両方とも「ニュー（新）」だという。これは、ぼくの『日本という身体』（増補版河出文庫、二〇〇九年、初出一九九四年）での革新官僚論に通じる観点で、面白いと思い、取りあげました。そんなところからはじめて、世界の文脈のなかで日本の「戦後」がどう位置づけられるか、考えていったのですが、そういうなかで「世界戦争」という概念の特異さがカギになることが見えてきたわけです。

つまり、タイプとして、世界戦争はグループとグループのあいだの戦争ですから、国益はもう戦争理由にはならない。国益を超え、グループをひとまとまりにするものが必要になる。それが理念であり、イデオロギーだとすると、それがいつ、どのように、力をもつようになってくるのか。そう考えていくと、その最初の国際社会への露頭がロシア革命によるソ連の勃興、「国際社会」というコミュニティの成立、労働者階級・市民階級の登場であり、それへの自由主義陣営からの対抗としての平和理念、自由、市民原則の提示だったという一連の脈絡が浮かび上がってきます。

授業では、だいたいこんな枠組みで日本の戦後についての世界史的位置づけを論じたのですが、今度、それをもとに本を書く段になって、そこにもう一度、原爆の登場のインパクトというものを合わせ、考えてみようと考えた。これが第二の視点、原爆投下の責任の問題につながることになります。

原爆の問題、責任の問題、核管理の問題

第二次世界大戦は、自由主義・民主主義国家とファシズム国家の対立だといわれています。しかし、よく見ていくと、事実は、枢軸国のつながりは、防共協定が軸で、そこでの仮想敵はソ連なのです。そして調べていったら、ソ連への敵対で協定した枢軸国を、米英の連合国が、自由と民主主義の敵にむりやり仕立て、「ファシズム」の悪と「自由と民主」の善という図式に変えた、と見るほうが事実に即していると思うようになりました。すると、今度はこの

枢軸国が逆にこの敵対関係の力学のなかでソ連と同盟しようと動く。ですから、一歩違ったら、第二次大戦は、ナチスドイツがフランスを一気に占領したあと、「米英」対「日独伊ソ」の戦争になるはずだった。それが崩れたのは、誇大妄想的な世界観に動かされたヒトラーの対ソ進撃命令のためだったともいえなくない。むろんそれほど単純ではないにしろ、戦後、連合国が作った自由主義対ファシズムの図式は捏造の産物で、その証拠に、第二次世界大戦の戦後は、すぐさま、自由主義対共産主義に代わるわけです。そのように見てみると、事実、枢軸国のあいだに首脳会談などというものはないし、大々的な作戦協力もない。ドイツのソ連進撃、日本の真珠湾攻撃も、同盟国への通告なしでやられています。こういうことは、連合国では、考えられない。枢軸国間の「同盟」はほとんどなかった。第二次大戦は、イデオロギーの対立を基軸とした戦争としては、「一対〇・五」くらいの、過渡的な世界戦争だった。戦後、ニュルンベルク裁判、東京裁判が必要になるのも、その実態を糊塗する必要があったからではないか。そう考えると、第一次大戦から第二次大戦に至る過程での「劣化」と「後退」が浮かび上がってくる。その源泉に、原爆の登場がある。その「後退」の部分、つまり反民主主義、反自由、反国際主義の根源に、米国による原爆という大量無差別殺りく兵器の使用という「悪」、それを開発するうえでアメリカの国内政治にもたらした深い秘密主義の「損傷」があった。そういう構図が見えてきたわけです。

原爆の問題で、ぼくが一番に考えたことは、『アメリカの影』で、原爆が手に入るということがわかったとき、ルーズベルトが感じたこと、考えたことはなんだったろう、というのと似ています。そのとき、ルーズベルトはたとえようもない「孤独」を感じただろう。そこから、原爆使用を可能とするソフトウェアの完備をめざし、無条件降伏政策を考えついたのだろう、とぼくは思ったのですが、今回も、原爆を投下したとき、その当事者たちは、どういう「ギルティ」の感覚に捉えられたか、どんな孤独と悲哀を感じたか、と思いました。そのことに焦点を当てたくて、この経験を宇宙飛行士の「孤独」と対比してみた。そしてそれが、その後、どのように隠蔽、忘却され、拡散していったか、を辿るように記述しました。

しかし、そこでの「罪」の構造はどういう形をしているか。

また、投下された側に生じたことは、どういうことだったか。そこから米国が一番恐れた投下国への「批判」がさほど強く現れなかったのはなぜなのか、またそのことが意味しているのは、どういうことなのか。

そこからまた、一連の新しい問題が浮上してきます。一つ、ここで自覚的にめざしたことは、徹底して投下する側に立った場合に原爆とその使用の行為がどのようなものとして見えてくるのかを、米国の側から、明らかにしようということでした。

そしてそれが、同じ連合国とはいえ、原爆投下に手を染めていないイギリスで、どう見られているか、その違いを見たいと思いました。ハンキー卿、ジョージ・オーウェル、エリザベス・アンスコム。『戦後入門』にとりあげた原爆関係の非米国人の外国人は、すべて英国人なのです。

なかでも、エリザベス・アンスコムという人が、今回の発見でした（『戦後入門』本文p306〜314「アンスコムの原爆投下批判」「謀殺とその他の殺人は区別できるか」）。「トルーマン氏の学位」というトルーマン批判の論文を書いた人ですが、こういうものが翻訳されていないのですね。これだけ重要な論文が、日本の学者にさして参照もされていない。まあぼくも知らなかったので、人のことは言えないのですが、原爆投下がなぜ「悪」なのか、「罪」なのか。それをほんとうに考えつめようとした学者が、日本にいたのだろうか、と思いましたね。もしいれば、アンスコムの重要論文を、ぼくのような普通の門外漢が知らないということは、ないでしょうから。そういうことを、一度しっかり自分の手でやれるところまではやっておこうと思ったのが原爆の投下の問題、つまり第二点の背景です。

核の問題のもう一つのポイントは、核政策とか、核の傘とか、NPT（核拡散防止条約）をどうするか、というところまで、全部考えようとしたことです。『戦後入門』では第五部の「ではどうすればよいのか」のところで触れていますが、これまで日本の護憲論、改憲論のいずれもが、この核の傘の問題だけは「お手上げ」だとばかり、触れることを避けてきた。「核の傘」がなくなる、即、日本の「核武装」、というのがそこに残された考え方で、これへの対案なしにはいつまでもこの考えが生き残るわけです。しかし、こういう暗黒のシナリオ以外の打開策はないのか、と考え、ロナルド・ドーアの案を自分なりに換骨奪胎して、核の新国際管理案として紹介させてもらった（『戦後入門』p476。「4　新「核兵器管理」体制——R・ドーアの贈り物」）。

この問題では、かなり文献を読んだのですが、もっと日本に知られなければならない核物理科学者が、たくさんいますね。二〇一〇年にデンマークのコペンハーゲンに半年間、滞在して、一応コペンハーゲン大学に籍を置いたのですが、ここはニールス・ボーアの町です。原爆関係の逸話として、不確定性原理の提唱者でドイツの核開発の中心に擬された若いハイゼンベルクが、尊敬するニールス・ボーアを訪れ、二人で散歩しながら原爆について、腹のさぐりあいめいた会話を行なう場面があるのですが、ああ、ここはあの通りのことだな、と思い浮かべながら、そのくだりを読んだりしました。ボーアはまだしも、核技術の開発で、もっとも重要な働きをし、戦後、核抑止についても面白い動きをしているハンガリーの亡命科学者、レオ・シラードなどは、日本ではほとんど知られていません（『戦後入門』本文p204～206「シラードの要請」）。

リチャード・ローズの『原爆の誕生』（神沼二真・渋谷泰一訳。紀伊國屋書店）という分厚い本があり、これは原爆の開発を最初から最後まで追ったピューリッツァー賞受賞のノンフィクションで、きわめて重要な作品ですが、これが、レオ・シラードの有名な逸話からはじまっています。「一九三三年の九月十二日の火曜日、ロンドンの交差点を、レオ・シラードはイライラしながら信号を変わるのを待っていた」。そして「信号が青に変わり、シラードが歩道から踏み出し、道を横切りおえたとき、突然未来が彼をとらえた。それは世界の終末、我々の苦悩のすべて、来たるべきものの姿であった」。「核分裂はありうる」というひらめきがはじめて人類に降りてきた瞬間で、レオ・シラードは天才なんだけど、すごい変わり者で、友だちともうまくやれない。完全に発達障害で、いろいろな問題を起こしてばかりなのです。

このレオ・シラードが、このままでは大問題になるからと、アインシュタインに、ルーズベルト宛、手紙を書くようにと働き掛ける。結局レオ・シラードと、ニールス・ボーア（『戦後入門』本文p198「ボーアの覚書」）、そしてアインシュタインが、大きく、独自の仕方で、核開発に反対することになります。

あまり言われていませんが、なぜ、アメリカに亡命していたアインシュタインのところに、マンハッタン・プロジェクトへの協力要請が来なかったか。その破天荒ぶりに、とうてい国家プロジェクトの中に収まりきらない。こうと思ったら、秘密漏洩も辞さないだろう、というので、協力科学者の候補者リストから外されているのですね。当時の科学者というのは、トップの存在は、そういう根源的自由の発現者であり、何をするかわからないと思われていた。原爆の秘密なんて、守るものか、という人びとがまだいたのです。

パグウォッシュ会議の初回、レオ・シラードはラッセルと対立します。ラッセルは絶対平和主義ですね。これに対し、シラードは、どんな国も、一回作った原爆を手放すわけはない、といって、絶対平和主義なんてもうあり得ない、しかし別の仕方で、核使用廃絶をめざせるはずだ、といいます。そしてシラードが勝つ。しかしシラードは、国家主義者どころではないので、その後、やがてそのパグウォッシュ会議からも排除されてしまう。米国主導のIAEAのウェブサイトをひらくと、いまも、しっかりと、「アトムス・フォー・ピース」という標語が大きく掲げてあります。結局残った科学者たちがパグウォッシュ会議をささえ、それはこのIAEAとも共存的組織で、そのIAEAはアメリカ主導の核政策の産物なのだということがわかる。そこにはラッセルもシラードももういない。しかし、核抑止論を最初にラッセルに対し、主張したのがシラードだったという事実のうちに、核抑止論のいわば「初期形」の可能性が顔を覗かせているのではないか。そうぼくは考えました。シラードまで戻って考え、そして核抑止論をひっくり返す、ということを考えて、ドーア案を見つけたのです。

ポツダム宣言と無条件降伏政策の「落差」

三つ目のポツダム宣言とGHQの無条件降伏政策の落差の発見は、江藤さんから学んだうえで、彼のやり方だけではダメだと思い、その先に出て、これらの占領政策を、日本のほうからだけでなく、連合国、アメリカのほうからも見ることで、やってきました。いわば光源を二つ用意したわけです。こちら側からと、向こう側からと。

江藤さんは、占領研究を一つの光源だけで、日本のほうから見ていくのですね。ジェームズ・バーンズがこういうことを言った、トルーマンがこう指示を出した、という話は、彼の本にも書いてあります。でも、じゃあなぜ、バーンズはこういうことを言ってきたのか。トルーマンのこの指示は、なぜ、いま、こういう形で出てくるのか、となると、そこはもう「アメリカの闇」に呑み込まれている。「アメリカ」がそうしている、という擬人化の図式になってしまうのです。

しかし、「アメリカ」のなかにも個々の政治家のせめぎあいがあり、対立する価値観が存在している。こういうできごとをいわば岡目八目的に、客観視し、特に「等身大」

で見ることが必要です。

日本の占領史研究一般について言えるのは、相手の側に立ってものごとを考えるということをしないことで、その結果、実際よりも「大きく」相手を見てしまうことです。そういう弊害がある。思想の流入についても同じですね。一九六〇年代後半にはフランス文学者でもある詩人が麗々しく「エクリチュール」といった。何か深遠なことのように受けとられ、多くの文学者が、その周りを取り囲んだ。しかし英語の文献を読むと「writing」と書いてある。えっ、と一瞬、思いますね。これが辺境国のバーデン、重荷なのです。これを避けるには、相手を徹底的に調べて、その人間を等身大に感じられるまで、自分なりに理解することです。

たとえばポツダム宣言発出時の米国国務長官ジェームズ・バーンズの自伝は、数冊あり、評伝も少々あり、談話記録も、探せば、米国の図書館にあります。しかし、その一部はいまなお非公開です。でも、最低、バーンズの自伝を全部見ようと思いましたが、それも叶いませんでした。ぼくの時間不足、努力不足もあるのですが、日本国内、容易に手に入るところに、なにしろ本が揃っていないのです。日本の大学図書館のうち、一つか二つが持っている、という程度の貧弱さなのです。何冊かのバーンズ関係の本、スティムソン関係の本と見ていくと、これらの政治家がなかなか面白い人間であることがわかる。でも、この敗戦国日本に、こういう彼らの文献が、揃っていないのです。バーンズの新しい評伝のタイトルは、『スライ・アンド・エイブル（Sly and Able）』というのですが、これは「こすからくて、やり手で」みたいな意味です。評伝にこういう題名がつくような人間だし、こういう評伝が可能な国なんですね。じつに「政治」文献の層が厚い。

そうやって見ていくと、アメリカのほうも、原爆投下をめぐる戦後処理では、ほとんど綱渡り、薄氷を踏む思いでやっていることがわかる。いつ、日本から国際社会に向けて、原爆投下は、国際法違反だし、米国の理念ともぶつかる悪行ではないか、という非難の声が発せられるか、とひやひやしている。そのため、問答無用の無条件降伏政策を徹底せよ、となっている事情が見えてくるのです。

そこでの人間模様も熾烈です。マッカーサーも、日本では巨大な存在ですが、アメリカ政府から見たら、出先の長にすぎません。まったく、映画「地獄の黙示録」のカーツ大佐のような「秘境の王」なのだということがよくわかります。五〇年にはトルーマンと会う際、大統領を遙かに日本に近いウェーキ島にまで来させて、そこで会う。そのときは、自分のほうが後に着いて、相手に空港で自分を迎えさせるためのばかばかしい「巌流島の決闘」めいた水面下の戦いすらやっている。その後、朝鮮戦争の戦争指導をめぐり、戦況を見誤った結果、原爆使用の提言もあってか、解任されます。

バーンズも、四五年九月には無条件降伏政策を日本に導入しようと、トルーマンを動かしていますが、三カ月後には、ソ連との原爆軍縮外交でトルーマンとぶつかり、辞任を余儀なくされています。トルーマンはいつのまにか、ジョージ・ケナンなどときの若手のソ連通の冷戦主義者のほうに、鞍替えしているのですね。そのときにトルーマンがバーンズに対して行なう仕打ちなど、非常に冷たいものです。

バーンズの先任のハルもそうです。ハル・ノートというのがありますね。その国務長官コーデル・ハルは日本に最後通告をした人間で、とんでもない冷酷な人間のようにいわれますが、そんなことはありません。無条件降伏政策に批判的で、ルーズベルトにけっこう疎んじられ冷遇された有能で温厚な国務長官でした。ハルは途中で病気になり、一九四四年一二月に辞めます。病気ではあるんだけれど、ひとつはやはり嫌気がさす。それで次にエドワード・ステティニアスという人が出てきます。こちらはもともと実業家なんだけれど、大統領のルーズベルトが急死し、トルーマンになると、新米のトルーマンにはステティニアスでは助けにならない。それでトルーマンはいわば自分の先生格であるバーンズを自分のチームに入れる。しかしステティニアスを国務長官にしてから半年もたっていないので、流石にすぐには辞めさせられない。しばらく、バーンズは、無任所大臣的に動く。そして七月になると、ようやく公式に国務長官となる。そして正式に国務長官となって公然と権力をふるえるようになった最初の舞台が、ポツダム会談なのです。そこで彼は自分の力を見せつけようと、国防長官のスティムソンを蚊帳の外に排除したうえで、会議を牛耳る。その結果が天皇条項の脱落となるわけです。

こういうことは、むろん一面にすぎない。しかし、政治を等身大で見る手がかりになります。江藤さんが書くものを読むと、アメリカはどっしりと構えていて、他方、日本は右往左往している。そんなふうに見えるのですが、そうやってアメリカのほうも等身大で見ていくと、アメリカの事情も同じなのです。占領時のGHQの動きも、違ったふうに見えてきます。江藤さんは、ポツダム宣言受諾は対等で有条件降伏だったではないか、それを無条件降伏といいくるめたのは、アメリカがずるい、そしてそれをいまなお戦後の起点として押し頂く「戦後文学」は虚妄だと言うのですが、もしそれをいうなら、ポツダム宣言受諾の相手は、アメリカではなかった、連合国だ、だから占領政策の合法的主体は「連合国軍」であるべきで「米軍」であるべきではない、というところまで遡及した、より冷静な主張を行なうべきでした。考えてみれば、ソ連を含む連合国の最高議決機関である極東委員会にすべてを委ねることだけが、米国の火事場泥棒的な無条件降伏政策適用を阻止する当時唯一の方法だったのです。ですから、そうなると、天皇が危ないゾというマッカーサーの恫喝をも見越して、これに対抗するため、日本側としては、天皇訴追がなされたとしても仕方ないが、しかし国益は守るゾ、というくらいの共和主義的姿勢が用意できていなければ、対米交渉は難しかったことが、わかります。

しかし、そういう立場もあり得たわけですね、当時。そこまで考え抜く政治家がいれば、昭和天皇の退位をただちに打ち出すことで、昭和天皇の命も保全し、皇太子を天皇にすることで天皇制も保持し、マッカーサーの恫喝に先手を打つことができたかもしれない。これに対抗することも必ずしも不可能ではなかったのです。カギは、むしろ極東委員会を相手にするゾということを、マッカーサーに対するカードとして、使うということだったのです。アメリカにしてみれば、将来の原爆の非合法化を避けるうえで、極東委員会が成立し、マッカーサーを監督する連合国の上位機関が機能をはじめ、日本がマッカーサーの頭越しに連合国と直接の「契約関係」に入ることだけは、どうしても避けなければならなかった。当時、GHQとの対等関係の堅持を主張して解任された外務大臣の重光葵になら、それができたかもしれません。しかし、江藤のように、その「おかしいではないか」という不当性を、当のアメリカにぶつけるのでは、親に対する子供の反抗と同じで、先はありませんでした。

マッカーサーも、「連合国軍司令官」でありながらじつは「米国軍」の利益代表として振る舞った。そこに越権がありました。あるべき「連合国軍」がそこに成立していたら、それが即ち「国連軍」の前身になったところでしょう。「連合国」と「国連」とは英語では同じなのですから。しかし、英国も、それを黙認したし、ソ連も、東欧でのソ連主導との見返りで、日本でのアメリカ主導を黙許したわけです。バーンズは、一九四五年一二月のスターリンとの会見で、国連での原子力委員会発足へのソ連の参加を引き出す取引材料として、東欧でのソ連の覇権には目をつぶるという妥協をしています。スターリンは、日本の実情を見て、アメリカが日本を取るなら、自分は東欧を取る、と考えたのです。

当時、そこまでを見通して、これに対処できる政治家、外交官は、日本にいませんでした。また、焼け跡のなかで、そういう情報のインフラもありませんでした。当時、そこまでを求めるのは酷だったかもしれません。敗戦直後には、その窮境をつかれて、日本は米国に火事場泥棒的に、いろんな損失を被ることになります。そして矢部宏治さんの最近刊（『日本はなぜ、「戦争ができる国」になったのか』集英社インターナショナル、二〇一六年）を読めば、一九五〇年、朝鮮戦争勃発とマッカーサー解任のどさくさにまぎれて、またしても、今度はダレスに同じように手玉にとられていることがわかります。問題は、そうした事実が七〇年経っても、しっかりと把握されていないということになるかと思います。

（＊1）ローレンス・オルソン、一九一八〜一九九二。アメリカの歴史学者、日本研究者。『アンビヴァレント・モダーンズ』は著者の急逝した一九九二年に刊行され、九七年、邦訳された（黒川創・北沢恒彦・中尾ハジメ訳、新宿書房）。加藤氏はこの著作と戦後思想にふれ、次の文を書いている。「世界の奴隷として考えること――吉本隆明と鶴見俊輔」（「敗者の想像力」第六回、『ＫＯＴＯＢＡ』二〇一六年夏季号）。

（＊2）マーク・ゲイン、一九〇二〜一九八一。ジャーナリスト。『ニッポン日記』は一九四八年に刊行された。現在は、ちくま学芸文庫（井本威夫訳、初版一九六三年）。そこにはこう書かれている。「このアメリカ製憲法は、それ自身悪い憲法ではない。日本の役人どもの不誠実にもかかわらず、それは人民に主権を賦与し、人民の自由を保証し、政府の行為を抑制する道を規定している。／悪いのは――根本的に悪いのは――この憲法が日本の国民大衆の中から自然に発生したものではないということだ。それは日本政府につかませた外国製憲法で、（中略）国産品だと称して国民に提供されたのだ」。（p210）

（＊3）ジョン・ダワー、一九三八年生まれ 。アメリカの歴史学者。専攻は日本近代史。なお、ここに述べられているのは"Is the U.S. Repeating the Mistakes of Japan in the 1930s?"という論文で、二〇〇三年に書かれている(Forum, 2003/6/30)。著書に『容赦なき戦争―太平洋戦争における人種差別』斎藤元一訳(平凡社ライブラリー)、『敗北を抱きしめて―第二次大戦後の日本人』三浦陽一他訳(岩波書店)、ほか。

3. 対米従属構造からどう抜け出ていくか

「戦後以後」の捉え方――文学の方法、社会学の方法

――もう一つ『敗戦後論』からの大きな変更としては、「公共の立ち上げ」、「新しいわれわれ」、といった社会哲学の議論が『戦後入門』では姿を消していることです。文学的な語り口も一掃され、「文芸評論＝文学の力」を後退させていると感じた反面、一方、では「どうするか」に、かなり踏み込んだ発言をしています。こうした変更点があると読んだのですが、はっきりと社会学的・実証的スタイルが取られている点について、その変更の理由を、加藤さんご自身はどう考えておられますか。

加藤　今回は、いってみれば、地上の、眼に見えるものしか扱わないとどうなるか、と考えてみました。氷山でいうと、水面の上に出ている八分の一の部分ですね。そこだけで考える。それが第五章の「どうするか」の部分で、その対案に至るまで、どう考えていくことが妥当か、と逆に遡行していったのです。

その理由の第一として、高校生では読むのが難しいかもしれないけれども、気持ちとしては、いまの若い人たち、戦争も戦後も関係ないと思っている人たちに向けて書きたい、ということがありました。何でおれたち、戦後のことを考えないといけないの？　と感じている人に、戦後のことを考えることは、必要だし、意味がある、とわかってもらいたいと思った。

それで、この本は当初から新書で出すことを前提に執筆したのですが、それが膨大なものになっていく過程で、新書ではなく、単行本に変えましょう、また、新書二冊本にしましょう、という話が出たときも、いや当初の案でいこう、と新書一冊の線を崩しませんでした。最後は、ためしに造本して、この紙をつかえば、六四〇頁までは大丈夫と

いう限度を確認したうえで、それに収まるよう、削除・改稿を繰り返したのです。

そういうやり方で論理を追っていくと、どんな戦後論ができるだろうか。それが最初の発想の一つでした。『アメリカの影』のときとは逆で、このたびは、政治や外交を、文学の問題を外して、とことん部外者であるまま考えていったらどんなことが言えるか。そういう「道場破り」の発想だったのです。

『アメリカの影』は文学として、政治や外交を考えたら、どんなことになるか、と考えました。この本が出るとき、柄谷行人と対談していますが、そのとき彼は、『アメリカの影』について、それが「文学」の一つの表現として面白いという指摘をしています。まあ、その個所は、ぼくの対談集にはそのまま入っていますけれども、彼の対談集には、その後、彼をぼくが湾岸戦争の反戦署名のおり、こっぴどく批判したあと、そうした個所を削除しているので、出ていないと思います（笑）。でも彼も、『アメリカの影』が出たときは、この本のそういう側面にふれていたわけです。[*1]

ともあれ、そういう文学の発想で政治の問題に対してみようという発想があった。『敗戦後論』での「戦後後論」もそうです。しかし、今回はそういう重石をいっさいはずして、行けるところまで行ってみる。そう考えました。

第二の理由は、これと重なりますが、安倍政権の暴走です。ほとんど憲法を無視するようなことになって、それが通ってしまう。日本の社会はそれくらい脆いものだった。安倍政権にたいする怒りというのは、逆に日本の社会にたいする驚きでもあり、自分にたいする怒りでもありますね。こんな、ちょっとどうかと思う政治家が何人かいるだけで、これほどまでに乱暴なことができ、それが通ってしまう。おそらく周りには、電通とか博報堂の、目端の利く人間が何人もいるのだろうけど、メディアがこんなに簡単に委縮してしまう。まったくこれは想定外で、今回は、ほんとうに自分の認識の甘さを痛感しました。

今までは文学で仕事をしてきたけれど、それは、こちらが重い発信をしても、それを重く受け止めるだけの容量が向こうにあるという想定のもとでのことです。しかし、いまではレセプター側がものすごく薄っぺらになっている。一生懸命にやっても少ししか引っ掛かりがないし、のれんに腕押しの状態になってしまっている。それなら、それに対応した書き方があってもいい。それがまた、こういう時期、こちらの思考を鍛えるようすがになるだろうと思ったのです。

具体的にいえば、どうせ反対するのでも、ただの反対ではダメだ、社会を元気にさせるような反対でなければ受け手に届かないと思った。受け手の関心を呼び覚ますような、彼らに「ピンタ」を張るような提案が必要だと思った。

たとえばいまの護憲論の一番の問題は、憲法学の内部で発想されていることでしょう。そもそも現在の護憲派の中核をなす長谷部恭男、小林節という人たちは現実的護憲派で個別的自衛権を憲法に明文化せよと主張していた人たちです。ですから、たとえば自民党は長谷部氏を参考委員に選んだ。ただ状況の差異線が大きく右に移っていたので、長谷部氏は、これは違憲だ、という主張となった。立憲主義がそこでの旗印になりましたが、個別的自衛権を憲法に明記してコントロールせよ、ということですから、樋口陽一氏のような従来型護憲派とは、立憲主義の主張の力点自体が違っているのです。

そもそも五〇年代以降の法学者たちの護憲論の主張を見ると、手続き上、問題がない、憲法の規定上、問題がなければ可、という線がだいぶ長い間、主流でした。押しつけ憲法かどうかは手続きに問題がなければ、論ぜず、という世界だったのです。いまこそ、安倍政権の暴走が憲法の限界を超えた「解釈」による否定にまでいたって、彼らの活躍する場ができているけれども、立憲主義を掲げての安保法制化反対は、やはり色んな意味で受け太刀だったと思います。それと別に、安倍政権のAという方向に対し、それではダメなんだ、Bをめざすべきなんだ、という形での反対がないと、向かい打つかたちの反対にはならないと思った。そういうものを書きたいと思ったのです。

三つ目には、これとは逆のように見えるかもしれないけれども、やはり、つながる問題意識として、法律や政治の専門家に対するインターフェースをしっかり用意したいと思いました。現実的なプランをどうするかということについて考えるために、『敗戦後論』のときには「憲法の選び直し」という考え方を提示しました。このとき、ぼくとしては、専門家から、こんな考え方だけではうまく進まないゾ、憲法九六条に書かれているのはこういうことだから[*2]、こう考えなくてはならない、というようなことを教えてもらって、そこから学びながら、その先を考えていこうと思っていたのです。しかしまったく何も応答がなかった。完全にネグレクトされた。

今回は、ネグレクトされたくない（笑）。こちらから、きわめて具体的なかたちで考えを提示し、応答を求めたい。そんな気持ちがあったのです。しかしいまのところ、やはりネグレクトされているでしょうね。政治学者の山口二郎さんは、内容訂正依頼をかねた手紙をくれましたし、哲学者の森一郎さんは、これでシンポジウムらしきものをやりたいといってきてくれていますから、そのあたりは前回と違うかもしれませんが。気持ちとしては、文学を取りはずすことで、もう少しインターフェースを広角にしたいという意図がありました。

第五章の改定案の提示のあと、「おわりに――新しい戦後へ」という終章で、これをもとにどういう政治勢力のなかに着地するかという見通しを示しています。それも、こういう考えに立って書いた個所です。九条の改定案は、第五章として、自分としてはこれしかないと思って書いているけれども、これを「現実」とどう「すりあわせる」かを考えれば、その先にもう一つの考え方、行動原則が必要になります。ですから、ここは、「論理的不整合」で行こう、という実践倫理の提案なのです。護憲派と護憲的改憲派と改憲的護憲派とが「論理的不整合」をせめぎ合わせながら共闘する。そういう流儀を作り出すことが、今回の提案のうちに含まれる、という考えです。理念の提示のあとに、その理念が現実とどうかみ合うかというその考え方を、最後に付けたつもりだったのです。

第四は、文学の仕事はここではやらない。他のところでやる。というスタンスで、今回はことにあたった、ということでしょうか。というのも、いまぼくには大きく二つの問題意識があり、一つは戦後ですが、もう一つは、二〇一四年に出した『人類が永遠に続くのではないとしたら』での人類史論的な問題です。その二つを並行して考えていくところに、自分の現在の課題のかたちがあると思っています。これに関しては、もうすぐ出る『災後と戦後――政治・思想論集』という本（岩波書店、八月刊予定）に、いくつか、このことに関連するほぼ未発表の論を収録しています。

そういうことがあり、第五として、ここでは天皇の問題を切り離しています。取り扱っていません。これも同じ考えから出た決定です。『戦後入門』を書くにあたって、苦労したところが二カ所あるのですが、一つが、第一次世界大戦から第二次世界大戦に推移する過程で「一対〇・五」の対立だった「連合国」対「枢軸国」が「一対一」の対立として再構成されるというところです。東京裁判、ニュルンベルク裁判などにまで渉ると、書くことが沢山でてくる。そこをどのようにシンプルにまとめるか。この個所で一〇〇枚以上、削除するのに苦労したのです。で、もうひとつが、「はじめに」なのですが、『敗戦後論』にふれる章で、天皇関係の記述は落とすことにした。『アメリカの影』のまとめはあっさりと書けたのですが、『敗戦後論』のまとめのところで非常に手こずった。じつは、『敗戦後論』で論じたポイントは三つあって、ひとつは憲法、もうひとつは「戦争の死者との関係」、最後のひとつが、天皇なのです。天皇の問題をここに入れると、さらに一章必要となる。そこで検討した結果、今回は、天皇の問題を「別置」しても話が展開できる形で行こうと考えた。それはそれで意味のあることだと思ったのです。かつて橋爪大三郎さん、竹田青嗣さんと出した『天皇の戦争責任』という本の帯は、「脱・天皇論」です。もう、天皇は好い加減けりをつけて、天皇なしで政治を語れるような、そういう考え方の流儀を作りだそうぜ、というメッセージがそこにはありました。それと考え方の方向は似ています。それで、ここでは、方法的に、天皇に関するところは、削除してみたのです。ですから今回の話は、共和主義的な立論の形になっています。批判を含めて、天皇に依存していない。むろん、「天皇」の問題は別にいまもあります。しかし、ここでは、天皇の項目を省き、問題をよりシンプルな形で切りだそうと考えました。

こうしたことが、今回の新しいスタイルを生んだと自分では考えています。

戦後的状況の「出口なし」からどう脱却するか

――私の最初の問題意識は、「平和憲法―日米安保体制―米軍基地問題と沖縄」が三すくみ状態になっているということでした。〝出口なし〟状態といいますか、このままではどん詰まりで、加藤さんも書かれてているように、護憲を言えばいうほど安保条約堅持になり、沖縄の基地は強化され、恒久化されかねない。そういうジレンマがあって、そこからどう脱出するか。これを前に進められなければ、「戦後」の次に出ることができない。加藤さんの著書も、そこが最大のポイントになっていると思えたのですが、いかがでしょうか。加えて、「憲法の選び直し」の提案は、理念モデルか、あるいは現実的プランがおありになるのか。プランがあるなら、それをお聞きしたいと思います。（Sa）

加藤　いま三すくみと言われたけど、ぼくは、早稲田で授業をしていた一〇年前から、ここは四すくみの構造がある

3　Article Nine & Emperor & Security Treaty

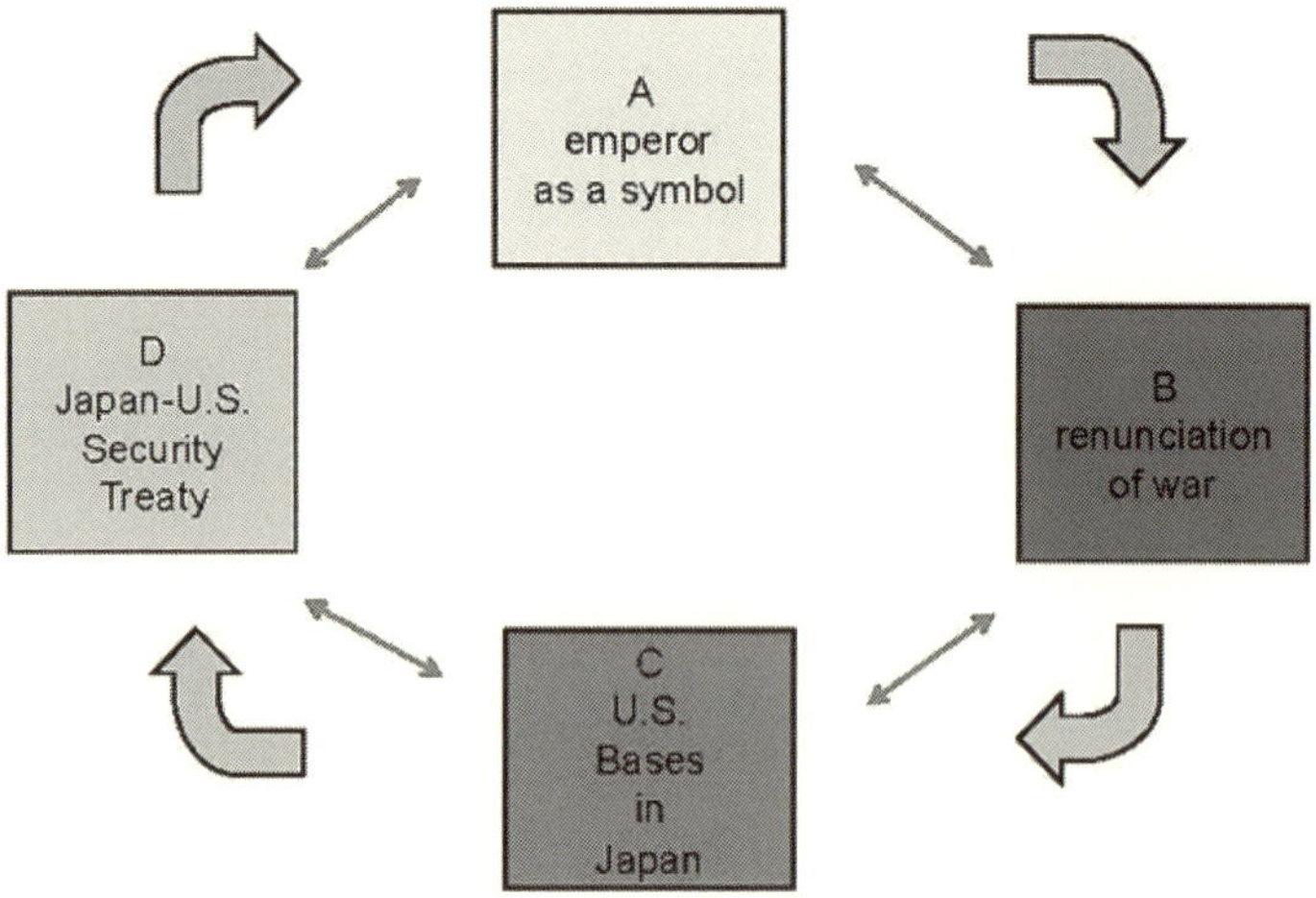

として図にして学生に示していたのです。それは、こういう図です。

　つまり、もう一つの項が右の図のAにあたる「天皇」です。B（の憲法九条）はA（の天皇存置）を可能にするために必要とされた。そのB（の非武装体制）を補完するものとしてC（の米軍基地の存置）が必要とされ、さらに、この米軍基地体制を補完するものとして、D（の日米安保条約・地位協定）が用意されたが、これを日本国内で安定化させるための重石としてこれに対するA（の昭和天皇の支持）が大いに役立てられた。そしてこの構造が、同時に、D（米国）がA（天皇）をささえ、A（天皇）がB（日本の戦後体制）をささえ、B（日本の戦後体制）がC（在日米軍基地体制）をささえ、C（在日米軍基地）がD（日米安保体制）をささえるという逆方向の——支え合いの——動きを並行させているという図です。

　しかし、いまはこれに代わり、三すくみ構造となった。B（の平和憲法）がC（の在日米軍〔＋自衛隊〕）によって支えられ、そのC（の在日米軍〔＋自衛隊〕）がD（の日米安保条約）を通じて米国の指揮下におかれ、当初の四すくみ構造から「A」の項目が昭和天皇の退場によって消えた分、今度は、そのD（の米国の対日支配）にB（の憲法）が「シームレス」に――直接に――合致するよう、A（の昭和天皇）に代わって安倍政権が、安保法制によって改憲をめざし、米国を支えようとしている。こういう変則的な三すくみ構造が現れているということかもしれません。この図でいえば、ABCDの四すくみからAという緩衝材の項目が消えて、BCDとなった。そこでBとDが直接に接する、ここからD（日米安保体制）へのB（平和憲法）の馴致という問題が起こってきたということです。

そう考えると、いまは、この図のAの「天皇」の位置に、この構造の崩壊を支え、新しい三すくみ構造に再強化すべく「安倍政権」が位置している。しかし、「安倍政権」だけではむろんかつて「昭和天皇」が果たした役割は果たせない。その結果、ここに「日本会議」が入ってくる。[*3]「安倍政権プラス日本会議」というキマイラ的な存在が一時的代替物として現れている、と見ることができます。

ぼくも『戦後入門』でいっていますが、ここでの役割分担は安倍政権が徹底従米で、日本会議が戦前型国家主義で、この両者は、じつは矛盾を抱えている。この両者の政治勢力は、アクセルとブレーキを一緒にふんでいるようなものです。しかしそれを「昭和天皇」は矛盾なく体現していた、ともいえます。昭和天皇は、平和憲法、米国との親米・従米の関係、さらに国家主義的な戦前とのつながりと、三つの互いに矛盾する項目を一身につなぎとめるキマイラ的存在でもあったわけで、この戦前から続く「一身にして二体の」戦後型象徴天皇制であるA項目は、崩壊して、「平成型天皇制」（平和憲法とささえあう象徴天皇制＝現天皇）、「従米・親米体制」（徹底従米政権＝安倍政権）、「国家主義的懐古心性」（復古主義＝日本会議）の三つに分裂したと見られる。『戦後入門』で語られなかった「天皇」の現在的な位置が、ここにあるともいえます。

ところで、この三すくみの図式の中にこの「安倍政権プラス日本会議」に対応して現れてきた、新しい項目が「沖縄」です。

沖縄は、その意味で、新たなB（憲法）とD（日米安保）の連携（＝安保法制）への先の緩衝材に代わる「くさび」になりえる。つまりこのAの位置でBとDの間にくさびを打つ、ノイズたりうる存在なのです。

ぼくも、今回『戦後入門』を書いているときに発表した新聞への寄稿記事で、「沖縄を先頭に」と書いています。[*4]ですから、問題打開の糸口が、佐藤さんのいう「平和憲法―日米安保体制―米軍基地問題と沖縄」の環のなかで、このうち、憲法と沖縄にあることは明らかでしょう。そこで、憲法をめぐる提案としての「選び直し」が問題ですが、今回は、九条改訂案として出していますから、「選び直し」ではありません。しかし、提案の方向に変わりはありません。これがどれくらい現実的プランをともなっているのかという質問ですが、残念ながら、これは理念モデルです。しかし、逆にいえば、理念モデルがなかった。それが必要だと考えておこなった提案で、そこに意味があるとぼく自身は考えているのです。

しかし、なぜ憲法の「選び直し」ないし「改訂案」提示が必要か。なぜ護憲のままでは不十分なのか、ということについては、『敗戦後論』のときよりも、明確な考えを提示できていると思うので、それを述べてみます。

『敗戦後論』で「憲法の選び直し」の提案を行なったときにあったのは、われわれには「憲法」はあるが、「憲法制定権力」がない、「憲法制定権力」の座が「空白」になっている、という事実認識でした。その「空白」を、「憲法の選び直し」によって「充填」しよう、ないし、国民投票というリスク、「火」を通すことで、われわれ自身が憲法制定権力となろう、という提案だったのです。

憲法の九六条には、先に見たように、各議院の総議員の三分の二以上の賛成で、国会が発議し、国民投票で過半数が賛成すれば憲法を改正できるという規定があります。[*2] ですから、この規定に従い、もう一度、憲法をわれわれが「選び直せ」ば、はじめてわれわれが「憲法」を制定し直したことになるし、憲法制定権力をわれわれが行使したことになる。そうすれば、われわれと憲法の関係も変わり、はじめて憲法が「われわれのもの」になるだろうと考えたのです。

しかし、この考えは甘かった。というのも、じつは憲法制定権力は、「空白」にはなっていなかった。これを制定した米国ないし米軍は、米軍基地の存置という形でずっと戦後も日本に居座っていたからです。そのことが二〇〇九年の政権交代後の、民主党鳩山新政権の対米自立の試みがあっというまにたたきつぶされることで明らかになった。つまり「選び直し」ではなかったが、その代わりに「政権交代」によって、ダルマにはじめて目を入れるところまで日本は踏み出したのです。そしたら、ダルマの目は「空白」ではなく、そこにはすでに――イヤな占領時的な言い方をすると――「青い目」が嵌まっていた（笑）。

一九五一年、「サンフランシスコ講和条約」を締結して日本は独立するけれども、同じ九月八日には「日米安全保障条約」を結び、翌五二年二月二八日に、日米地位協定の元になる「日米行政協定」に調印しています。そういうかたちで憲法制定権力がずっと居座った。ここでは詳しく言いませんが、一九五〇年の警察予備隊（自衛隊の前身）の導入、一九五九年の伊達判決をめぐる最高裁長官田中耕太郎の米国への拝跪[*5]などからも、じつはそのことは明らかだった。そのことが、いってみれば〇九年の政権交代の後での鳩山由紀夫民主党政権の「最低でも県外」という意向が米国と国内の従米勢力によって潰されたとき、はっきりしたわけです。

　あのときは、鳩山、小沢はなんという拙劣なやり方をしているんだと思ったものですが、そして事実、鳩山民主党政権は官僚の抵抗に足を取られ、みっともない右往左往を続けたものですが、いま考えれば、やるべき最低のことはやったと評価できる。自分たちは東アジア共同体を志向すると鳩山首相が言って、小沢幹事長、先の党代表が国連中心外交を掲げ、政権としては、普天間基地を動かすと言った。それは政権交代がおこなわれたときに、新政府がやるべき最優先のことだった。それに彼らは政権交代直後、手をつけたからです。

　しかし、これらの試みがあっというまに潰されて、しっかりと憲法制定権力としての米国が日本に厳然と存在していることが誰の目にもはっきりとした。ですから「選び直し」では、もう憲法制定権力をわがものにはできないのです。というより、「選び直し」をしようとしたら、それは今回と同じようにたたきつぶされるだけだ。そういうことが明らかになった。それを政権交代と普天間移転の失敗は、身をもって教えてくれたのです。今後、これを実現するには、憲法制定権力としての米国とその「力」の実体でもある米軍基地を撤去し、それを「追い払い」、日本国民がこれを「奪回」する以外にない。そのことが、政権交代と新政権がおこなったチャレンジの失敗の教訓なのではないでしょうか。

　今回の九条改訂案は、この新しい事実認識を受けて出てきた対案にほかなりません。

　矢部宏治さんが、『日本はなぜ、「基地」と「原発」を止められないのか』という著作で、米軍基地撤去を憲法に書きこむという方法があること――「フィリピンモデル」[*6]――を示唆してくれた。ぼくの今回の案は、これに教えられたものですが、いまは、これしかないのではないかと思います。

　たとえば、柄谷行人は、あの湾岸戦争反対署名のあとで、憲法が外部からの「強制によること」が大事で、それが

「普遍性」を証明する、「憲法」が「自主的」ではないこと

こそが重要なのだ、と述べています（「自主的」ではないこと『戦前の思考』一九九四年）。一方、そこには憲法を「原理」

とするため「憲法九条を『自主的に』改正すべきだ」とか「自衛隊を文字どおり『自衛』に限定されたものとして憲

法上確認すべき」だという提言も述べられていて、意味は判然としないところもあるのですが、一つはっきりしてい

ることは、他国の憲法制定権力がその後、去ったのならま

だしも、いまなお日本に居座り、現存している以上、こう

いうパラドキシカルでポストモダン的な「論理」は成り立

たない、ということです。同じことは、日本国民の「憲法

の無意識」の力に言及する近著（『憲法の無意識』二〇一六

年）についてもいえますが、そこに現存する他国の「権力」

は、われわれの共同幻想の産物でも集団的無意識の産物で

もない。われわれ自身の「権力」によって撤去させない限

り、消えることがないのです。

さて、実現プランということでいえば、この九条改訂案

については、さきほど述べたように、「おわりに——新し

い戦後へ」というところに、そのための実践の方法論の提

案が示されています。意見の違いなどがあることは前提と

して、日本の戦争体験の蓄積というところを一つの共通の

地盤とし、「論理的不整合」を方法論の核として、人民戦

線的なゆるやかな連帯の流儀を作り出すというのが、その

基本的な方向だといってよいかと思います。

具体的には、安倍自民党政権主導の「改憲」に反対する

という一点で、野党連合を結成する、というくらいしかな

いでしょう。民主党鳩山政権の基礎部分の流れがいまも

残っています。そこと新しく生まれた市民連合的な組織を

母体にして、小沢・鳩山の旧鳩山政権から細川・小泉の脱

原発連合までの幅で、政党としては共産党と「民進党」の

一部、旧自民党ハト派、生活の党、社民党などを含む「大

野党連合」の幅で、選挙運動を闘う。学生、市民、労働者

の大衆運動のなかから新たなリーダーシップの形が生まれ

てくればよいと思っています。ここで、さして他の人と変

わっているわけではありません。

ただ、今回の理念モデルの提案は、ぼくのつもりでは、

それ自身が一つの行動でもあった。現在の社会へのコミッ

トメントとして、いま自分にやれることを力を尽くして

やってみたのです。

自民党の『改憲論』との違い、「利敵行為」について

——加藤さんの九条改訂論と自民党の改憲論の違いは何でしょうか。

加藤　これはぼくの改訂案の内容にはっきりと出ていると思います。対米従属の否定と平和理念の堅持の象徴としての国連中心外交の採用、NPTを含む核の傘からの離脱を含む抜本的な非核方針、米軍基地の撤去がその柱です。ですから、九条に関しては、従来の護憲論者の考えと自民党案の違いよりも、ぼくの九条改訂案と自民党案の違いのほうが大きいでしょう。ただし、ぼくの九条改訂案は自民党の「改憲」に対して「反対」するための対案でもあります。そのため、現時点で、「改憲」を前面に出す必要はなく、「護憲」の主張に合流するのでよいと考えています。ぼくは同盟先をアメリカから国連に変えて、全方位外交が可能なように国策を変えよ、といっているのですが、護憲論者は、そこは何もいわない。日米同盟の現状維持を安全保障の前提としています。そこは、ぼくから見ると、護憲派の人たちが、少なくとも先の自民党ハト派とさほど変わっていない点です。しかし冷戦終結後、インターネットによる国際金融経済の席巻、中国の勃興などにより、もうその前提が崩れているというのがぼくの認識なのです。

ですから、ぼくの「改憲」論にこういう疑問が出てくる理由は、別のところにあるのだろうと思う。つまり、ぼくのような改憲的護憲の考えは、いま、現在の安倍政権の改憲的暴挙に対し、利敵行為になるのではないか。いまのような時期に「改憲」ということで、自民党のそれを後押ししてしまうのではないか、ということなんだろうと思います。

斎藤美奈子なども、そういうコラムを書いていますね。また、はっきりとはいわなくとも、護憲的な意見の持ち主で、そう考える人が大変多いのでしょう。でも、「利敵行為」になるから、たとえそう思っていても、いまは黙っていよ、となるのでしょうか。ぼくはこの考えには反対です。

日本の反体制の政治の世界というのは、これまでずうっとそういう流儀で来たわけですね。利敵行為というのは、古くからあるイヤなコトバです。そうではなく、誰もが言いたいことをいってよい。でもめざす方向が一緒なら、違いをわかったうえで、それでも共闘していく。もう、そういう新しい態度、考え方を作り出さないと、眼前の相手の

向こうにいる、より大きな環に位置する、政治に無関心な層にまでは、メッセージが届かない。小さな政治的思惑に立って、利敵行為なんていっていてどうするんだ、そんな時期ではないだろう、と思うのです。誰もが、まず、自分の考えを言う、そして、意見を戦わせる。そういう場所を作ろうとすることのほうが、無関心層を再び政治の世界にひき入れるうえで、小さな「利敵行為」を抑止することよりずっと大事なのではないでしょうか。

もう新しいやり方を作ろうよ、といいたいのです。

基地問題と沖縄問題について

――基地問題を含め、沖縄の問題についてはどうお考えでしょうか。「フィリピンモデル」の活用を含めてお話しをお聞かせ下さい。

加藤　沖縄の問題はとても大きいと思います。新聞への寄稿で、『戦後入門』の主題にふれた際に「沖縄を先頭に」と書いたことは先に申し上げた通りですが、じつは二〇一四年にそのころ書いていたインターナショナル・ニューヨークタイムズの定期コラムでも、沖縄の問題を大きく取りあげたことがあります。そこでは、二〇一四年の八重山・竹富町の教育委員会委員長の文科省への抵抗を、日米関係の「従属と抵抗」の構図のなかで取りあげました。[*7] いずれ、対米従属からどのように脱するかという観点に立てば、沖縄の問題は、日本全体が深く捉えられている拘束の顕在化された姿そのものだといえます。この構造はこれまで変わらなかったのですが、安倍政権の安保法制がらみの動きによって、その矛盾がこれまでにない形で浮上しています。

普天間基地の辺野古移転の問題は、沖縄県民が官民こぞってこれに反対しているのに対し、政府が、既成方針を再検討するということはしないという姿勢で、これを圧伏しようとしているところに、これまでにない構図が現れています。

かつては沖縄の負担を、岩国にももってきて、とか、本土も相応の負担をする、という主張がありましたが、ここまでくると、もうそういう主張は成り立たない。それは、米軍基地がわれわれの必要によって、われわれの判断で存置されているばあいに成り立つ論理ですが、二〇〇九年の政権交代後の普天間移転の試みが頓挫したあとは、これが米国と日本の問題であることがはっきりした。沖縄でいま起きている問題を解決するには、これを全日本の問題として解決する以外にないということが明らかになったからです。つまり、日米間の米軍基地の存置の問題それ自体を考えないとだめになった。ぼくの考えでは、端的に一度、米軍基地の撤去を米国に求めることを選択肢の一つに加え、問題を置き直す以外にないのです。

以前は、沖縄にだけ負担を集中させて、日本とアメリカは、——これはチャルマーズ・ジョンソン[*8]の言葉ですが——沖縄を米国におけるプエルトリコのような位置において[*9]、その安定した関係構造を築いてくることができた。日本政府は本土から沖縄を切り離し、本土の対米従属を「緩和」するのに役立ててきた。それで経済成長を続けていた八〇年代まではやってこられた。それが広義の吉田ドクトリンの時代の基本的構造だったわけです。

しかし、九〇年代になって東西冷戦が終わり、米国一極支配のグローバリズムがはじまって、二〇〇〇年代に入り、九・一一が起こり、イラク戦争と国際金融経済化が行くところまで行き、二〇〇九年のリーマンショック、二〇一〇年以降の中国の台頭へとつながると、日米関係はもういままでのようには存立できません。沖縄にすべてしわ寄せをしておけば、日米関係が安定的に維持できる条件はない。日本はもう豊かさを失くしているし、米国も零落してきている。貧困に苦しむ国同士の苛烈な戦いがはじまっている。そういうなか、再び、沖縄が問題になっているのは、新たな本土政府による沖縄への搾取が始まっているということだろうと思う。現在の日本自体の袋小路状況からの打開策を見つけようと、安倍政権は尖閣列島を日中衝突の火だねにしようとしています。その国内の係争地として再び沖縄を「使おう」としているのがいまの辺野古移転なのだと思います。

しかし、県知事選で、移転反対の知事が選出された。沖縄が県として本土政府とここまで激しく対立したことは、これまでなかったのではないでしょうか。この後、行き着くところは、沖縄は独立しかないという構図さえ現れようとしています。現実的にどうするのか、ぼくとしても妙案があるわけではありません。有効かどうかという議論は当然出るだろうけれども、少なくとも方向としては、沖縄は独立を志向するという切り札を一方に掲げながら、辛抱強く、現在の枠内で、本土政府と県民の安全のため闘っていくしかない。しかし本土の関心は必ずしも高くありません。残念なことです。

今回『戦後入門』を書いた際、フィリピンモデルに関連して現在のフィリピンの対米条約の実況を調べたのですが、もっとも役立ったのが、沖縄県知事室が出している「危機管理・安全保障研究シリーズ」の波照間陽というひとの「米比防衛協力強化協定の概要と締結の背景」という論文でした。この人は、沖縄県知事室の研究員のようです。沖縄県のウェブサイトを見ると、県のなかに外務省のような役割をする部署をもっている。それが日本の外務省よりもまともで鋭利な報告を出しているのです。その熱意を支えているのは沖縄が置かれている政治的軍事的環境への危機意識でしょう。自分たちが独立するという以前に、どこにも頼るものがない、という自立の意識が彼らを動かしている。その意味でも、いま沖縄は、日本にとってのモデルなのだと思います。他国に抑圧された歴史をもつだけに自存の伝統が強い。琉球王国以来の伝統が続いていて、台湾に行くときにはビザなしで行ける慣習があるとか、行くと、驚かされることが多いのです。

フィリピンモデルの話というのはこうです。これは先に触れた矢部宏治さんの著作から教えられたアイディアで、憲法に米軍基地撤去を書き込むことによって、これを実現したフィリピンの前例に倣おうという提言です。憲法改正によって撤去をめざすわけで、そのためには、選挙で野党の力を増やして現在の自民党の勢いを削ぎ、最終的には政権交代を実現するのが一番です。いずれにしてもすぐには実現できない。しかし、ただちに、何をめざして運動を行なうのがよいのかと考える場合、長期の目標設定には役立ちます。これについて日本語で書かれた有用な文献は、赤旗の特派員としてマニラに行っていた松宮敏樹さんの本、『こうして米軍基地は撤去された! フィリピンの選択』(新日本出版社、一九九六年)です。これはすばらしい本です。この「革命」がベニグノ・アキノという一人の政治家のほとんど殉教といってよいほどの行為から、はじまったということがよくわかります。アキノは、マニラに着いたらすぐに射殺されるだろうと思い、それを写せと日本人のカメラマンにいって、タラップを降りる、そして射殺される。そこから、マルコス打倒の革命が起こり、その延長で、対米自立のプログラムが発動してくる。そこで力を発揮するのが、保守派ながら、スペイン、日本の監獄に何年も入れられていたような、元民族運動の闘士だった老政治家たちなのです。色んな意味で、ぼくは、フィリピンモデルは、きわめて重要だと思っています。その運動の中から、また、新しい若い人たちが出てくることを期待したい。でもいまは、それくらいしかいえませんね。

護憲・国連中心主義連合をどうつくるか

——話をもどさせて下さい。これまで私のなかに、護憲、護憲といっても、どこかにもどかしさがあったのですが、『戦後入門』に、それを突き抜ける論理を感じました。ひとつは国連主義であり、国際主義を貫く。そういうことだと感じました。安保ただ乗り論があって、私の仮想敵だったのですが、日本だけ平和でいいのかという問いに、具体的な答えにならなかった。ただの反米だったら反発でしかないのですが、国連主義をだすことで広い場所に出た問いかけになっていると感じました。そこが目からうろこでした。感じとしては、国民国家のメタ・レベルとしてのリバイアサンのような国連ということでしょうか。（Ｓｕ）

加藤　国連警察軍を創設しようという考えは、いま一般にアインシュタインやラッセルなど絶対平和主義者らが世界連邦政府の創設をめざすなかで出てきた世界警察軍の主張と同じと解されているようですが、微妙に違います。当初は国連が最終的に国連警察軍を創設することを考えていました。一九四六年一月にロンドンで初の国連総会が開かれ、最初の決議として原子力委員会の設立を決めていますが、これと並行してやはり国連安全保障理事会が開かれ、初の決議として決められているのが軍事参謀委員会にたいする国連警察軍の創設に向けての検討でした。この二つは、国連の最優先課題だったのです。原子力委員会の総会決議は一月二四日、国連警察軍創設に向けた安保理の検討指示は二五日です（『戦後入門』ｐ346～349）。

これら、その最も大切な国連の仕事が、その後の冷戦開始によってほどなく頓挫してしまう。また、これに先立つ四五年六月の「早すぎる」国連設立が、米英ソを中心とする大国主導の安保理体制であることによって世の国際主義者たちをいたく失望させていたこと。これらを受けて、一九四六年以降、国連に対抗して構想されるのがアインシュタインらの世界連邦政府の運動です。そして、そこから生まれるのが世界警察軍の構想なのです。

一見、この世界警察軍と国連警察軍は似たように見えます。しかし、同じではない。そこが大事だという思いがあるので、ちょっとこの点について述べてみます。

というのも、世界連邦論については、ヤスパースの強い反対があるのです。世界が一国になったら、恐怖政治が成立する。多様な複数の意見と立場が意見を違えながら共存し、かつ連合することこそが大事だ、複数性というものが「政治」を可能にするのだ、というのがヤスパースの論点です。ハンナ・アーレントは、その論点を評価して、「カール・ヤスパース――世界国家の市民?」というヤスパース論を書いています。[*10]

ですから、ぼくの考える国連警察軍は、唯一、国家の交戦権に基づかない戦争行動を認められる、また交戦権による戦争の抑止をめざす軍事機構である、という点では、世界政府論の世界警察軍と同じですが、そこで発動される国連の指揮権が、複数性の原理のうえに立っている点、世界警察軍と違うのです。軍事参謀委員会は、当初、指揮系統のコードの統一、違う国の軍隊組織が統合されるばあいのさまざまな手続きなど、きわめて実践的な観点からの討議をしたりしています。むろん軍隊ですから、単一の指揮系統、軍隊組織、武器・兵器・機器類等の規格統一も必要になります。しかし、このような作業は、軍事組織がはじめて経験することを多く含むでしょう。軍事機密の問題もそこで再検討されなければならなくなります。つまり、民主、公開、複数性という原理が、ここで軍事組織とインターフェースをすり合わせる。そのうえで、この警察活動=戦争行動は、作戦実施後、安保理、国連総会、ほかの機関による多重の複数性原理に立つ組織によって、チェックされるのです。その複数性の原理が、単一的でしかありえない軍事指揮の原理に対し、一種のシヴィリアン・コントロールとして働くことになるでしょう。それは、軍隊組織の原理に改変をもたらすのではないか。そこまでを考えると、国連警察軍と単に一国の軍隊を世界政府規模にしたすぎない世界警察軍の違いは、明瞭だと思うのです。

ですから、ぼくが『戦後入門』のなかで言っているのは、いまのPKO活動軍のようなものとは、まったく違います。その延長上に考えてもらっては困る。あれでは、有力な一国、ないし安保理のそのときの意向に左右される。悪くすると、アメリカに牛耳られるだけです。日本が国連軍として自衛隊を差しだす第一条件は、国連として軍事参謀委員会方式を再建すること、それへの合意を国連が行なうことです。しかし、その働きかけを行なう担保として、日本は自衛隊を、他国にさきがけて国連待機軍として用意する。そして安保理常任理事国以外に、広く開かれた形の、国連警察軍軍事参謀委員会の立ち上げを提案する。詳しくは、専門の人に尋ね、教えられて先に進むことになりますが、基本の考え方は、このようなものです。

敗戦直後、日本はポツダム宣言を防波堤にアメリカとではなく連合国と、つまり極東委員会と交渉し続けるべきでした。またサンフランシスコ講和時も、アメリカとではなく連合国と、つまり国際連合とつながるべきでした。それが唯一の打開策だったのです。自衛隊の「指揮権密約」は「朝鮮国連軍」＝米国主導の多国籍軍にフィットする形で自衛隊の組織が作られる基礎となったというのが矢部宏治さんの近著（『日本はなぜ、「戦争ができる国」になったか』）の説ですが、それならその自衛隊の連繫先を今度は米軍から国連軍（米軍主導の多国籍軍ならざる）に変えればよいのです。

また、その国連ですが、軍事参謀委員会、安全保障理事会、国連総会が互いをチェックし合う、一種の三権分立に似た権力の分散がそこに生まれることが必要でしょう。そのうえで、軍事作戦だけでなく、そこにいたる非軍事的手段による難民支援活動、平和維持活動、調停活動、平和阻害勢力に対する牽制・制裁の活動などが、考えられてよいと思います。

おっしゃるように、考え方としてはリバイアサンのようなメタ・レベルの権力の創出ですが、互いに利益の対立をもっている国同士が、あくまで交戦権という権利の「一部」を移譲しあって、平和を維持するために、メタ・レベルの権力を作り出すわけです。

このヤスパース、アーレントの国連の複数性をめぐる思弁については、詩人の瀬尾育生さんも、独自の意見をもっているはずですね。瀬尾さんの詩集に『アンユナイテッド・ネイションズ』（思潮社・二〇〇六年）というタイトルをもつものがあります。これは、ほんらい連合されえない国家の集まりとしての「非・国際連合」、「非・連合・国家群」ということで、これがそれぞれの詩編と詩集の関係に重ねられています。

自衛隊員個々人にとっての国連軍参加の意味

——現今のPKO活動と、法体制を変えて国連軍の枠組みのなかで国際活動、PKO活動をするのと、自衛隊員個々人にとっては、どう変わるのでしょうか。結局、場合によっては武器を使うことに変わりはない。それから、一切武器を使ってはいけない、と絶対平和主義の信奉者のような人から批判がでるという点では、同じではないかという気がするのですが。（Su）

加藤　自衛隊員個々人としては、天と地ほどの違いがあるでしょう。一番の違いは、身分保障で、現今のＰＫＯ活動は、これに従事する自衛隊員に、軍人としての身分保障がありません。国連軍の枠組みのなかでの活動になれば、憲法に保証され、また活動時は国連軍兵士ですから、軍人としての身分保障もあり、負傷したばあいの事後手続き、それに伴う退職のばあいの職位的保障、死亡したばあいの遺族への手当なども、法的に保障されることになります。もう一つは活動に際しての規定で、国連軍の直接指揮下に入りますから、銃器の使用などに関しても、明確な規則のもとでの活動がどういうものであるかを経験することになります。これまでの米軍との「指揮権密約」のもとでの自衛隊法に基づく活動から切り離されますから、いわばはじめて開かれた軍隊での権利義務関係へと移行し、旧日本軍的な体質でない軍事組織での活動がどのようなものであるかを肌で知る日本人の軍人が生まれることになるでしょう。こういう新しい軍務経験者が増えることが、旧日本軍の体質を根絶する上にどれだけ大きな役割を果たすかは、はかりしれません。

むろん、武器を使用し、必要ならば戦闘も経験するので、絶対平和主義者から批判が出ますが、そのばあいでも、絶対平和主義者と噛み合う議論ができるでしょう。なぜなら、宗教的な非暴力主義的・無抵抗主義的な絶対平和主義者でない限り、世界連邦政府論者も世界警察軍の必要を説いているわけなので、そこには共通の基盤があるからです。これは、『戦後入門』に取りあげた南原繁の観点につながります。

むろん、宗教的な非暴力的絶対平和主義というのもありえます。その立場は、個人の信条としては可能です。そういうものが存在する権利はあるし、兵役拒否の権利は重大です。しかし、それは憲法に記される一国の指針とはなりえないでしょう。なぜなら、国、ないし国民国家というものは、いろいろな思想信条をもった人間が集まって成立しているものだからです。この宗教的な絶対平和主義を国民にいちように課すとすれば、それは思想信条の自由に抵触するでしょう。憲法にそれを取り入れることはできないと思います。

個人的に絶対平和主義者が、軍事活動に従事する人間を非難するとしても、それは当然ですが、そのばあいは、議論し、意見交換すればよいのです。国連の軍事活動にも理由、根拠があり、めざすものは国際的な究極の平和の確立だとなれば、違う意見のあいだでも、相互理解は可能だし、相互理解に達しないばあいでも、意見をたたかわせることはできる。これは大きなことではないでしょうか。

『沖縄』をどう考えていくか

加藤　最後に、ぼくのほうから佐藤さんに聞きたいのですが、特に最初に用意してもらった質問表のおしまいの問いですね。沖縄に関して。佐藤さん自身、このところ沖縄に通われているということですが、沖縄はどんなふうになっていくか、どうなるのがいいと思っていますか。また、どんな展望をもっていますか。

佐藤　沖縄について知れば知るほど、特に米軍の基地問題などは、矛盾と不合理の坩堝だといいますか、八方ふさがりで、どうすればいいんだろうと思うばかりで、展望というほどのものは持てずにいるのですが。

ひとつは、沖縄のことは沖縄の人たちが決めていくのが一番で、これは当たり前のことだと思うのですが、この当たり前のことが、日本政府の前ではほとんど通用しないわけですね。これを後押ししているのが、本土の私たちの無関心ではないか。少しでも沖縄の人たちの意思がうけ入れられていく状況は、どうやったら生まれるんだろうか。

わたしは本土の人間であり、ときどき足を運ぶだけの部外者です。そんな人間にできることは何かといえば、本土の人たちに少しでも関心を持ってもらうこと。沖縄がどんな状態にあって、何を望んでいるのか、その現状について知ってもらうこと。私がまずは知ること。できることは、そういうことだろう。

今回のこの企画も、本土の人たちに、少しでも関心を持ってもらうためにはどうすればよいだろうか。僭越ではあるのですが、そう考えたことが出発点でした。とは言っても、わたしは沖縄ウォッチャーではないし、日米外交史や歴史、沖縄学の専門家でもない。皆さんの力を借りて雑誌を作ったり、本を作ったりしてきた人間です。そこからなにができるだろうか。

加藤さんの今回のお仕事は「戦後入門」というタイトルをもち、これまでにないスケールで、戦争、敗戦・占領、戦後史の問題を描き出して見せました。そのことで、「平和憲法―安全保障条約―基地・沖縄問題」という三すくみ状態に対し、なんとか現状を前に進めようとしておられる。ひじょうに感銘が深かったし、このような加藤さんのお仕事をお借りすることで、沖縄の現状をアピールする本が作れないか。加藤さんが続けてこられた日本の戦後精神史にある「隠ぺい」や「ねじれの構造」と、そこに「沖縄戦後精神史」をもう一つ加え、両者のコントラストを描き出すことで、双方の、これまでにない戦後精神史の見え方が可能なのではないか。

もうひとつ、『虚像の抑止力』（旬報社）という本がありますす。加藤さんはお読みになっているかもしれませんが、この「せれくしょん」を読んでくださっている方のために、少し説明します。

新外交イニシアティブ＝編となっていて、このグループは、新しい外交のチャンネルを作ろう、というのが基本のコンセプトのようです。理事は、鳥越俊太郎さん、藤原帰一さん、柳澤協二さん、山口二郎さんといった、錚々たる顔触れになっています。この著書の執筆者は、防衛庁ＯＢ、沖縄タイムスや東京新聞の記者、ジョージ・ワシントン大学の教授、弁護士といった肩書をもつひとたちからなっています。

書かれていることは、まさにタイトル通り「日本にとって日米安保条約は絶対に不可欠であり、そのためには沖縄米軍はなくてはならない存在となっている。それは日本の平和と、東アジアの安定にとって何よりもの「抑止力」となっている」という、これまで盛んに流布されてきたメッセージは過大であり、「虚像」である。米国や米軍の内部事情、経済や戦略的な問題ですね、それから現在、沖縄に常駐している海兵隊の配備人員の現状、戦術的・技術的実情がどうなっているか。政府が強弁する辺野古移転は絶対という根拠は、きわめて薄弱なものにすぎない、ということについて、データを精査し、そろえ、すごく説得力のある議論をしているのです。

つまりは、沖縄の基地負担を減らしても、日米安保条約は維持できる。むしろそのほうがアメリカにとっても、日本にとっても、そして沖縄にとっても、はるかに利益になるし、三者にとっての負担も軽減される。そういう主張をしているのです。その主張を広く周知していく方法として、アメリカでのロビー活動の重視、という考えは、非常に新鮮でした。この著書自体が、ひじょうに強いインパクトがありましたし、目からうろこでした。

加藤さんは今回、「戦後日本が置かれる従属構造」をどう脱け出るかについて、大きな思想的枠組みを提示されました。こう考えたらどうか、という基本的な考え方の提案ですね。対米従属から、国連への移譲。あくまでも国際主義で、ということですね。矢部宏治さんは、国連憲章や日米地位協定など、これまで知る機会を閉ざされてきた日本を囲む法的な現実を明るみに出してくれました。そして『虚像の「抑止力」』では、「米軍のプレゼンス＝抑止力」という従来のメッセージが、大きく相対化されました。

　こうした仕事に触れることで、オプションは一つではない。八方ふさがりでもない。そう考えられるようになりました。

　展望というほど立派なものではないですが、このような作業を地道に、粘り強く積み上げていくこと。それに加え、私たち本土の人間が沖縄の現実や歴史についてより広く、ふかく知ることによって、現状を打ち破っていくための、もっともっとさまざまなアイディアが出てくるかもしれない。ぜひそうあってほしいと期待しているのですね。

　沖縄のほうも、必ずしも一枚岩ではありませんし、いろいろと大変なようではあります。でもそれならそれで、わたしたちは（少なくともわたしは）、そうした事実もろとも知っておいたほうがいいのではないか。加藤さんが言われたように、差異を含んでつながっていく。そんなことも考えています。

　でもやはり何とも言えない魅力が、沖縄という場所にも人にもありますね。

加藤　『虚構の「抑止力」』は知りませんでした。今度読んでみたいと思いますが、ぼくは、このアプローチに賛成です。日米安保条約を前提に、たとえそこから判断しても、沖縄の基地負担軽減は可能だ、この形での日米安保条約維持のほうが、アメリカ、日本、沖縄三者にとってはるかに利益になり、負担軽減になる、というのがこの本の主張ですから、日米安保条約をやめ、基地を撤去する以外に抜本的解決はない、それには九条強化案しかないだろう、というぼくの提案とは違います。対立すらしています。だから、賛成はありえないと思われるかもしれませんが、そうではありません。意見の対立は、プロセスに関して生じているだけで、めざすものは同じです。ですから、一緒にやれる。まずは、この本のいうところからはじめることに、ぼくは異論はありません。一緒にやりたいくらいですね。

　自分は自分の最良と信じるオプションを掲げる。だったら、ほかの人が同じことをすることも歓迎すべきです。そのばあい、そのオプションが対立したらどうするか。もし、その目標が共通でありうる部分があるなら、そこでの共闘は可能だ、という以上に、そこでの共闘をめざすべきだというのが、先にあげた、ぼくの「論理的不整合」の共闘の論理です。ともに、現在の沖縄の苦しみをどう軽減し、最終的にゼロにもっていくか、というオプションの提示なのですから、反対する理由はどこにもありません。こういう衆知を糾合して、合同するやり方をめざせたらいい。

ぼくも以前、何度か沖縄に行く時期がありました。いまも沖縄出身の学生とその学生の親御さんぐるみで親しく付き合っています。いろんな意味で、沖縄は、日本にとって世界に向かって開かれた窓なんですね。そこから考えていくことの重要性を身に浸みて感じているんです。

このあいだ、もと学生とやっている読書会で読んだ小説に目取真俊の『虹の鳥』（二〇〇四年初出、二〇〇七年単行本化、影書房）という作品があります。最後に沖縄の人間がアメリカ人の女の子を殺す、そこで終わる小説です。文芸評論家としては、注文がなくはない。殺害のあと、主人公たちは逃亡する。そこで小説が終わる。でもぼくとしては、殺害したあと、主人公が死ぬのではなく、生き続ける小説が読みたい。そう思いました。しかし、この小説の意味は非常に大きい。重要な作品であることは変わりません。

ところで、この小説は、朝日新聞出版の『トリッパー』に掲載されたのに、そこでは単行本にならず、結局、影書房という小さな出版社から出ています。そして、読んでみると、その理由が想像ができる。つまり、沖縄の人間がアメリカ人の女の子を連れ去って、最後に惨殺するという話は、ちょうど、本土の小説で、天皇を暗殺しようとする小説と同じくらい、センシティブ（微妙）な話と受けとられる。ほとんどタブーというほどの主題になっている。それで朝日新聞出版は刊行をためらったのでしょう。しかし、そういう状況があるからこそ、一度、そういう小説を沖縄の人間が書かなければならないと考え、目取真俊は、これを書いているわけです。

目取真さんが最初に、沖縄の人間がアメリカ人（米兵の幼児）を殺す話を書いたのは「希望」という短編です。これは一九九九年に朝日新聞に掲載された掌編というか、短編ですね。発表当時も評判になったらしいけれども、勉強会では、アメリカの大学から研究留学できている博士課程の院生のS・Mくんが、これを読んでいて、一緒に『虹の鳥』を読んだあと、この小説を翻訳できないかという相談をかねて、沖縄まで目取真さんに会いに行きました。ぼくは、これらを読んで、ああ、いま沖縄の人間がアメリカ人を殺す小説がもつインパクトは、かつて桐山襲などが『パルチザン伝説』で行なったような、天皇へのテロを描く小説とほぼ同じような位置にあるんだ、目取真という人は、芥川賞を受賞したあと、こういう方向へと踏み込んだんだ、と思いました。

この目取真さんが少し前に辺野古の海でカヌーで抗議活動をしていて拘束されたとき、その朝日新聞が、「芥川賞作家が逮捕」と書きました。これはダメですね。すぐれた作家で、朝日新聞社でも取材してきた人なんだから、目取真俊さんが逮捕、と書かなくてはいけない。これほど、日本の大新聞、メディアの沖縄での報道は、腰が引けている。そういうところから変わっていかないといけない。まだまだ現状打開は難しい。前途多難ですが、いまの沖縄の問題に携わり、併走するというのは、じつにやりがいのある仕事だろうと思います。

――きょうは長時間、本当にありがとうございました。

（＊1）加藤氏は、『全発言1　空無化するラディカリズム』（海鳥社・一九九六年）の「あとがき」に次のように書いている。

「（柄谷氏との）この対談記録は雑誌に載った後、柄谷氏の対談集にも収録されているが、それとの間に、異同がある。ここには雑誌掲載時そのまま採録している」。言及されている柄谷氏の対談集とは『ダイアローグⅢ　1984―1986』（第三文明社）。そこに件の対談が「批評における盲目と明視」（ｐ61～105）として収録されている（第三文明社・一九八七。初出は『文藝』一九八五年五月号）。

ちなみに『ダイアローグ』において、柄谷氏の『アメリカの影』にふれた発言は次のようである。

「われわれが「アメリカの影」にいるということが論じられているとしても、どうもそれは江藤さんが言うのとはちがう。江藤さんは、日本の言説空間はアメリカの戦後政策によって閉じられており、それはアメリカから見ると素通しだというわけです。しかし、あなたはそう言っていない。日本人におとらず、アメリカ人もまた閉じられている。そういう不透明さをもたらしている「影」が何であるのか。それを問うているのだと思います。／のみならず、ぼくはこの「影」あるいは不透明な部分が、状況論・戦後日本論の問題というよりも、あなた固有の、あなたが一人で抱えている問題なのではないか、と思いました。（略）」（ｐ67）

柄谷氏の削除は一ページ以上にわたっており、文脈を損なわないように引用復元することは難しいが、『アメリカの影』にふれた発言は、こうである。

「（江藤淳と吉本隆明の六〇年代の批評は「」や〈〉をつけ、「ミクロとマクロのコレスポンデンス（対応関係）」

を成立させていたが――佐藤註）、とにかく加藤さんの評論は、あれこれ読むと必ずしもミクロにマクロの意味を与えていくとか、マクロで裁いてしまうとかいうことをやっているわけじゃないんですよね。ミクロはミクロでやっていると思うんですよ。『アメリカの影』は、いわばマクロなんだけど、むしろそのレベルそのものに関心があって、それ自身を拡大して行っているという感じがしました。マクロとミクロの価値転倒とか、あるいは知的なものと風俗的なものとの価値転倒とか、あるいはそこでのたわむれといったものではなくて、もともとそういう世界が成立しないようなぼやけたところで書かれているのではないか。それを面白く思ったのです。」（『加藤典洋全発言1』p93～94より）

（＊2）第九章　改正

第九六条①　この憲法の改正は、各議院の総議員の三分の二以上の賛成で、国会が、これを発議し、国民に提案してその承認を経なければならない。この承認には、特別の国民投票又は国会の定める選挙の際行われる投票において、その過半数の賛成を必要とする。

②　憲法改正について前項の承認を経たときには、天皇は、国民の名で、この憲法と一体を成すものとして、直ちにこれを公布する。

（＊3）加藤氏はこの「日本会議」について、『戦後入門』（424～437頁）のほかにも、「インターナショナル・ニューヨークタイムズ」の二〇一三年九月一三日のコラムで取りあげ、論じている。（“Tea Party Politics in Japan”, Translated by Michael Emmerich, International New York Times, September 13, 2014、日本語版は「静かなティー・パーティ《グリーン・ティー・パーティ》運動、日本会議」として『災後と戦後』に収録予定）。

また、「日本会議」については、政治思想学者の中島岳志氏が「東京新聞」二〇一六年四月二六日夕刊「論壇時評」に「「日本会議」の実態に迫る　信仰を超え改憲一丸」とタイトルされた文章を掲載している。中島氏は、ウェブ上で連載されている菅野完氏の「シリーズ草の根保守の蠢動」が、詳細に日本会議の活動を論じているとして、紙面のほぼ五分の四を用いて論じている。日本会議についての一般的紹介ではなく、こちらを引用させていただく。

「（菅野は）日本会議の原点を『生長の家』メンバーを中核とした一九六〇年代の学生運動に見出し、その活動とイデオロギーを明らかにしている」「菅野は、日本会議のマネジメント能力に注目し、その活動のエッセンスを抽出する。日本会議の特徴は『個別目標に相応した別働団体を、多数擁している点にある』という。『美しい日本の憲法をつくる国民の会』もその一つだ。各団体が署名活動や各種イベント、勉強会などを地道に展開し、大きな動員力を身につけている」と書き、また「一方、日本会議の特色は、役員に多様な宗教団体関係者が名を連ねていることである」とする。さらに安倍政権における影響力に触れて、「このような運動の担い手が、安倍政権における『首相補佐官』や『秘書』、『有識者会議』のメンバーに就任し、影響力を行使している」と書く。

なお菅野氏は一九七四年生まれの、主に政治分野をテーマとする著述家。『日本会議の研究』は扶桑社新書として本年四月末に刊行され、発売と同時に大きな話題となり、しばらく品切れ状態が続くほどだった。ちなみに菅野氏による「むすびにかえて」に次のような一節がある。

「彼らが奉じる改憲プランは、「緊急事態条項」しかり「家族保護条項」しかり、おおよそ民主的とも近代的とも呼べる代物ではない。むしろ本音には「明治憲法復元」を隠した、古色蒼然たるものだ。しかし彼らの手法は、間違いなく民主的だ。／私には、日本の現状は、民主主義にしっぺ返しを食らわされているように見える。／（略）／このままいけば、「民主的な市民運動」は日本の民主主義を殺すだろう。」

（＊4）加藤典洋「対米自立は実現できる　国連中心の平和主義を」（共同通信配信、二〇一五年九月、『災後と戦後』に収録予定）。そこで加藤氏は、安倍政権の安保法制を受け、こう述べている。

「私はこのところ、自分なりの戦後論をまとめたところだが、そこからいうと、今回の安保法制がごり押しの末に成立したことは、戦後七〇年の日本にとって「終わりの劇」の第二幕の開始を意味している。／第一幕は、二〇〇九年に実現した日本の戦後初の本格的な政権交代と、そこで成立した鳩山由紀夫民主党政権の対米自立路線が、国内外の従米的な反対勢力によって見るも無残にたたきつぶされたことである。今回の安倍政権の徹底した従米路線と国民への冒瀆（ぼうとく）は、その第二幕である。／先日の参院特別委員会で山本太郎議員が、在日米軍の特権的な法的地位を定める日米地位協定を「売国条約」と呼び、与党議員をうろたえさせた。彼は発言撤回を強いられたが、この先にくる争点は、もはや対米従属からの脱却、これしかない。来年の参院選の争点は、沖縄を犠牲に対米従属を続けるか、沖縄を先頭に対米自立をめざすか、となる。いや、そうすべきだろう。／いまや対米自立をはからなければ、こうなるほかない、というのが、今回の強行採決の私たちへの教訓だからである」。

（＊5）「伊達判決」一九五七年七月、砂川基地反対闘争の際の、基地拡張に反対するデモ隊の一部が米軍基地に立ち入ったとして、デモ隊のうち七名が逮捕・起訴された砂川事件をめぐる判決。一審、伊達秋雄裁判長は、「日本政府がアメリカ軍の駐留を許容したのは、指揮権の有無、出動義務有無に関わらず、日本国憲法第九条二項前段によって禁止される戦力の保持にあたり、違憲である。したがって、刑事特別法の罰則は日本国憲法第三一条に違反する不合理なものである」という判断から、全員を無罪とした。これが「伊達判決」と呼ばれる。検察は、高裁を跳び越し、最高裁に跳躍上告した。

最高裁、田中耕太郎裁判長は、「憲法九条は日本が主権国として持つ固有の自衛権を否定しておらず、同条が禁止する戦力とは日本国が指揮・管理できる戦力のことであるから、外国の軍隊は戦力にあたらない。したがって、アメリカ軍の駐留は憲法及び前文の趣旨に反しない。他方で、日米安全保障条約のように高度な政治性をもつ条約については、一見してきわめて明白に違憲無効と認められないかぎり、その内容について意見かどうかの判断を下すことはできない」（統治行為論採用）として、原判決を破棄し、地裁に差し戻した。再度上告するが、最高裁がこれを棄却し、一九六三年一二月七日、有罪判決が確定した（以上、ウィキペディアを参照している）。

二〇〇八年以降に実施されているアメリカ側の資料公開により、この裁判にたいしては、事前に駐日大使による外務大臣への外交圧力、田中耕太郎裁判長との密談などの事実が明らかになっている。

『日本はなぜ、「基地」と「原発」を止められないのか』（集英社インターナショナル）の著者、矢部宏治氏は、「その判決の影響で、在日米軍の治外法権状態が確定してしまった」（p41）と書いているが、それほど重要な判決だった。のみならず、日本本土での基地反対闘争、六〇年の反安保闘争が拡大・激化していく大きな契機となったのが砂川闘争であり、これを境に、本土での軋轢を避けるために、沖縄に米軍の基地と海兵隊が集中していく。

（＊6）矢部氏の『日本はなぜ「基地」と「原発」を止められないのか』では、「日米安保条約と日米地位協定が日本国憲法の上位に君臨し、日本人の主権を侵害している状況」が戦後七〇年続いていること、「在日米軍基地と憲法九条二項」、そして国連憲章「敵国条項」の問題が、密接にリンクしていることが語られたあと、「このうちどれかひとつでも問題を解決しようと思ったら、必ず三つをセットで考え、同時に解決する必要があるということ」が、条文や資料をひきつつ、実証性をもって「最後に強調」されている。（p272）

　このうち、「敵国条項」については、ドイツは長い間の外交努力の結果、すでに実質的にその適用を解除され、独立を果たしているといいうるが、日本は唯一、いまなおその中に留め置かれているとされる。

「（日本はアメリカに武力を預け、経済発展したことで――佐藤）過去に侵略をおこなった韓国や中国などの周辺諸国に対しては、贖罪意識よりも、経済先進国としての優越感を前面に押し出すようになり、戦後七〇年のあいだ、本当の意味での信頼関係を築くことが、ついにできませんでした。／**その結果、日本は世界でただ一国だけ、国連における「敵国」という国際法上最下層の地位にとどまっているのです。**」（p242・強調原文）。在日米軍の存在がその証であり、「いまだに軍事占領がつづく沖縄と、横田、厚木、座間、横須賀など、首都圏を完全に制圧する形で存在する米軍基地、そして巨大な横田空域《ラプコン》」がその「証し」としてあげられている。

　巨大な横田空域。羽田に発着する航空便がすべて、房総半島上空を大きく迂回していることは周知だろう。米軍機以外は飛ぶことのできない巨大空域が、わたしたちの頭上に存在している。沖縄以外の地にあっても、米軍による事故が発生すれば、どこでもすぐに立ち入り禁止区域が作られ、日本側の一切の調査が不可能になる。日米地位協定が日本国憲法よりも上位にある、とはこういうことである。

　憲法改定をテコに、このような法的な占領状態から脱却したのがフィリピンである。これを受け、矢部氏は「日本と同じく戦争放棄条項をもつ、フィリピンやイタリアに学んで」、（九条）二項を変更することによる現状打開を提案する。

「つまり、国連中心主義の立場をあきらかにすることです。フィリピンはこれとほぼ同じ条文のもとで米軍を撤退させ、しかもアメリカとの安全保障条約を継続しています。したがうべきなのは国際法の原則ですから、アメリカの違法な戦争（具体的指摘の図解―略）に付き合う必要もありません。」（p273）

これが「フィリピンモデル」と呼ばれるものであり、加藤氏は『戦後入門で』で敬意を込めてこれを「矢部方式」として、紹介している。

加藤氏も独自の九条改定案を出しているが、矢部氏案との相違を次のように書いている。

「矢部と私を分かつのは、「国連軍の成立」を矢部が「見果てぬ夢」で終わったと見るところ、私が、日本の対米独立を理念的に戦後の国際秩序につなぎとめるカギと見て、これはなお「未完のプロジェクト」で、追求可能なのだ、再度目標に掲げよう、と考える点です。／そのため、九条二項は、矢部にとっていまや「米軍基地」と相補的な存在として捨ててかまわないものとなるのに対し、私にとってはいわば同盟先を「国連」に代えるための切り札として、なくてはならないものとなります。それは、この姿勢転換によって、「米軍基地撤廃」とこそ、相補的な規定に変わるのです」（p549）

加藤氏がどのような改定案を提出しているかは、本文五五一～五五二ページをご覧いただきたい。

（＊7）Norihiro Kato, "The Battle of the Okinawans", Translated by Michael Emmerich, *International New York Times*, May 15, 2014. その日本語版である「沖縄の抵抗は続く」は、近刊『災後と戦後』に収録予定。

（＊8）チャルマーズ・ジョンソンはアメリカの政治学者（一九三一～二〇一〇）。『通産省と日本の奇跡』などの著作がある。当初、対日強硬派として知られたが、冷戦終結後、米国の海外基地戦略の批判に転じ、最晩年には、沖縄からの米軍基地撤去を主張した。二〇一〇年五月六日、死の数カ月前に「ロサンゼルス・タイムズ」に寄稿したコラム「新たな沖縄での闘い（"Another battle of Okinawa"）」での主張は、こうである。――自分の知る限り、世界史的に考えて、沖縄ほど悲惨な場所は他にない。戦争で市民の四分の一が死に、その後はずっと基地を押しつけられている。アメリカでいえば、それはプエルトリコが置かれた状況と似ている。私（チャルマーズ・ジョンソン）が暮らすサンディエゴには全米最大の基地がある。普天間も、そこに持ってくればいい。沖縄のすべての基地をサンディエゴに持ってきても、まったく問題はない。そのとき、アメリカ政府は沖縄の人たちに謝罪をし、なおかつ礼を述べるべきである。

（＊9）プエルトルコは正式名称を「プエルトリコ米国自治連邦区」といい、カリブ海の北東に位置する。自治連邦区はコモンウェルス（commonwealth）の訳語としてあてられている。スペイン語の自国憲法による英訳では、Associated Free State of Puerto Rico であるが、アメリカ政府はこれを認めず、Commonwealth of Puerto Rico を用いている。プエルトリコでは、アメリカの一州への昇格を求めるグループ、現状の自治連邦区を希望するグループ、完全独立派と、大きく分かれている。（以上はウィキペディアを参照している）。コモンウェルスの語自体は多義的で、共和国、米準州、緩やかな国家連合体等々の訳語があてられる。基本的には公益を目的とした政治的コミュニティの意。

（＊10）カール・ヤスパースは精神病理学者として出発、ほどなく哲学の領域に移り、独自の実存哲学を展開した（一八八三〜一九六九）。ヤスパースの世界国家批判については、ハンナ・アーレントが「カール・ヤスパース——世界国家の市民？」のなかで、こう述べている。ヤスパースの『歴史の起原と目標』によれば、世界市民という概念は、要注意である。彼はいう。誰も自国の市民であるようには世界の市民にはなれない。もし世界政府が「あらゆる暴力手段を独占的に保持し、他の主権国家によって抑制されることも制御されることもない」、地球を統治する単一の国家となるならば、これは「まさに専制の恐るべき悪夢であるだけでなく」、「あらゆる政治生活の終焉となろう」。というのも、「政治の概念は、複数性、多数性、相互限定性に基礎を置いている」からである。単一の国家に、政治はない。また「市民とは、定義づければ、諸国家間の一国家に属する諸市民間の一市民」であり「市民の権利と義務は、同邦市民の権利と義務によってばかりでなく、領土上の境界によっても規定され、限定されなければならない」からである。（『改訂版新装　暗い時代の人々』阿部斉訳、河出書房新社、一九九五年）

また、平凡社ライブラリー版の『戦争の罪を問う』（橋本文夫訳）には、加藤氏が「解説——戦後的思考の原型」を寄せている。本インタビューのテーマに沿うところを拾い、引用する。

「われわれには政治的自由がない（とヤスパースはいう―佐藤）。しかしそれは、われわれに占領軍の意にかなうような研究しかできないということではない。／『われわれにとっては権力の道は望むべくもなし、謀略の道は品位を傷つけ、実効をともなわない。公明正大こそ、無力のうちにもありうべきわれわれの品位の宿るところ、しかもわれわれ自身の好機の宿るところである』／かつて江藤淳は占領軍による日本の言論統制を「不当」と考え、その結果、日本の言説空間は骨抜きにされたという占領政策批判を行った。ここにあるのはそれとちょうど逆の認識であり姿勢である。ヤスパースによれば、被占領国民である自分たちに言論の自由がないのは当然である。本書の分類する罪の概念で言えばこれは敗戦国の「政治上の罪」に該当している。この罪を裁くのは「戦勝者の権力と意志」であり、いやしくも生を賭した国家間の実力行使である戦争で負け、しかも生き残ることを選んだものは、それがどのようなものであれ、「戦勝国の権力と意志」が定めるこの罪を甘受しなければならないのである。／（略）／わたしは、ここに、日本の戦後がもつべきでもてなかった戦後的思考の原型がある、という感想を抱く。それは、敗戦の起点にある自分たちのマイナス要因から目をそらすことなく、そこにある恥辱、汚れを直視し、逆にそれを足場にすることでこれまでにない思考を築こうとする自覚的な選択を意味している。しかし、このような選択こそ、敗戦がわたし達に要請したことだったのではなかっただろうか。／こう考えてみればわかるが、本書を書くヤスパースこそ、わたし達の戦後がもってよかった戦後知識人の祖型なのである」（ｐ225～226）

（2016／4／6　東京・池袋「ルノアール」にて収録　聞き手・構成・註作成　佐藤幹夫（加藤氏による補筆がなされている）聞き手（一部　杉山尚次）

＊加藤氏のプロフィールは192頁参照

〔特別掲載〕

『敗戦後論』をめぐって

〔出席者〕加藤典洋　竹田青嗣　小浜逸郎　瀬尾育生　大澤真幸　橋爪大三郎　菅野仁　佐藤幹夫

（発言部分の〔後註〕は発言者によるもので、*の註については、編集部＝佐藤が必要に応じて適宜記入した。引用は特に断りのない限り『敗戦後論』による。）

戦後の「ねじれ」をどう受け取るか——いくつかの疑問

竹田青嗣　今日は加藤典洋さんの『敗戦後論』について話し合ってみたいと思います。『敗戦後論』について、基本的にぼくは大変高く評価していますが、今日はレポーター兼司会役ということで一応、いくつか気になる点を設問のかたちであえてあげてみました。

まずはじめの設問は、ここでの主張を大雑把に要約すると、戦後のねじれを認識して日本がもっている社会感覚のゆがみを自覚せよ、[*1]ということになってしまう面があるけれど、加藤さんの主張をそういうかたちで聞くと、その声は届きにくさがあるのではないかということです。橋爪大三郎と小林よしのりとぼくとで対談したときにも（『正義・戦争・国家論』径書房・一九九七年）同じ議論が出たのですが、ぼくねじれを自覚せよと言われると、ぼくなどは、そんなに大げさに考えなくてもいいんじゃないか、と思うところがあるわけです。つまり、それはじつは現代の若い世代が加藤さんの主張をどのような声として聞くかということだけれど、川村湊が「敗戦後論」を批判しつつ「ノン・モラル」といったのも、いまの若い人にそんなことをいったって違うんじゃないかということだと思うのです。ぼくは川村湊が「ノン・モラル」ということの根拠をしっかりつかんでいるとは思えなかったのですが、おそらく加藤典洋も、その問題をうまく通さないと1の「敗戦後論」で提示した問題は通らないことを自覚していて、それが2の「戦後後論」で、政治と文学の問題として展開されたのだと思います。ただ、敗戦の時にこうしたねじれが生じたという問題は、ぼくなどは政治と文学のなかでこの問題を受け取ってきたわけですが、今の学生たち、若い人たちがそれをどういう感度をもって受け取るのか。それがとても気になるところです。

二番目はねじれの結果、日本人が「人格分裂」を起こしたという点です。加藤さんも書いていますが、元は岸田秀さんの言い方を使ったものですね[*2]。ただぼくとしては、「人格分裂」だから統一しなくてはいけないというイメージになってしまって、この言い方はなんだかすっきりしない。それよりも、なぜ分裂する二つの意見が両極のものとして、互いに届き合うことなくこれまで続いてきたのか。ぼくはそういうかたちで考えてきたのですが、この本を読んだとき「人格分裂」という言い方はちょっとあいまいな概念ではないか、という印象として残ったということです。ただ加藤さんはこのことについてあとがきでちゃんと触れておられます[*3]。

三番目は、ここは文学論としてとてもおもしろい部分だと思うのですが、「戦後後論」で太宰治の「トカトントン」に触れたところです[*4]。作品の最後に置かれている、登場人物の作家の若者を批判したことばは、加藤さんが言うような「ノン・モラル」の声だろうかという疑問があるのです。「トカトントン」はぼくも好きな小説ですが、ぼくの受け取りでは加藤さんはそこを批判しているのだけれど、むしろ語り手が最後に手紙の主をあの言葉でちょっと相対化する。そうしないと小説として終わらないと思うんです。ただ加藤典洋がどう考えたかということはよく伝わるし、文芸批評として説得力があるのですが、読み方としてはぼくとちょっと違うという点。

それから四番目は「語り口」の理由についてです。ハンナ・ア！レントの文章のフリッパントな感じはぼくにはつかみにくいところがあるのですが、ぼくのなかにその理由について自分で決着のつかないところがあるのですね。加藤さんは「共同性の陰画」という言い方をしているのですが、これはユダヤ人問題という厳粛なもの、正しいものに対置して、違うものを置いているということでしょうか。いろいろ考えてみたのですが、ここはすっきりしないものが残っています。ただ在日のことをかんがみて言うと、自分自身の状態と近いところを論じられている気がしました。

以上が竹田の設問ですが、別にこれにこだわらず自由に意見を出してください。まず加藤さんから少しコメントをお願いしましょうか。

（＊１）［《負けいくさが、それ以前とは違う時間を負けた国にもたらすのは、それをきっかけにその国が、いわばぎくしゃくした、ねじれた生き方を強いられるからである。》ｐ９
《わたしはここでは、このうち、戦後という時間をいまなお生きながらえさせている前者、「ねじれ」の側面について考える。戦後とは何か。それはすべてのものがあべこべになった、「さかさまの世界」である。そして、それが誰の眼にも「さかさま」には見えなくなった頃から、わたし達はそれを「戦後」と呼びはじめている。》ｐ10］

（＊２）［岸田秀氏の理解―「日本社会は、近代の開国をペリーの砲艦外交で強いられ、自分の軍事的無力さと近代西洋文明との落差を思い知らされ、それ以来、外的自己と内的自己とに人格を分裂させて生きてきた。」
《以後、この時代（佐藤註：戦後社会）を外観において動かしてきた枠組を、ふつうわたし達は、保守と革新、改憲と護憲、現実主義と理想主義、というような概念を用いて理解している。…（略）…／わたしの考えをいえば、戦後というこの時代の本質は、そこで日本という社会がいわば人格的に二つに分裂していることにある。…（略）…／簡単にいうなら、日本の社会で改憲派と護憲派、保守と革新という対立をささえているのは、いわばジキル氏とハイド氏といったそれぞれ分裂した人格の片われの表現態にほかならないのである。》ｐ46～47］

（＊３）［《「敗戦後論」で、わたしは先に触れた戦後日本の他国に謝罪できない構造を、岸田秀の指摘を受け、「日本社会の人格分裂」と書いた。しかし、もちろん、日本社会は一個の人間ではないので、集団的な自我ともいうべきものを想定するのでないと、これは日本社会の分裂した構造の説明にはならない。では、この人格分裂の克服とは何か、この点が、「敗戦後論」では十分に明確ではなかった。／ところで、これをわたしは、「語り口の問題」では一歩進め、共同的なものとしてある死者との関係を公共的なものに変えること、それが人格分裂の克服の意味だと述べている。》ｐ319「あとがき」］

（＊４）〔太宰の原文―若者の手紙の最後「教えて下さい。この音は、なんでしょう。そうして、この音からのがれるには、どうしたらいいのでしょう。私はいま、実際、この音のために身動きが出来なくなっています。どうか、ご返事を下さい。」
　作家の返事―拝復。気取った苦悩ですね。僕は、あまり同情してはいないんですよ。十指の指差すところ、十目のみるところの、いかなる弁明も成立しない醜態を、君はまだ避けているようですね。真の思想は、叡知よりも勇気を必要とするものです。マタイ十章、二八、「身を殺して霊魂をころし得ぬ者どもを懼れるな、身と霊魂とをゲヘナにて滅し得る者をおそれよ。」（略）このイエスの言に、霹靂を感ずる事が出来たら、君の幻聴は止む筈です。不尽。」

加藤氏の読解─《ありていにいえば、ここで太宰はこの若者の問いに答えていない。若者は、いわばすぐにストンと電源のブレーカーが下りるようになった自分の身体をどう考えればよいのか。この苦しみは何なのか、と尋ねているのだが、太宰はこれに、へなちょこの若者の悩みに苦労を積んだ大人が、しゃんとせい、と一喝で答えるように、この身体の倫理の問いに、より強い倫理で答えているのである。（略）しかし、それはこれまで太宰が、けっしてこのようなやり方だけはしてこなかった、そういう処方なのである。》p184〜185）」

「戦後」後の問題を強い論理にするために

加藤典洋　せっかくの設問なので、まずこれに沿って答えてみます。第一の点ですが、たしかにいまの若い人間にとっては戦争の問題が何か、というのはそんなに第一義の問題じゃないんです。そしてそのことが結構大事な点だと思っています。その意味で、竹田さんの言い方は穏やかだけれど、これは、むしろ「ねじれ」といった後ろ向きの問題はカットしてしまったほうが問題がクリアに提示できるんじゃないか、という注文というか、批判だと思います。川村湊のノン・モラルも、そんなところへの直観でしょう。でも、ぼくは、何か検算好きなんです。もう答えは出ているんだけど、念のためはっきりさせておきたい。竹田さんのいうその「大げさ」なところを踏まえておきたい。でないと、何か問題が完全に終らないような気がしてしまう。心配性なんでしょう。必要悪としてこういう「大げさな」ところからはじめざるを得なかった。そういうことがわかっている限りで、竹田さんの疑問には答えられるだろうと思っています。

　第二の点ですが、「人格分裂」という言い方が統一して健全な身体になればいい、というような逆手の取られ方をされる言い方になっているのは事実で、多分にそういう批判が多い。でも、そこでいう人格統一が、では、ぼくの議論で何になっているか、そこを問う人はいないわけです。それが新しい国民主体の立ち上げが必要だ、などという形になっているなら、この言い方、問題のとらえ方が問題だ、ということになっていいのですが、ぼくはそういうことは言っていない。ここで想定されている統一された人格というのは、ぼくの議論の中では、日本の戦後の課題がもっているねじれというか二重性に答える二重の姿勢をもった主体というほどの意味で、これについては別のところで話しています（「戦後五十年をめぐって」『加藤典洋の発言3　理解することへの抵抗』海鳥社、一九九八年）。一枚岩のあり方を主体と呼ぶなら、これは反主体ということになるが、ぼくはそういう言い方はしたくない。二重性をもつことが新しい主体のあり方だと考えたい。人格分裂という言い方がよかったかどうか、ちょっとまずかったかなと思うところもあるけれども（笑）、これが統一を予想させるというよくある言い方はいわば揚げ足とりなわけで、そうなると、こういう受けとり方には、何か逆らいたくなる。たしかに、岸田さんの考えに「敗戦後論」で依拠した分、次で厳密な言い方を必要とさせられたところはあるけれど、ぼくは非凡な着想のひらめきに基本的に敬意を抱く質なもんですから。岸田さんの考えとは違うが、岸田さんへの敬意も大きい。なお最近書いた文章では、この分裂の語っているものは、日本の謝罪の論理が弱いということであって、分裂の回復が意味しているのは強い謝罪の論理を作りあげることだ、と言っています。（「戦後〈謝罪〉の論理」毎日新聞一九九七年一一月五日）

三番目は、太宰の問題ですね。「トカトントン」の受けとり方の違いです。これは太宰の愛読者からはいろいろと反論をもらっています。中でも竹田青嗣の観点は最も強力なものの一つです（笑）。

これについては後で話しましょう。

最後は、ハンナ・ア！レントの「語り口の問題」ですが、これをぼくはたしかに日本における在日朝鮮人の経験を念頭に書いたところがある。これが特殊な経験だ、と思っている間はダメですよ、という気持があった。ヨーロッパの戦後思想にとってユダヤ人の経験は底板になっているわけですから、日本でも在日の経験が底板になるくらいでいいということです。そうはなっていないわけですが。フランスでアーレントを読んで、この『イエルサレムのアイヒマン』についてぼくのように読む人間がヨーロッパ、アメリカに誰一人いないことに驚いて、日本の戦後の経験からはこう読める、というつもりで書いてみた。竹田さんの疑問はこれだけではぼくにも十分にはわからないけれども、必要なら、もう少し後で聞いてみたいところです。

新たな「われわれ」について

加藤　あと、コメントも言っておきましょう。全体として、ぼくに意外だったのは、今度の論がナショナルなものの復権と読まれたこと、しかも次から次へといま三〇代から四〇代にかけての学者が左翼的な観点からの批判を繰り出してくれたことです。まあ、よく考えれば戦後派の思想を批判したのだからそういう反発がくるのは当然かもしれないんですが、若い人からの批判には一九六〇年代から七〇年代にかけての経験がごそっと抜けていて、五〇年代が再来してきたと思わざるをえなかった。従来型の一枚岩の「われわれ」ではない、別種の「われわれ」の立ち上げ、――まあ、この言葉を最初に口にしたのは西谷修さんなんですが、――これがうまく伝わらなかった。「われわれ日本人」というつもりでは書いていない。それをいうなら、文化的な把握ではない、社会的な把握としての「われわれ戦後日本人」という新しいあり方を、提示したんですがね。

ドイツの場合はこれははっきりしています。ドイツは分断された。戦後西ドイツの人間は「われわれドイツ人」とはもう言えなかった。それで「われわれ西ドイツ人」というアイデンティティを作った。これが十二年前のドイツの歴史家論争で戦後派の立場となり、ノルテらの新歴史主義者たちに批判された点です。新歴史主義者はいってみればハーバマスなど戦後派の議論に対し、そんなねじれた公共的なアイデンティティじゃダメだ、やはり文化的な一本筋の通ったアイデンティティじゃなきゃダメだ、といったのであって、ぼくから見ると、ドイツ戦後派の主張というのはほぼぼくが「敗戦後論」で展開した線です。新歴史主義者はほぼ自由主義史観の論者に重なる。では、日本の戦後派はどこにいるんだ、ということになるんですが、申し訳ないけれども東ドイツの官製マルクス主義者達との対応をここでは考えざるをえないわけです。「われわれ西ドイツ人」というのは社会的な範疇把握ですね。民族的でも文化的でもない。「われわれ戦後日本人」はちょうどこの「われわれ西ドイツ人」と同じです。でも、こういうことを言うのには、もう少し説明が必要だったかもしれません。

もう一つ、共同性と公共性ということについて言っておきます。この二つを単純化してカテゴライズするのであれば、公共性の単位が「個人」で、共同性の単位が「私」ということになります。図にしますと、

公共性	共同性
個人	私

ということになり、これまで共同性は「個人」から批判されている。でも共同性というのは、カテゴリーとして「私」と一対になって存在しているので、本当は共同性を解体するのは「私」しかない、というのがぼくの言っていることです。ぼくは「語り口の問題」には

《個人という単位に立つ共同体への否認と、それとは違うものとしての、共同性の単位である私＝私性に立つ共同性の否認》

と書いています*。語り口の問題というのは、個人と私の双方を通過することによってしか共同性は壊れないという感度をアーレントはもっていて、個人による共同体の否認に、私による共同体の否認という見えない闘いがそこではもう一つ並行して行なわれていたという指摘ですね。

今回の『敗戦後論』にも似たところがある。「われわれ」と書けば反発はくるだろうと思ったのですが、その反発を「われわれ」ということばで引き受けて書かないと、この問題は解けない。ぼくが言っていることは決して反動的なことではなく、もう少し革新的なことですよというエクスキューズはしたくない。そう受け取るアナタ方にこそ反省が必要なんだ、という構えなんです。こういう気持ちはでも、なかなかわかってもらえません。アイデンティティの問題というのは、もう少ししっかり考えないといけないと思っているんです。一九八二年に『中央公論』で磯田光一と対談したとき、ぼくは「アイデンティティなんてなくっていいんじゃないですか」と発言したことがあるんだけれど、よく考えるとこれはアイデンティティをもつ強者の弁でした。アイデンティティがない病気は精神分裂病です。アイデンティティがなければ人間は生きていけないわけですし、そう考えると、在日日本人などという言い方は竹田青嗣がいうように幸せで、おめでたいなって思うんですね（笑）。アイデンティティとナショナル・アイデンティティは違うんだけれども、そこに線を引いて、個人のアイデンティティはいいけれどナショナル・アイデンティティはダメだという言い方もあります。こういう言い方をしたのは鶴見俊輔で、一九八五年頃ですね。でも、これも社会とのつながりが溶けてきているいまでは少し甘い。それでは

すべては解けないだろうと思っています。舞台がちょうど一巡りして、今まではすべてがナショナルなものに解消されてきたから、これに反対していればよかったのですが、すべてが今度はナショナルなものとは関係がない、そういうことになってしまった。いまの若い人達の問題は、ぼく達の若い頃とは逆になっていると思っています。

＊〔元ナチの戦犯アドルフ・アイヒマンが一九六一年にイエルサレムにて捕捉され、裁判にかけられ、一審死刑判決の後、再審を経て絞首刑となる。アーレントは裁判を『ニューヨーカー』の特派員として傍聴し、そのルポルタージュ『イエルサレムのアイヒマン』を書く。著作が中傷と非難に見舞われるなか、アーレントにとって年長の畏敬する知人ゲルショム・ショーレムとの間で往復書簡が交わされるが、ショーレムの批判は、主にアーレントのユダヤ人の問題を扱うのにふさわしくないと彼の考える「フリッパント（軽薄、小生意気）」な語り口をめぐっている。この引用は、それに対するアーレントの反論がどんなふうになされたかについての意義に触れたもの。アーレント自身もまた出自はユダヤ系のドイツ人である。

《つまり、ここでショーレムとアーレントを隔てているのは、同胞ということをめぐる肯定と否定、積極的意味づけと消極的意味づけといった対立より、もう少し重層的なものである。ここには濃厚な共同性の思考と、それと同じものを土壌にするのでなければその動機のもちようのない、強固に反共同的な、個人的思考の対立がある。…（略）…。「同胞であっても裁くことが重要」といういわば公共的な観点と「同胞の悲劇への同情」という共同的な観点が静的に対立しているのではない。そうではなく、強固な共同性がこれを肯わないものを、強固な個人性（公共性）へと追いやらずにはいない「歪み」がここに示されている。》p244〕

「私」と「個人」について

小浜逸郎　先ほど図を書いて説明されていたことですが、「私」と「個人」という概念が加藤さんのなかでどう区別されているのか、もう少し厳密に言っていただくといいと思うんです。生きている実感として、ぼくなりに分かるのですが、こういうことばは社会学の概念につながっていくものですね。社会学の側から、どう区別しているのかという問いが、必ず出てくると思うんですが、それに対して加藤さんがどんな構えを作っているかということをお聞きしたいんです。

加藤　社会学的にいうなら原型はテンニースの「ゲマインシャフト」と「ゲゼルシャフト」でいいと思います。見田宗介さんの「公共圏とルール圏」についてこの勉強会で前回扱いましたが、見田さんが『社会学事典』に「共同態／集合態」という形で整理しています。ゲマインシャフトは社会が個人に先行するムラ社会、ゲゼルシャフトは個人が社会に先行しこれを形成する都市社会のことです。ゲマインシャフトは共同社会、ゲゼルシャフトは利益社会と訳され、英語だと、これがコミュニティとソサイアティとなります。ぼくはこの概念を個の概念に移し変えて、「個人」と「私」とおいているつもりです。

近代社会から析出されてくるものが「個人」、その近代社会に先行して存在しているものが「私」。前者がルソー、後者がドストエフスキーに対応しているのですが、これと重ねると、「戦後後論」に書いた、お茶が飲めれば世界なんて滅びたっていい、というのはこの「私」の声だということになります。

先の図でいうなら、共同性に対応する言葉としてナショナリズムをおけば、公共性と個人の一対に対してインターナショナリズムという言葉を考えることができます。その場合、「私」はこの双方を批判する場所になります。ナショナリズムは同範疇ではパトリオティズムと対応します。これが共同性と私に、強いて言えばですが、重なるかもしれません。

小浜　パトリオティズムとナショナリズムは違う概念だという人もいますね。

加藤　その違いなんですが、パトリオティズムは愛郷主義と訳されます。郷土への愛とは何か、その底にあるのは生活様式への愛です。共同性と公共性という考えも、これをゲマインシャフトとゲゼルシャフトにまで戻せば、二つの社会学的な概念の違いとして取り出されているのは生活様式で、その基礎単位として「私」と「個人」いうものを考えることができます。「私」と「個人」の違いの感じをよく示していると思えるのは、サルトルの即自的（私）と対自的（個人）で、個人は対自的に措定される自己ですね。乱暴な言い方ですけれど。

小浜　ぼくも乱暴に言ってしまいますけど、「私」のほうは何かこう、生活の臭いとか具体的な温度を感じさせますし、「個人」のほうは理念化されたとか抽象化された概念という感じがするんですが、そう捉えてはいけないですか。

加藤　いいんじゃないでしょうか。時と場合によりますが。ぼくの問題関心を説明してみると、先の図の一番先鋭な対位は対角線上の公的領域（公共性）と私的領域（私）の関係です。そしてそこではぼくの考えはアーレントと違います。アーレントは公的領域を称揚し、私的領域を否定します。そのアーレントの主張とアレント自身の身振りが違う、という着目がぼくの『イエルサレムのアイヒマン』論（「語り口の問題」）のモチーフの一つでした。ぼく自身は、福沢諭吉の「瘦我慢の説」について書いた「『瘦我慢の説』考」という文章（『岩波講座現代社会学第24巻』一九九六年）で言っていますが、福沢と同じく、アーレントとは違い、私は公よりも広い、という考えです。ところで、このように福沢のいう「公」は、日本で言うおおやけ（公オフィシャル）ではむろんないのですが、西洋でいう公的なもの（パブリック）とも違っています。いわば先の図の私以外の全て、公共性、共同性、個人、この三者を含んでいるとも見える。そのあたりが面白いところだと思っています。

「自己の思想」と「他者の思想」

大澤真幸　この本の、政治と文学論争のなかで問題になっている「自己の思想と他者の思想」[*1]という場合の自己というのは、いまの「個人」と「私」ということでいえばどちらになるんでしょう。

加藤　あれはかなり無理にそれまでの日本の問題の文脈に重ねて自分の考えを追いつめるつもりで問題にしているのですが、ぼくの考えでは、自己の思想と他者の思想の対立のいちばん詰められたかたちは、「いま」という時間を分解できるかできないか、という論点です。自分が考えているこの「いま」というのは分解できない、これが自己の思想の核心ですから、ここでいう自己は、個人より私が深い、という意味での「私」になります。

芹沢俊介さんのイノセンス[*2]という考えを手がかりにこの問話す機会があったのですが、どんな人間にも自分は無実だ、という場所がある、という考え方があるとすると、これに対立するのが、人は生まれながらにして有罪だという原罪の考え方です。これは、たとえば歴史記述には原初から痕跡を消されたものがある、つまり原罪があり、これが痕跡を消されている、といったホロコーストの死者の記憶を誰が引き受けるか、というような形で語られているデリダ的な問題意識の出所となっている考え方ですが、あそこではそのような枠組で大きくこの他者の思想と違うものとして、自己の思想の根拠を追いつめたつもりです。そういう中で、「個人」よりも深い自己の問題として「私」の問題にぶつかったと思っているのです。

（＊1）［高橋哲哉氏の批判《まず、「われわれ日本人」を立ち上げないとアジアの死者に向き合えない、と言うべきでない。まずアジアの死者に向き合わなければ「われわれ日本人」を立ち上げることもできない、と言うべきだろう。》

（「《哀悼》をめぐる会話――『敗戦後論』批判再説」、傍点原文）

加藤氏の見解《つまり、わたしの先の論をささえていた最も初動の直観の形をいえば、それは、自分がなければ他者に出会えない、というものだった。この高橋の言い方に照らされると、わたしと高橋の考えの対立点がよくわかる。高橋は自己を作るのは他者との出会いだ、といっており、わたしは、自己がなければ他者に会えない、といっている。（略）。ここにあるのは、他者が先か、自己が先か、という、古くて新しい問題、歴史をたどれば「客観か主観か」にはじまり、カントの「もの自体」にいたる、あの問題の一露頭なのである。／（略）。それは（佐藤註―自己から始める思想のこと）、よほどのことがない限り、なかなか哲学、思想として立てられない。哲学として語られる機会のはなはだ少ない思想であり、ふつう、わたし達はそれを、文学として語っている。》p110～111

《文学とは何か。／この問いは、どのようにも問われうるが、わたしはここでは、これを問うための入り口に、「政治と文学」という枠を用いてみたい。／（略）／わたしの理解をいえば、他者が先か、自己が先か、という問いが日本で生きられたのは、この「政治と文学」という問題枠組みにおいてにほかならない。》p113］

（＊2）［芹沢俊介氏の「イノセンスが壊れる時」《人間は、誰でも母の胎内から生まれてきます。…（略）…。しかも、自分が生まれてきたこと、そのことに対して、当人には責任がありません。イノセンスという考え方は、生まれたということに関しての、この疑いがたい事実に根拠を置いています。／要するにI was born. 生まれるということは、根源的に、世界に対して受け身、受動形なのです。私の場合を例にとりますと一九四二年生まれです。生まれた時点で何を得たかというと、私というこの命、この体、男という性、それから私を産んだ両親、名前等々です。これらに対して、私は責任を持っていません。自分が選んで、この世界に、この命、この体、性、親を持って生まれてきたのではないからです。自分の生誕に自分は関与していない、関与できない。にもかかわらず、私はこの体、性、親、名前などという現実を「書き込まれて」この世界に人間として生まれてきたのです。このような書き込みとともに、生命を暴力的に受け取らされてしまったという点で、生誕は、親による一種の強制的な贈与と言っていいのかも知れません。赤ちゃんの時点で、さまざまな書き込みをされて生まれてくるという事実、そういう換えがたい事実に対し、生まれてきた当人には責任がないということ、これがイノセンスという概念を考えるときの基本的な理解です。つまり、人間は世界に対して、「自分には責任がない」という心的な場所を、根源的に内在させてしまっているのだ、ということをまず知ってもらいたいのです（略）。》「イノセンスが壊れる時」p2~3」『現代〈子ども〉暴力論』新版（春秋社・一九九四年）」

「敗戦後論」と「戦後後論」をどうつなぐか

大澤　すべてフォローしたわけではないのですが、論壇で論じられたのが主に1の「敗戦後論」で、あとは申しわけ程度に論じるという感じだったですね。つまり「敗戦後論」がいちばん分かりやすい議論になっていると思うんです。あとの二つはやや分かりにくいところがあって、最初の論文とあとの二つがどんな位置関係になっているのか、説明していただきたいなという気がするんです。1と2のつながりが分かれば、2と3の関連は分かりやすいように思うんですね。

小浜　ぼくは今日はちょっと虫の居所が悪いせいか、あえて悪役を演じたいと思います（笑）。ぼくも今の大澤さんのご質問と関連したことをお聞きしたいんですけれど、1から2への姿勢の転換みたいなものがあることを、違和感として感じるのですね。2と3は文学の存在理由はどこにあるかという問いの追求を、加藤的文体で執拗にやっているという気がして、細かいところでの違いはあるのですが、大筋にはたいへん共感を覚えるんですね。違いの一つを言えば、先ほど竹田さんが言われた「トカトントン」の解釈についても、ぼくは竹田さんに近いんですね。それはとりあえず置いて、1から2への連続性というように普通は読んでしまうと思うのです。1は社会思想的政治思想的テーマを具体的に立ち上げているのですね。改憲問題、戦後の謝罪問題、天皇の責任問題として書かれているわけですが、社会思想としてもし連続して扱っていくのであれば、それは文学というものを対置するのではなく、新しいわれわれの立ち上げや憲法の選び直しという加藤さんの提起を、政治思想的社会思想的な網の掛け方といいますか、概念把握の方法を貫くかたちでやられたほうが分かりやすかったのではないかという気がするんですね。

新しい「われわれ」の立ち上げや憲法の選び直しという問題提起を、社会思想的なターミノロジーの範囲内で、これからのルール社会はどうなるのかとか、政治のシステムをどのように組み替えていくのかという議論を、厳密に深めていく方向で発展させるべきではなかったかという気がするのです。たとえば、2でノン・モラルの問題が出てくるわけですが、川村さんが若者や自分の生活感覚のようなものを、要するに戦争をまったく経験していない世代の感覚のほうからすれば、戦争の問題を共通の「われわれ」の問題として出すことが、そもそも虚しい感じがしてしまう、そのこと自体をどうするんだということだと思うのですが、その感覚を前提にした上で、これからの国家をどう考えるのかという方向だったら、それは政治思想的社会思想的にどういうものかという語り口で貫いていかないと、はぐらかされた感じがあると思うんですよ。

大澤 いや、ぼくははぐらかされたとは感じないんで（笑）、これでいいと思っているんですよ。ぼくは2がいちばん好きなんですが、1と2のつながりについての自分なりの仮説はあるんで、それを確かめたいという質問だったのです。

加藤 最初の本の『アメリカの影』の「戦後再見*」という文章がぼくにとって社会思想的なことを素材にして書いた最初のものなんですが、それはたまたまぼくがそういう問題にぶつかったから書いたということで、ぼくにとっては文学のつもりだったんです。1の「敗戦後論」もそういう意味では余り考えずに頭にあったことを書いた。書くと編集者に約束してしまったので、ぎりぎりになって、一気に書いたんです。出した時には、小浜さんが言うように、社会科学的に進めなくてはだめだとは、思っていなかったのですね。それは他の人がやればいいと考えていたんですよ（笑）。これは自分の仕事だとは思わないし、こういう問題もありますよ、あとは他の人が、そうかと思ったらこれを受けてやってくれればいい。そう考えていたのです。

でも書いてみてから違った、というところがある。社会的なことを掛け値無しで考えなくちゃいけない、と考えるようになった。ところでおかしなことに、ぼくは、次の「戦後後論」というもので文学の問題を考えることで、そのことを納得することになった。だからこの進み行きには二つの側面がある。政治社会的なものについて徹底的に考えようとしたら文学に導かれた。そして文学を考えたら、政治社会的なことと文学とが別のものじゃないという感覚が訪れたのです。ですから、最近は、政治哲学というか政治思想について、掛け値なしで、文学という逃げ場をもたないで考えてみないといけないと思うようにもなっています。そのあと、ぼくとしては文学の問題をやりたいんですが。けれども、それはこの問題をしっかり考えないと文学の問題にも届かないというように感じていて、とりあえず文学を外したところで政治と文学について考えてみようということですね。

小浜 両面作戦としてある、ということですか。

加藤 いや、少なくとも「敗戦後論」と「戦後後論」の関係についていえば、ぼくにとっては、最初のものは自然発生的にそれまでの材料を使って書いたけれども、「戦後後論」はそこから外れたというより、そこから出てきた一番大事な問題を書いたという感じがあるんです。

小浜 川村湊さんの問題提起は、それまで加藤さん自らが言ってきたことのような気がするんですよ。加藤さんは、そんなことは先刻承知であり、川村さんがどこまで主体的に自分の問題としていっているのかという感触があるんですが。

加藤 川村湊はあまり深く考えていないですよ（笑）。川村さんがいったことを、むしろぼくが可能性として最大限に受け取って、提示しているんです。竹田青嗣に、『週刊朝日』の書評があるけれども、それがぼくの書いたもののノン・モラル的な側面をかえって救いあげてくれているものなんですね。ねじれをどう回復するかというのは、それほど大きな問題ではない。竹田さんの最初の設問にまた帰ることになりますが、若い人にゆがみを自覚せよという気はまったくないんです。ただ、ひとつあるのは、白紙への回帰という選択肢はないんだよ、ということですね。要するにこの戦後の日本は、ドイツや日本がこれまでにないかたちでの戦争に敗けたことでもたらされた社会だということです。白紙には回帰できないということを、大きな声で言わなくとも、常識として考えていく。竹田さんのことばでいえば感度ですね、ある感度を持って考えていく、ということを言っているわけです。

（＊）〔『アメリカの影』は一九八五年四月河出書房新社より刊行され一九九五年六月講談社学術文庫にて再刊となる。「戦後再見」は「天皇・原爆・無条件降伏」と副題されており、つぎのような問いかけで始められる。

《むしろ、無条件降伏そのものを、これはおかしい、とする立場に立てば、このような論議のレベルが成立しなくなるという意味では、この一九七八年の「無条件降伏」論争（佐藤註―江藤淳と本多秋五との間で交わされたもの）は、無条件降伏という政策ないし思想を問題にしなかったのではなく、それを問題にしないことで―（略）―成立しているのである》文庫版p173《なぜ、戦後、ぼく達は、このような事態にあって、「無条件降伏」によって移植された民主主義と非軍事主義の原則に立って、その「無条件降伏」の非民主性、軍事性を衝く、そうした動きをとることがなかったのか。／それは、ぼく達の中にその民主主義、非軍事主義が、本当には根づかなかったことを、意味するものなのではないだろうか。》同p176」

太宰治「トカトントン」をめぐって

加藤　太宰について竹田さんの問いに答えるなら、「トカトントン」については、竹田さんと話したことがあって、なるほどそういう受け取りがあるのかとかなり納得したんです。つまり「トカトントン」の若者がいっている手紙を太宰がどう受け取るかということの読みは、本に書いた通りだけれども、それは違うという意見はいくつか聞いているし、ありうる。ただぼくはこの論を太宰治論にはしたくなかったんで、自分の読み的に使った。これは、太宰論にするとまた違う書き方になると思うんですね。

小浜　加藤さんは、あの作品の最後の太宰の感想、若者の手紙に関する「作家」の感想に違和感を覚えたと書いてあるんですが、「トカトントン」の読み方をめぐる議論になってしまうけれども、いいですか。

加藤　はいはい、いいんじゃないですか。

小浜　ぼくは竹田さんの考えに近くて、あそこに太宰の面目が躍如としているという考えなんです。彼の表出の方法として、語り手を無限に相対化していくところがあって、自然主義文学のように、書き手の私と語り手の私が即自的に一体化することのない、多重化していくような方法なんですが、それは太宰の文体の核心の部分だと思うんですね。そういう方法のなかに、加藤さんが言う、正義を相対化できるものとしての文学のよい点が出てると思うんですね。

「律子と貞子」という短篇があるのですが、ある青年が「私」のところに、姉妹のどちらを嫁さんとして選ぶか、相談にくる。姉の律子は現実感覚や生活実感のある人ですが、貞子の方はロマンチックで、愛というものを求めている、そんな話だったと思うんですね。「私」は妹の貞子を選んだ方がいいということを示唆するために、聖書のマリアとマルタの挿話をだすんですね。青年は、帰ってから、姉の律子を選ぶと手紙をよこす。マルタはイエスが来たときに一生懸命に世話をする。マリアは何もしないでイエスの側にばかりいる。マルタがマリアに対して怒るんだけれど、イエスはマリアの方をよしとする、それで、青年がマルタの方を選んだことに、鼻白む思いがした、そういう話だったと思うんですね。しかしそこで作家自身を連想させる「私」が、マリアの方を、つまりロマンチシズムの方をよしとすると言っているようには必ずしも読めないんですね。ある中心の円があるとすれば、その回りにそれを相対化する中心があるというか、Aなる中心とBなる周辺が、別の見方によれば入れ替わってしまう。そういう仕掛けを作っているという気がしてしようがない。ぼくは「トカトントン」もそうなっているように思うんですよ。

加藤 戦争が始まった一二月八日に、太宰は二つ短篇を書いています。「新郎」と「十二月八日」だけど、その二つの作品は、いま小浜さんが言ったことと似た構造になっている。「新郎」は日本が英米と戦線を開くので、新郎が白いシーツに寝るように厳粛な気持ちになっていて、まずしい食事をおいしいおいしいといって食べている、そんな話、「十二月八日」の方は奥さんの視点から書いていて、変に夫が厳粛になっていて、いそいそと原稿を持っていく、バカね、というようにおちょくったように書いている(笑)。

「トカトントン」の話になると、太宰論になってしまってまずいんだけれども、これは太宰が津軽から東京に戻ってくる時、たぶんその境界で書いた作品でしょう。『斜陽』で主人公の女性が東京に出ていく時、「戦闘開始」と言いますが、太宰にとってそういう時点で書かれた作品です。太宰がいちばんシンドイときに書いているんですね。この人は浮気なんかできる人ではないんですよ。だから一回浮気してしまうと、死ななければならなかった。書簡集を読んでいるとよく分かるんだけれども、「トカトントン」のモデルの若者から手紙が来た前後に、太宰は「これからはあなたの手紙は、別の名前でよこしてください」という『斜陽』のモデルの女性に宛てた奥さんをだますような書簡を書いているんです。そういうことをはじめたときに「トカトントン」でゲヘナの話を書いていて、なんで太宰がこんなことを書くのかという、いたいたしさなわけですね、ぼくが感じたのは。

そのぼくの読みが正しいかどうかは分からないけれども、ぼくはこう読んだ。それは動かない。小浜さんが言うことを太宰が方法としてやっているのは分かるけれども、このケースについては、ぼくのなかではそれと結びつかなかったですね。

小浜　ただ、身と霊魂とをゲヘナにて滅し得る者をおそれよ、ということを「強い倫理」というくくり方でいいのかということですよね。

加藤　そうではないんじゃないかということは瀬尾さんにも言われたし、竹田さんにも、若者の言い方に過剰なものやいやらしさがあって、それに太宰は反応しているんじゃないか、と言われた。なるほどそういう読みもあるのかと了解できたんです。ただ、ぼくにとってはそう聞こえ、違和感を感じた。それにコトバを与えたということですよね。

文学と社会科学の問題

瀬尾育生　話を先程のことに戻していいでしょうか。加藤さんのなかに、社会科学的なディスクールをそれ自体として貫くところにいきたいというモチーフが一方にあって、そのためにこそ逆に2の部分が必要だったという話がありましたね。

加藤　いや、これを書いてからそう思うようになったということですね。

瀬尾　それでもいいのですが、ぼくは、だからといって社会科学的なディスクールが貫かれればいいということにはならないと思うんですよ。もしかりにそれを貫こうとしたとしても、2の部分がなければそういうところにはいけない、というのが、加藤さんのこの本のなかのポイントなんじゃないでしょうか。たとえばさっきアレントのなかで主張と身振りが分裂しているという話がでましたね。ぼくもアレントを読んでいると公共的なものが肯定的に書かれ、プライヴェートなものが否定的に書かれているとしか読めないのです。ところがいろんな人からそれは違うと言われて、考えさせられることになる。否定的に書かれているプライヴェートなものこそが愛惜されていて、それが公共的なものの対極で別の肯定性をつくっている。それが公共性を肯定するこの語り口を支えているんだということがだんだんわかってくるわけです。それと同じようなことがここでも起こっているんだと思う。

社会科学的でも政治的でもいいんだけれども、そういうものと、その一方に文学的なものがあって、それをどう分離するか、そのあいだでどう折り合いを付けてゆくか、というふうに考えてゆくかぎりでは、どうしても触れられない問題があるという気がする。ぼくがこの本から最終的に受けとったのは、それとはまったく違う問い方、つまり、社会科学的な論理が対極に文学的なものを欠いていたら、そのときに社会科学的なものから何が決定的に失われることになるのか、ということです。「政治と文学」という形でそれがわかりやすく言われていて、そこだけで考えればふたつのカテゴリーは分けられているように見えるわけだけれども、そこで言われているのは、この二つが分けられたままでいるかぎりでは何が欠けてしまうか、ということなんですね。文学は、この本のなかにそういう意味で入ってきている。小浜さんは、政治思想的社会思想的方法が貫かれるべきところで、それに文学を対置するのにはぐらかされたような感じを受けると言ったのですが、小浜さんが不満に思った部分は、この本のなかで消すことはできないんですよ。もしも、文学が曖昧に入りこんでしまっているとか、1の部分で出された問題が2の部分ではぐらかされてしまっていると言ってしまったら、この本のいちばんポイントになっているものが消えてしまう、とぼくは思うわけです。むしろぼくは、もしも社会科学的な方法というのが貫かれるべきだとしたら、では2の部分で出てきた問題はどうなるのだろうか、ということを小浜さんに聞いてみたい気がするんですが。

小浜　思想のディスクールというものが文学と社会科学的なものとの中間にあって、両方が及ぼすものを基本的にはそこで接着するというか、アウフヘーベンする文体があり得るとぼくは思っているわけです。自分で扱ったことでいえば、最近の酒鬼薔薇事件ですね。社会的な言語で、おとなたちの悪い制度があの子を追いやった式の表層部分の言語があって、もう一方には文学的なディスクールでしか捉えられないものがあの事件の深層にはあるという直感があるのですね。そういうものは浮かび上がらないわけです。それを当の少年だけではなく、あの事件に何らかの衝撃を受ける人なら誰しも二重性として、個人のなかでは社会学的なディスクールにつながっていくような意識のむかい方と、文学的なものにむかっていく意識のむかい方と、うまくつなげないようなものとして生きていると思うんです。それを全然無自覚なまま二重性として分離させている状態と、きちんと自覚している状態とは大きな違いがあると思うんですよ。その自覚過程としての思想や文体があり得るはずだと考えるわけです。

竹田　瀬尾さんの言われることもよく分かりますが、小浜さんの言っていることを乱暴に引き伸ばすと、最初にいったように、若い人が読んでどこをいちばん受け取るかという問題にかかわってくると思います。湾岸戦争の時に、エライといわれている文学者たちがわれわれ日本人はもう二度と戦争はしませんという声明を出した。これって一体何なんだろうと。そう言われても何だかちょっと…、と思う若い人がけっこういたと思う。最近とくに、過去の侵略のことや南京大虐殺、従軍慰安婦のこと、在日朝鮮人の悲惨をきみたちは知っているのかと、いろいろ言われる。それで若い人たちはちょっと威圧される。永遠に恥じ入りなさいという人もいて、これはいったいどう考えればいいのか。また、永遠に恥じ入りなさいの対極に、そんなことはいいんだ、昔のことは関係ないという言い方もある。しかしそれだけでは、若い人たちに、ある決着というか納得のかたちはやってこないと思うんですね。じゃあどう考えればいいかを提示する思想があれば、若い人たちにも響いて、じゃあ読んでみようという気になる。そういう時代だと思います。そこで加藤さんの本を読むと、まず戦後社会の極端なねじれがあって、そのことを否認してはいけないと言っているように聞こえる。じゃあそこで社会のことをどう考えればいいのかというと、次は文学の話になるんです（笑）。これは小浜さんの真意に合うかどうかは分からないけれど。

ただぼくは、たぶんこの問題は加藤さんのなかで、あの反戦署名から始まったと思っているんです。コメントしなくともいいですよ、加藤さん（笑）。ちょっとぼくなりに言ってみます。かつて文学は社会ために何をしなければいけないのかというマルクス主義文芸の考え方が強くあって、それに対して少しずつ批評や文学が、それだけではなく、文学には文学の本質があるという考え方を建て直してきた。それが戦後批評のひとつの成果でもあった。そしてゴリゴリの左翼的考え方も少なくなってきたと思ったら、突然湾岸戦争が起こり、そして反戦著名ですね。しかもそれまで、社会問題に比較的ノンシャランとしていたちょっと若い世代までそういう声をあげた。なんだ、また同じじゃないか、と（笑）。そこから加藤さんの問題が始まっているということが、ぼくにはよく分かります。戦争の問題があったとき、若い人が、ぼくらはどう考えればいいのかはじめて真剣に考えたと思う。恥じ入れといっている人もいるし、何も罪はないんだから関係ないといっている人もいる。ぼくらはどう考えればいいか、もしそう言ってきたら、ぼくなら戦争期にいい小説がある、それを読んでいれば大丈夫、だんだん分かってくるよ、そう言いたくなるわけです（笑）。つまりその当時、人間がじつはどう生きていたのかということは、すぐれた文学を読めば書いてある。後になって、あれは侵略戦争だったとか、当時うっかりあそこに巻き込まれた人はすべて無知だったんだという言い方がいつでも聞けるものだけど、それはいわゆる通念で、毒にも薬にもならない。人間と社会をしっかりみようとするときにはだめである。人間はつねにある有限性のなかに閉じこめられていて、見えないことが当然ある。けれどもぎりぎりどういうところで生きているのか。まちがう場合もある。そういうことが深く描かれているのがすぐれた文学なのであって、耳に入りやすい一般的通念から戦争を考える考え方はまあ止めなさい。ぼくならそう言いたい。ざっというとそんな感じで加藤さんの本を読んだ。

加藤さんの本で、現象学の不可疑性と可誤性という思想の対立が書かれていますが、*ぼくの考えではじつはこれは同じものじゃないかと（笑）。つまり思想は、完全な真理に達するというんではなく、これはおかしいといったん考え始めたら、ではどう考えたらいいのかということをとことんやるしかない、そういうものですね。このとことんやるというのが思想というものの宿命です。文学はそうではない。文学は物語のかたちで、深い直観のかたちで現わせば、それはそれでちゃんと完結するわけです。現象学とサリンジャーが、一見対置されているようになっているけれども、ぼくの考えではそれは同じ質のように思う。つまり、文学と批評の問題をやってきた人間として言うと、加藤典洋がこのような進み方をしたということは、いま文学の観念のなかでとても大きなものが失われているのだけれど、この仕事は文芸評論としてそういう時代の流れにはっきり抗するものですね。九〇年代の終わりにその大事なことが批評としてきちんと書かれている。批評の問題として大事なことが指摘されていて、これはやはりエポックメーキングだというのが、ぼくの評価です。

（＊）［《文学は、誤りうる状態におかれた正しさのほうが、局外的な、安全な真理の状態におかれた、そういう正しさよりも、深いという。深いとは何か。それは、人の苦しさの深度に耐えるということである。文学は、誤りうることの中に無限を見る。誤りうるかぎり、そこには自由があり、無限があるのだ。現象学が教える不可疑性は、やはり誤りうることの中におかれた思考法だが、それでも、それとこの文学の可誤性のあり方の間には、あの善人なおもて往

生をとぐ況んや悪人をや、という親鸞の『歎異抄』中の言葉における、善人と悪人ほどの違いがあるのである。》p214

《現象学は信の疑えなさに導かれて真にいたる。しかし、文学はたぶん、どこにもその真の手がかりがないこと、誤りうることのただなかに身をおくことを徹底することで真に呼ばれる、もう一つの真とのつながり方のあることをわたし達に語っている。フィクションは、文学だけがもつ奇妙な生態だが、その本質と可能性の根拠を、この悪人性のうちに、誤りうることのうちに、もっているのである。》p215」

文学の場所

瀬尾　さっきの小浜さんの答えに対してぼくの感じを言うと、ぼくもこれまでだいたい同じように考えてきたんですよ。社会科学的な方法と文学的な方法があって、思想はそれを全体として見ているということですね。そういう考え方が妥当なように思えたんです。「政治と文学」のような問題にそくして言うと、つまり両方が見える位置に思想というものがあると考えていたわけです。ところがそういうふうに考えているかぎりでは、思想は文学の意味をほんとは取り出すことができない。とくにぼくにとっては、自分のいる位置がとても居心地が悪いということがあるわけです。たとえば、ぼくが何かを言うと、小浜さんは、あの人は詩人だからいいんです、でもそれは社会科学的なディスクールになっていない、と言う。そういうふうにカテゴライズされて、あれは詩人の発言なんだからと言われると、とても居心地が悪いということがあるわけです。

小浜　詩人の場所というのは居心地が悪くてもしかたないんじゃないですか。

瀬尾　いや、はっきり言うと、馬鹿にされていると感じるわけですよ。

小浜　いやいや、そうじゃないですよ（笑）。

瀬尾　いや、そうなんですよ。そこで考えられている思想というものは、結局湾岸戦争詩云々とか、湾岸戦争反対署名云々とかいう問題のときに出てきたのと同じパースペクティヴをとることになってしまう。詩とか文学とかいうものに対して、同じ見方をすることになるんですよ。つまり文学の意味をとりだそうとすると、その意味はいつも社会のほうから与えられる。文学の方でもなんか自分に意味がほしくなったりすると、社会的な意味に手を出してみる。そうでなければ文学の閉鎖的な自立を語ってしまうことになる。それに対して、加藤さんのこの本が画期的だという感じをぼくがもつのは、それとはまったく違うところに出ているからです。つまり文学というものを、極限のところで世界が滅びてもいいという、そういうところへ抜け出る可能性をもつものとして考えている。そして一方にそういう、世界が滅びてもいいというような目がないと、社会科学的な論理は公共性にならない、と言っているわけです。

　どうしてかというと、そういう徹底的にプライヴェートなものが存在するということが、われわれが共同的なものを離れても存在し得るという根拠になるからです。それがこの本のいちばん画期的なところで、そうでなかったら、文学というのは社会科学とは別のカテゴリーであって、つまり一方でなんだかごちゃごちゃやっている領域があって、その反対側にはきちんとやっている領域がある、ごちゃごちゃやってる領域の「意味」はきちんとやっている領域の方から与えられる、ということにしかならない。だが、このごちゃごちゃやっている領域は、つきつめてゆくと世界が滅びてもいいといっている、それを相手にしなければ公共性は立ち上がらないとこの本は言っているわけですね。だからぼくが居心地悪い思いをしていた場所から、この本で抜け出させてもらったという感じを持っているんですよ。

小浜　なるほど。ぼくのなかにも矛盾した意識があって、文学に溺れこみたいという感じが本当はあるんです。そういう欲望があるんですが、一方にどこか倫理性があって、それはこの本の吉本さんと加藤さんの微妙な対立に重なってくるんだけれど、さきほど竹田さんが、文学は限界付けられた、誤りうる可能性を持った深い直観の表明であればいいという言い方をされたと思うんですね。ぼくもそれに近くて、それは絶対に必要な役割だと思っているわけです。その役割をいかに突き詰めてまっとうするかということは大きな問題であって、政治的な文脈や社会的な言語を突き抜ける可能性を持っていると思うんですね。そういう文学の役割をまっとうするためにこそ、文学の領分をきちんと守らなければいけないという考えがあって、ぼくはよくこういう比喩を使うんですが、それは医者と患者ということです。患者の症状の表現が文学であり、すぐれた文学はすぐれた患者だ。患者は直接何の役にも立たないで当座は迷惑なだけかもしれないんだけれど、症状をすぐれたかたちで表してみせることは、人間の広く深い射程のなかではものすごく大切なものなんだと思うんです。だけど、そうだとすると一方ではきちんとその症状をみて、すぐれた患者に匹敵し得るだけの、深いところから、それは人間の普遍性につながる症状だということを見抜く医者が必要なわけです。文学の価値をそこでこそ救出できるのではないか、ということですね。だからバカにしているとか、そういうことではないんです。小林秀雄というすぐれた批評家がいますけれど、彼は文学の役割がどこにあるかということをとことん突き詰めた人だと思うんですね。彼のように、文学の文学たる所以をきちんと救出し、広く知らしめるための医者というものがいなくなってしまったということが問題だということですね。

　それが案外、従軍慰安婦論争の自虐史観と自尊史観の対立図式となって現われたり、色々なかたちで出てきているという感じがあるんです。現在、文学を考えるのであれば、自虐か自尊かという対立命題には解消されないような、現在を生きている実存の超出のひとつのあり方があって、たとえばおれはそんなことは知らないよ、コーヒーのためなら世界が滅びてもいいよという言い方でもあるだろうし、もっと現在に即した言い方もあるはずだろう。けれども、それもない。ないのは、それを救出する言語が一方に不足しているということであるかもしれない、ということですね。

瀬尾　いまの小浜さんの言い方は、やはり倫理的になっていると思うんです。文学に役割や領分があるというけれど、ぼくは文学にそんなものはないと思うわけですよ。小浜さんには「思想のミッション」という考え方がありますね。ぼくは、それもどうかなという感じがするんだけれども、文学のミッションというような考え方は、ぼくは認めたくない。文学はやりたい放題でいいと思っているわけです。文学がどんなにミッションや役割を無視しようが、やりたい放題やろうが、そのことに関しては言い訳する必要はない。やりたい放題だからこそ、あらゆる共同性を離脱する可能性を持つわけです。むしろ、自分の位置がどこにあるのかを言う必要があるのはそちらの方、つまり文学にはこういう役割があるとか、文学が入りこんで社会科学的なディスクールが貫かれなくなっていると言う立場の方ですね。それがどこから出てくるのかということを、ぼくはむしろ聞きたいわけです。

竹田　ただぼくは思うんだけど、世の中には文学とか必要としていない人もいるし、分からない人もいるんですね。先日多田道太郎さんと話していて、ぼくは二十歳すぎから井上陽水が大好きで、陽水を聞いていないと風船の空気が抜けるように元気がなくなったんだという話をすると、多田さんは一言、ぼくは若い頃は音楽を全然聴きませんでしたね、と言うんですね。ぼくはちょっとはっとさせられた。確かにそうで、世の中には文学や音楽を必要としていない人もいる。いまかりにそういう人が、自分の国や戦争の問題をどう考えればいいのか気になって加藤さんの本を読むとする。すると問題提起はよく見えるんだけれど、途中で道が見えにくくなる。そうかこれは文学の話だったのか、で納得できる人もいるけど、ごく普通に、社会の問題をそういう言葉のすじ道で納得したいと思う人もやはりいると思います。あえて言うと、小浜さんが言おうとしているることはそういうことだと思うんです。ぼくの中では思想と文学の考え方が質の違うものだという感じはなくて、まったく両立している。だから、思想と文学のどちらが大事かということとはちょっと違うと思うんです。

大澤　ぼくは社会科学をやっているんですけれどね（笑）、社会科学の論文のなかにも、およそ文学なんか読んでいるとは思えないセンスの論文がたくさんあるわけですね。でも意外と、趣味では文学を読んでいたりするんです。文学なんかとうてい読んでいるとは思えないセンスの論文を書く人が、ぼくは太宰の文学に感動している、などというんですよ（笑）。けれどもそのことが、社会科学的な認識とはまったく切り離されていて、むしろつまらない論文を書くことの免罪符になっている。そういう意味でも加藤さんのこの本は意味があって、政治と文学の分裂の問題に対して、現実に対する深い認識は文学を通さないと出てこないというんでしょうか、社会科学的な認識も文学とは無縁ではないので、ぼくは小浜さんが言うような違和感は全然もたないんですね。

小浜　先程の「役割」の話ですが、瀬尾さんの突きつけをいなすようなことになるかもしれないけれど、文学の「役割」という表現はたしかに倫理的になっていると認めます。つまりこの言い方を、文学を実行する主体が誰しも自覚しなくちゃいけないとか、背負うべきなんだと言ったとたんに、文学への欲望を殺す倫理主義に落ち込むと思います。でもぼくはそんなことが言いたいわけではないのです。もちろん文学はやりたい放題でいいのです。ぼくはもう少し、何というか、表現主体の心構えとかそういうことではなくて、この社会に流通するものとしてぽろりと生まれてしまう言語の産物としての「このもの」の存在理由っていったい何なんだ、ということがやはり気になる、そしてこの社会の中にはそれを味わうことを求める人が大ぜいいて、またぼくのように、文学の存在理由って何なんだろうって考え込んでしまう人が現にたくさんいるという事実もまた無視できないということなんです。

　文学もことばであるかぎり、社会（他者関係）の存在を前提としていますね。でもそのことばの出し方、届き方はとても独特です。こんなたとえが適切かどうか分かりませんが、たとえば瀬尾さんがある日、自分の中に欝勃たる詩魂が沸き起こるのを感じて、思わず「詩」を紙に書きつけてしまったとする。でもその紙を他人に見せる欲望を感じなくて、自分の庭に埋めてしまったとします。あ、瀬尾さんのところはマンションで、庭がありませんでしたね（笑）。まあ、庭があったとしましょう。で、それっきり日の目を見なかったら「文学」が成立するでしょうか。だけど、いったん埋められた紙片（詩片）を、たまたまもぐらが見つけて、それを餌か何かと勘違いしてくわえ込んで、ずっともぐっていって、どっかの畑か何かに首を出して捨てちゃったとする。そしたらたまたま畑を耕していたお百姓さんがそれを見つけて「何だ、こりゃ、お、お」とか感じちゃったとする。そしたらそこで初めて文学が成立すると思うんです。文学っていうのは、たぶん本質的にそんな届き方しかしないと思うんですよ。それでOKだということです。役割というよりも、できちゃうこと、届いちゃうこと、少なくともその事実だけには「このもの」の存在理由を問う理由とか根拠があるだろう——そう考えないと、こんどは批評とか思想とかも存在理由がなくなってしまうような気がするんですよ。もちろんそれもまた、そういう理由や根拠を問いたい人が勝手にやればいいことです。

国家と戦争責任の問題

小浜　それから大澤さんの言われた「違和感」の問題ですが、もう少し正確に言うと、違和感というより、竹田さんがいった読まれ方の問題として、はぐらかされた感じを味わうのではないかという危惧なんですね。太平洋戦争が、国家主体の行為として誤まりだったとする。その誤りのニュアンスはいろいろありますね。道義的な誤りだというのが謝罪派であり、戦略の誤りだという言い方もあると思うんですね。そうした、先行世代の歴史意識の連続性を引きずっている人たちが議論しているときに、若い人がそれを観戦していて、どんな感じをもつかというと、自分たちの生まれる前の戦争をいろいろ話しているけれど、どうやってそれを自分たちは引き受けたらいいか、その責任は自分たちにもあるのだろうかという疑問だと思うんですよ。その疑問にどう答えるかということですね。加藤さんの『敗戦後論』がすべてその問題に彩られているということではなく、読む動機として、その疑問に対する答えがこの本にあるのではないか、という期待を抱くだろうと思うんですよ。

ここであえてぼく自身の考えを言ってしまえば、あの戦争の責任を、単にこの日本という国に生まれた理由によって、個人が、個人の立場で引き受ける必要はまったくない。政治家のなかにもいますよね、高市早苗なんかもはっきりそう言っていますね。それは重要なひとつの問題提起ではないか。つまり、誰に責任があるのか。どういうかたちで歴史の連続性を担っていけばいいのか。そのことにどういう答えを与えられるかを突き詰めて言うと、国家や社会という概念をどう捉えるかという問題になりますね。近代国家は、その成立から何を軸としてきたのか。それは現在どういうかたちになっていて、今後どうなるのか。そういう議論をして、提示する。それが大事だと思うんです。

ぼくの考えでは、宮崎哲弥さんなんかも言っていますが、近代国家は二つの軸をもっていて、一つは民族や言語、伝統をそれなりに共有してきたという幻想性によるまとまりの軸で、これはナショナリズムに収斂していくものですけれど、情念としての国家というか、ナショナルアイデンティティとしての共同性の軸ですね。もう一つは、共同社会内の軋轢をコントロールする機関としての、法と暴力（強力）の両輪によって成り立つ、ファンクション（機能）としての国家という軸です。そういう二重性として近代国家が成り立ってきた。けれども歴史の推移のなかで、前者の情念としての国家意識のほうが成員のなかで薄れてきたという事実があって、じゃあ国家は必要ないのかという議論が次に出てくると思うんです。けれどもコントロール機関としての必要性はなくならないだろうし、国際社会を見ても、国家のバリアーがただちになくなって、より超越的な世界政府のようなものが生まれて、すべてコントロールしていくということは当分考えられないですね。そうである以上は、ファンクションとしての国家という側面は必要性として残るだろうし、どうしてもこれからの国家像はそちらにシフトチェンジしていくという感じがする。つまりこの機能としての国家の必要性という問題を、どう整理して提示するかということは社会科学の大事な問題だろうと思うんです。

瀬尾　小浜さんが先に話した文学ともぐらの話は、よく理解できたとは言えないのですが、とくに異議はありません。それからそのまえに出された医者と患者の話についてなのですが、その比喩を使って言うなら、患者は、医者が病気を深く認識したり治療法を考えたりするために存在しているわけではない、という言い方になるんじゃないでしょうか。患者は医者の方から解明されたり、道筋をつけられたりするものとして存在しているわけではなくて、患者は独自に存在しているわけです。だからこそ患者の存在が、医者とか、ここでは社会科学的な言説の在り方を根本的に編みなおす可能性を持つ、というのがぼくの考えです。

それから小浜さんがそのあとに言ったことについて言うと、ファンクションとしての国家に転換しようとしているというのはそのとおりだと思うけれど、いまさまざまなかたちで問題になっていることは、その純粋に機能としての国家になかなか移行していかないということから生じているわけですね。どうしてもそこにナショナリズムの問題がくっついてきてしまう。加藤さんがこの本で問題にしているのも、結局はそういうことで、それをどう克服するかということだと思うんですよ。いまある社会なり共同体なりを否定したり更新したりするときに、それが共同性を通らないようにするためにはどういう道筋がありうるのか、それを公共的なものにするにはどうしたらいいか、そのためにはプライヴェートなものを通ってゆかなければならない。そこに文学の問題が出てくるという、そういう展開だと思うんですよ。

小浜　そうだと思いますね。でもそれは、文学に、あそこまで突っ込まなくても、扱えませんか（笑）。いや、ぼくが同世代の人間として、加藤さんに本当に聞いてみたいのは、加藤さん自身の内在的なモチーフとして、謝罪や慰霊といった旧日本国家の所業の具体的な後始末問題をどうしようかという感覚がほんとにあるんですかっていうことなんです。ぼくには残念ながら感覚として全然ないんですね。「知ったこっちゃない」というか（笑）。もしぼくのように、「知ったこっちゃない」という感覚が自分にとってリアルなものだとしたら、その自分のなかのリアルさをあくまでも前提としながら、そして、そのことを一人の表現主体としてはっきり表明しつつこの種の問題に対してことばを吐き出していくというのが、ぼくにとっての考える手順なんです。そしてこの手順だけが、この時代には意味を持ちうると勝手に思っているわけなんです。

大澤　この本では、共同性に対するアンチテーゼということはあるんだけれども、新しい「われわれ」や、公共性については積極的には語られてはいませんよね。たとえば学生にこの本を読ませますね。そうすると高橋哲哉のような考え方も捨てがたいと考える学生もいるわけですね。つまり誤りえない立場で語っていて、抗い得ない感じをもつわけですね。だけども、そう言われても、と感じる学生は2を読むと解放感をもつんですね。正しくて反論できないけれども、おれには関係がない、そのことが2を読むと、ある積極的な選択なんだということが分かるわけですね。けれどもそれは半分を引き受けたことですが、全部を引き受けたことではないですね。1の部分で、ねじれを通りぬけた上で本来の謝罪の仕方があるとか、自国の戦死者への葬いを経た後で別のかたちのアジアへの対し方がある、ということが書かれているわけですが、2ではその部分は出てこなくて、読者にげたを預けられたかたちになってしまっているんだけれども、その辺はどうなのかということはあると思うんですね。

加藤　いまの若い人が、たとえば戦争の問題をどう考えたらいいのか、という問題ですね。何がそこで問題なのか。実は先日朝日カルチャーで行なった講演で、問いとして一つそれを考えて、そこからある話をしたんです。それは人を殺してはなぜいけないのかとか、援助交際がなぜ悪いのか、そういうことと重なる問題です。戦後民主主義は、人や社会に迷惑をかけてはいけないというかたちで論理を作ってきましたね。ここに出ているのは、その考え方が逆を取られた、という形です。人に迷惑をかけていないからやってもいいじゃないか、と言われたときに、答えられないんですね。自分自身に悪いんだよというのが答えなんだけど、誰もしっかり答えようとしない。ぼくは一六歳から大江健三郎のファンできた人間なんだけれども、最近の彼の発言を見ると戦後のこの五〇年というのは、何だったんだという感じを受けます。この前「朝日新聞」に書いていたけれども、なぜ人を殺すのかと問う子どもは、誇りを失っている。問うこと自体がおかしいというんですが、この問いは出るべくして出てきた問いだと思う、こういう問題が一つですね。

ぼくは自分で関心を持ったこと以外の本は読まずにきた人間ですが、この前必要があってジョン・ロックを読んだら可謬性ということばが出てきたんで、びっくりしたんです。ぼくが「戦後後論」でぶつかったような問題に、ロックもぶつかっている。さっきルソーに反発してドストエフスキーが「そんな考えなんて糞ったれだ!」と悪態をついたという話をしましたが、つまり一六、七世紀に近代社会のもとになる考え方が出てきてそれでおおわれようとすると、それに動かされて文学の歯車もゴトリと一つ動くんですね。

ぼくの場合は文学の立場からということだと思うけれども、文学を通じて政治思想とか哲学も考えてみたいという関心が出てきた。

それで小浜さんが言って大澤さんが言った、最初の問題が答えられていないということだけれども、そこはちょっと難しい、援助交際がなぜいけないのかというのも、文学の問題なんです。

イノセンス、ノン・モラル、責任

大澤　政治と文学論争に触れた部分は、他者の思想に対して自己の思想を極限まで引き離して擁護するという、そういう感じで読めるんですが、最終的にはどこかでつながっていかなくてはいけないと思うんですね。例えば「ノン・モラル」の問題のところで、芹沢俊介さんのイノセンス話しとつなげますね。子どもはイノセンスであって、罪がない。無垢ということではなく単純な意味で責任がないということですね、芹沢さんの場合は。生まれてきたことに対して責任を負っていないわけだから、何をしても無実なわけです。そういう子どもを、いかにして責任を負う主体に換えていくかということが問題になるわけです。芹沢さんはその場合家族の問題から入っていって、イノセンスを全面的に承認してやることが大事で、そのことで逆に子どもは自分の存在を引き受ける契機になるというんですね。引き受けるということは、自分が選択したことではないことに対して、選択したような構えをつくることができるということであって、虚構を生きてもいいということですね。

そのときに、ぼくの考えでは、自己の思想と他者の思想の両方がインテグレート（統合）されている、そういう水準になると思うんです。つまり自己の思想にとどまっている限りはイノセントにとどまらざるを得ないけれども、他者によって、自分が百パーセント承認されている。その他者の承認を自分自身の選択として引き受ければ、イノセントを乗り超えたことになるわけです。だから、自己の思想と他者の思想がどこかで交わり渾融していく契機を通ることによって、ノン・モラルあるいはイノセントな状態が克服され、なんらかの主体となって立ち上がることができる、ということだと思うんです。どこかで、自己の思想が他者の思想に出会うような場所をつくっておかないといけないし、この本はそうなっているという感じがあるんですね。

加藤　いや、そのことはまったくその通りで、朝日カルチャーセンターの講演というのも、実はいま言われたことをぼくなりに突っ込んで話したんです。

芹沢さんが書かれたものをとてもおもしろく読んだんだけれども（「イノセンスが壊れる時」『新版現代〈子ども〉暴力論』春秋社、一九九七年）、考えが全て同じというんじゃないにせよ、これを受けとり直すことで、もう少し進められるんじゃないかなという気がしたんですけどね。

小浜　一言口を挟ませてもらいたいんだけれど、日本という国家が行なった戦争に対して、ぼくたちは自分のあずかり知らないイノセントな状態で生まれてきたわけですね。イノセントな状態が、どのように責任を引き受けるかというのは、ぼくはある種、技術の問題だと思うんですよ。つまり責任という概念を、もう少し多層化させて考える必要があるという気がする。責任ということばは、ただちに道義的責任というイメージを呼び起こしやすいですね。そうすると、戦後生まれの人間が、なぜ道義的責任を個人個人で引き受けなければならないのかという反論となって返ってきますね。責任という概念は多元的な要素で作られていて、道義的なものもあれば、例えば企業の先代の社長がつくった負債は誰かが受け継ぐわけですが、それは企業の責任者は先代の社長の責任を道義的に背負っているわけではないですね。しかし、会社を潰すことをみんなが得策と考えない以上、誰かが責任を引き継ぐべきだ。しかしそういうあり方は、個人個人が背負う道義的な責任とはまったく違っていて、ファンクショナルな背負い方ですね。そういうかたちでの、共同性レベルでの、うまい責任の引き継ぎ方というものはあり得るはずだということです。それをきちんと考えることは、これからのあり方を考えていくうえで大事だという感じがあるわけです。政治家とか官僚はそういう役割にあるから、責任は重いと思いますし、一般市民は道義的責任を引き受ける必要はまったくないし、それぞれの役分に応じた受け継ぎ方はありうると思いますね。それがイノセンスからうまく脱却する方法だという気がしますね。

瀬尾　単純に機能的な考え方をするにしても、ある種の正当性といいますか、システムそのものが持っている正当性がやはりどこかで問われますよね。それが言われないと、これはファンクショナルだから道義的責任はないが機能的な責任は負え、と言われでもそれは成り立たないと思うんです。その問題はどうなんでしょう。

小浜　それは何十年前に起こった戦争という、歴史的事実をめぐる話し以外に、現在の国際関係のあり方の問題、例えば対アジア外交をめぐる話だとか、「日本何するものぞ」という周辺諸国の現在のナショナルな感情の重圧から従軍慰安婦問題が起こってきて、そのために大問題だと思わせられている側面がありますから、それに対する対応というかたちで考えることも必要なわけで、正しいか正しくないかという問題は、一国内部での正しさを問うだけでは成り立っていかないですよね。

瀬尾　それは、そうだと思うけれど、その正しさの問題は、やはり共同性対共同性の問題になっていってしまうのではないですか。

小浜　それは当面しかたないという気がする。でもしかたないと言ったからといって別に加藤さんの論の核になっている「私」を通しての公共性の立ち上げという「理念」的な部分に異を唱えたことにはならないと思います。ぼくは基本的に、戦争責任というテーマが成り立つとしたら、経験しなかった個人の道義性を極力排除して考えることが必要だと思う。そうしないと、それこそ「無限に恥じ入る」がいつまでも続いて、いわれなき原罪主義の抑圧を個が背負わなくてはならない。それこそ共同性から解放されない姿です。そんな馬鹿なことはないはずです。個体は限定的な生命時間を持っていますから、経験できなかったことは経験できなかったこととして絶対的なことですね。しかし共同性というものを多くの人間が必要とするかぎりは、それは個人の時間性を超えた歴史性を持ってしまうわけですから、そこではある意味では仕方がない。

大澤　役分というのは、共同性との関係で出てきますから、そこに責任が生ずるのではないですか。

小浜　そう思いますね。つまり分に応じて責任を分け持つということになると思います。非経験者が引き受けるという場合には、道義的なニュアンスをなるべく払拭した責任という概念の組み立て方が、ぼくは正しいという気がするわけですよ。またそれとは別個に、思想一般、人間論一般の課題として殺人や戦争の問題を考えることは必要です。そのかぎりで歴史がどうであったかの議論を深めることも大切だと思います。

加藤　ヤスパースが『罪責論』というものを一九四六年に書いてドイツ人の戦争責任をどう考えればいいのかということについて論じているんですが、そこでは罪の概念を四つに分けています。彼は罪を誰が裁くのかという裁き手によって分けるんですね。まず刑法上の罪、これは裁判所が法によって法に違反したものを裁く。次は政治上の罪、これは対立を戦争など政治行為に訴えた末、それで負けたりすることから生じる罪ですが、これを裁くのは戦勝者の意思と権力です。個人も公民である限りでその罪をまぬかれない。

で、三番目が小浜さんのいう道義的な罪。道義的な罪を裁くのは自己の良心で、他者としてはかろうじてその人間と精神上の深い交流をしている友人がその人間の道義上の罪を裁くことができるにすぎない。ヤスパースはこのあたり非常に明晰です。道義上の罪というのはそういうものだと書いています。

ただ、最後にもう一つ形而上的な罪というものがある。例えば自分と関係のない誰かが連行され殺された、でも自分は何もしなかった。これは先の三つのどれにも該当しない。でも、そういうことがあると、人はうしろめたく感じる。なぜこういう感情が起こるんだろう、と考えて、ヤスパースはそもそも人間相互間には連帯感情というものがあり、そのため人は人に対して行なわれるあらゆる不法と不正に無関係ではないんだ、特に自分の居合わせたり知っていたりする範囲内で起こる不法と不正に対しては、はっきり罪の一半を負わされるんだ、というわけです。で、ここで僕から見ると面白い言い方をしているんですが、私が他人の殺害を手をこまねて見ていたとすると、私には罪がある、というしろめたさの感じが来る。このようなことが行なわれた後でもまだ自分が生きている、ということがこのうしろめたさの素なんだ、というんです。で、この罪は法律的、政治的、道徳的には罪だと考えられない、この罪を裁くのは神としかいいようがない、というのです。

だから道義上の責任と政治上の責任、法的な責任というあたりをしっかり押さえた上で考える必要がある。道義上の責任を他者が糾弾の形で問うというのは厳密に言うとありえないことだけれども、またこれを深く考えると形而上的な罪というものを考えざるをえなくなるわけで、道義的な問題を外した上で、どうすることが責任という問題を考えることなのかという換算の仕方、そのことも含めて考えていかないといけないという気がしますね。

個人と社会をどうつなぐか

竹田　いま橋爪大三郎さんが見えたので、『敗戦後論』の感想を言っていただいて、議論に加わってもらいたいと思います。橋爪さん、どうですか。

橋爪大三郎　遅れてきてすみません。

感想を言えということですが、これはなかなかすごい本ではないかと思います。いい線を行っている。最後まで行っているとは思わないのですが、少なくとも言論界を本来の方向へ引っ張っていく、そういう牽引力を持っているという印象をもちました。責任の問題は、ここでは戦争責任という名前がついていますが、個人と社会という問題ですね。そこで、公共と共同とが別れていることが重要です。これは従来混同されてきたなという思いが深いので、近代の個というものを受けとめるのに、重要な試金石になるという気がしますね。

日本人は近代社会そのものを誤解しているのではないかという感じが前からしています。なぜかと言うと、責任とか法や権力に対する感覚の悪さのようなものを感じるからなんですが、それは左右を問わずどんな言説にも見えてしまって、イライラするのですが、そういったものばかりのなかで、少なくともこの本はまともに読めるなという印象ですね。

この先をどう考えればいいかということについて言えば、歴史主体の形成ということばでその方向が目指されているけれども、主体的実践的にアジア諸国の相互関係を考えていくというように、わたしは理解していきたい。例えば靖国神社というものがあって、あそこにお参りしたりすると、中国からクレームがついてぎくしゃくして、あわてて謝罪をしたりするわけです。従来左翼はこの問題は考えずにすんできた。なぜなら靖国神社には戦犯がいるだけであり、そこにいくのは右翼であるというスタンスだったからですが、わたしは、それではすまないと思うようになった。靖国神社の問題を考えることが、歴史主体の形成という問題につながっていくのではないかという見通しがあります。

竹田 靖国神社問題の主旨を一言。

橋爪 はい。現在の憲法は政教分離の原則に従っています。民主主義国家であれば政教分離であらねばならないわけですが、なぜ靖国神社問題が複雑かというと、一九四五年まで神道は宗教でなく、神社は国営だった。公務に殉じた国民(軍人)は靖国神社に祀られ、そして国家によって追悼されるという形式を持っていた。一九四五年以降の体制で、一九四五年以前の公務に殉じた国民を追悼しようとしても、その方法がない。本質的にはそういう問題なのです。憲法改正を、日本が自らの手で行なっていたのであれば、この問題は処理できたはずですが、そうではなかった。なぜならば、この問題を抜きにして現在の憲法が成立してしまったからですね。この接続をきちんとしないと、少なくとも、戦争責任の問題を処理する道は閉ざされたままなのではないかという直感をわたしは持っている。

竹田 戦争責任の問題をきちんと処理するための橋爪さんの基本イメージを、ひとこと言ってくれませんか。

橋爪 まず事実認識の段階で、三万人殺されたとか三十万人殺されたという消耗な水掛け論が続いていて、戦争の問題が終わったとは言いにくい。平行線なのかもしれないけれども、それはそれとして、次の付き合いを始めるというスタンスにならなければならないのに、そのはるか手前にある。例えば日本側であれば靖国神社問題、ほかのそれぞれの国家であれば賠償の問題ですね、それらをよく整理したうえで、次の関係を作るということではないでしょうか。

再びイノセンスについて

橋爪 もう一つ、責任を、自分が公共の社会を生きるというスタイルで引き受けるという問題がある。さきほどイノセンスの話が出ていて、これはおもしろい問題だと思うのですが、歴史も責任も共同体も過去のいきさつも一切知らなくて、わたしがいるという事実だけは大丈夫だというところから出発する、などという考えは原理的に成り立たないのではないかと思うんです。なぜならイノセンス主義に立てば、イノセンスを主張し、親に反抗したりするためにはことばを使わなければいけないのですが、ことばというものは自分のなかから湧いてくるのではなく、外部から与えられたもののはずだから、本当はイノセンスの主張はすでにイノセンスではないわけです。だからイノセンスが成り立つかどうか、非常に疑問に思うわけです。イノセンスを一応立てておき、技術として責任を学ばせるというものではないような気がする。

小浜 わずかな違い（笑）。わずかな違いなんですが。

大澤 われわれの言語も、自分で選んだものではないですね。根本的条件というものは、頼まざる贈与によって成り立っている事実があるわけです。それが一点で、さきほどの加藤さんのヤスパースの話に興味があるんだけれども、そのことにつなげると、根源的なイノセンス、あるいはノン・モラルというものに、形而上的罪というものが対として対立しなければいけないという気がするんですね。形而上的罪ということを、加藤さんはうまく説明してくれたけれど、もっと簡単に言えば、本当は罪がないことに対して罪があるという感覚をもつということですね。イノセンスを乗り超えることもそうで、つまり自分には責任がない、にもかかわらず責任を感じるというメカニズムと、自分に対して罪のないことにも罪があると感じてしまうメカニズムがあって、それが形而上的罪を作るのと同じようなプロセスを経て、イノセンスが責任へと転化するというメカニズムがあると思うのです。

問題なのは、道義上の罪に引っ張っ

てしまうと、議論がつまらなくなってしまうということですね。形而上的罪であるべき問題を、道義上の罪として言われてしまうから、おれにはカンケイねえヨ、ということになってしまうんですね。だから形而上の罪として展開できるような、そういう問題設定がなければならない。逆に言えば、そうすることで、戦争責任の問題はうまく扱えると思うんですよ。議論としてはツーステップでなければならなくて、つまり道義上の罪から解放しなくてはならない。そのためにノン・モラルの問題とかフリッパントであることが言われなければならなくて、それと一体化するように形而上の罪があるということを伝えなければならないというのが、ぼくの考えていることですね。『敗戦後論』で書かれていることと、加藤さんが言われたヤスパース的問題意識とのつながりをどう考えているのかということをお聞きしたいですね。

加藤　ヤスパースの道義的責任というのは共同性ではなく、個人なんですね。ぼくと高橋哲哉さんの違いというのは、ぼくはノン・モラルあるいはイノセンスというものをたてないと問題は解決しないと考えているわけですね。コンテクストはまったく違うけれども、それはありえないというのが高橋哲哉さんの立場で、ぼくにはそれが認められないということです。

ですから、高橋さんとぼくの対立を一番まともに延長していったらここにくるかもしれませんよ。橋爪さんのいうわずかな違いという一点です。イノセンスが成り立つのかどうか。この問題を俯瞰的に見れば言葉をもつことが既に外部から来ているわけだからイノセンスはないんだ、これは真理でしょう。でも、この真理であることをどう子どもなら子どもが了解するか、という問題が別にあるというのがぼくの考えです。真理だからといってもこの真理を理解し、了解するのはいわば大人だけですね。では、この真理を解さない子どもが自分のイノセンスは既に成立していないんだという真理を、どう了解するのか。その会得の順序はどういうものか。それを考えるにはただこれが真理だという言い方だけでは不十分です。ここには確かに大澤さんのいうような責任がないことが責任があることの根拠になり、罪がないことからそのことが内実となるような罪が現れてくる、といった対位的なメカニズムを考える余地が見えているだろうと思うんです。

芹沢さんのイノセンスに対立する考えが先程いった、キリスト教の、人間は生まれながらにして原罪を持っているという考えですね。鵜飼哲という人が『償いのアルケオロジ！』という本のなかで、A give births to B.という英文について言っています。これは不思議な形になっている。この構文によれば、AはBに生誕を与えるのですが、その時Bは存在していないからです。ではここに想定されているのはどういう事態か。ぼくの考えになりますが、Bは生誕を与えられて人間になる。つまりここにいうBは未生の人間なので、原罪説はかならず楽園追放を必要とする。人間はイノセンスじゃない、原罪をもっている、といったとたん、イノセンスな前段階の未生の人間がまた必要になってくるメカニズムをこの構文はよく示していると思うんです。ですから、こういう二次方程式の構えの中で考えると、芹沢さんのイノセンス論はもっと面白く受けとられるんじゃないか。ぼくは芹沢さんの論はその一番いいところを受け取れば、子どもがなぜこの真理を了解するのかというメカニズムを押さえていると思うんです。

その了解にはイノセンスがあること、自分は無実だ、と主観的に感じられる場所があることは、人間が生きる上に絶対に必要なんですよ。養子に養い親が「真実告知」する時の言い方が紹介されていて、そこでは、「血のつながりはないけど、私達は親子なんだ」と肯定形で親から子へ真実告知がなされなきゃいけない、と言われているんですが、なぜ肯定形でなきゃいけないのか。ぼくの考えをいえば、養子の子にはいわば生まれたことの根源的な受動性に発する無実性がない、イノセンスがないからです。この「真実告知」は無条件の肯定形でなされることで、このイノセンスを養子の子に植え付ける儀式になっているんです。ですから、ここでは「肯定」は必要なんです。

でも、この後のいわゆる家庭での子どもが暴力をふるう場面で必要なことはこの暴力をどこまでも肯定するということじゃないんでしょうね。この暴力はイノセンスの発露ですけど、この子は実の子でイノセンスをもっているわけです。この一般的な事例で、イノセンスの解体に必要なのは、肯定ではなく、これを受けとめること、概念としていうなら承認です。暴力を受けとめるというのはこれを肯定してなすがままになることじゃない。また、父の権威でこれを押さえつけることでもない。これに対峙し、これと対話を成立させることです。そのことによってイノセンスはそれとして承認され、それ自体社会化し、いわば責任を引き受ける主体の萌芽のような部分になるというのがぼくの考えです。

芹沢さんの真実告知の話に面白い挿話が出てきます。ゆみちゃんという女の子が「幻の親物語」をもっていて、新しいお母さんに「私にはおじいさんもおばあさんもお父さんもお母さんもお兄さんもいるのよ」というんです。で、これは新しいお母さんを拒否する物語なのですが、新しいお母さんは賢明にも「あ、いいな、新しいお母さんもそこに入れてくれないかな」とこれを肯定的に受けとめた、そのことによって子の場合の子どもの側のセレモニーは完成した、という話です。でも、これは、いわばゆみちゃんの嘘の親物語をそのまま肯定してあげたということじゃないんですね。ゆみちゃんは四歳です。自分の「親物語」が嘘だということは知っている。ですから、それが嘘のまま、ままごとみたいに新しいお母さんに「そうなの、よかったわね」と受けとめられでも自分のメッセージが受けとめられたとは思わないでしょう。この子の物語の核心はこの子にはイノセンスの場所がない、だから自分でこれを仮構の形で作らなければならなかった、ということです。この物語は嘘なんだけど、この嘘の物語を必要としたこの子の苦しみというか必要はほんとうなんですね。新しいお母さんは、嘘の物語の中にあるこのほんとうを直観的に見分け、ああ、この子は苦しかったんだ、とそれを受けとめた。イノセンスの解体に必要なのがそのままの肯定じゃなくてそこにあるいわばほんとうの受けとめだというのは、そういう意味だと思う。そのままの肯定が受けとめにならないこともある。それに立ち向かうこと、対峙することがかえって受けとめになることも多い、ということです。

これ以上のことは、実はこのことについて別のところで話しているので、ここでは繰り返しません。(『戦後を戦後以後、考える』岩波ブックレット・一九九八年) 芹沢さんの論を手がかりにして、イノセンスな自己と社会を引き受ける自己の間の劇について考えたもので、大澤さんの発言ととても触れるのですが、いまは、大澤さんの指摘が少なくともぼくには非常に示唆にとむ、とだけ言っておきます。

小浜　今のお話をきいて、ふたつくらい言いたいことがあるんですが、ひとつは芹沢さんのイノセンス論についてですね。ぼくは問題を感じていて、今度芹沢俊介批判の本をだすんですけれど(笑)〔後註:『現代思想の困った人たち』(王国社) 既刊です〕、失礼ながらみなさんはちゃんと検討されていないだろうけれど、はっきり言って芹沢さんのイノセンス論というのはそんなに高級なものじゃないですよ。何が問題かというと、芹沢さんのイノセンス論は、子どもがイノセンスであるという主張と対になった不可分の関係項として、親のほうが原罪を背負っているという論理構造になっている。両者は表裏一体なんです。それが駄目だと感じる大きな点ですね。かれは、親が子を生んだという「最初の暴力」に対して子どもは自己を解放するためにあらゆる悪を行なうことが可能性として許されている、だからイノセンスからの自己解放の表出のためなら、親や教師は子どもの欲望をいっさいの留保なしに肯定すべきだとまで極論しているんですよ。子どもを生んだことが暴力だという言い方についてですが、暴力というのことばは非常にネガティヴな感じしか受け取れません。この論を誰が読むのかといったら、大人であり親であり、教育者であり、あるいはこれから子どもを生もうかどうしようか考えているような人たちです。つまり読んだ人は、単に子どもの存在規定についての知を得るのではなくて、子どもを生むことが暴力だという罪責感のようなものを先験的に植え付けられてしまう。これはキリスト教の原罪主義と同じで、思想として基本的にまずいと思います。

それからもう一つは、個体の自己形成の、自我心理学の概念を、『敗戦後論』で問題になっているナショナリズムや社会的共同性の問題に、そのままアナロジーできるのかということを議論する必要があるのではないかと思います。それは竹田さんがはじめに岸田さんの「人格分裂」説を援用することについて出された疑問点と重なるところがあります。ぼくも、岸田さんの「黒船強姦」説とかアメリカによる日本人の「人格分裂説」というのは、当たっているところがあるのでつい、これは面白い、と感じてしまうのですが、よくよく考えると、やっぱり親子関係や性関係の話を社会や歴史における人間の共同性のあり方にそのままかぶせて語るのは、ちょっと筋が違うのではないかと思う。

竹田　ぼくもちょっと気になる点がある。つまり、乱暴に言うと、イノセントがあり得るのかどうか、いかにして何も知らない人間が責任を負うように転換できるか、という議論のたて方は、いわば五十歳くらいの人のものであって（笑）、若い人は違うんじゃないかという気がするんです。それははじめから、じつは人間はイノセントではないぞという含みで言われている気配があって、それでは若い人にとってきついのではないか。ぼくは在日なので、責任があるといわれても、関係ないよと言えちゃう立場で、ちょっとこの問題ではハンデがあるんだけど、ただ、どこから考え始めれば普通の人がこの問題に反応することができるかということですね。どこを出発点にするのがいいか、と考えるんです。だから若い人に、君を含めて誰でも親との関係や友達との関係を持っている、そこに、信頼があったり、負い目があったり罪があったり確執があったりする。そこに社会関係で生じてくる問題の原型がみなある。だから、いまある社会問題で気になる問題があって、それを考えてみたいと思うならば、自分の人間関係の経験の中に、それをちゃんと考えられるヒントも原理もみなある。そんな風にぼくは言う。

だから、わざわざ生まれた人間はイノセントかどうか、原罪を持っているのかどうかというところから考えなくてもいい。この問題設定は先行世代がすでに立てている問題設定でないだろうか。若い人にとっては、なぜこうした問題設定があるのかということがうまくイメージできなければ、いつまでもすっきりしないと思うんです。だから、人間は、あるいは子供はイノセントであるかどうかよりも、人は関係というものをどうやって引き受けるのか。どういう条件でそれを積極的に引き受けられ、どういう条件を欠くと、自分の中に閉じこもったり、罪におびえたり攻撃的になったりするか。そういう問題でいいような気がする。加藤さんの言っているのもそういうことかもしれないんだけど。そういう自分の場所から考えればいいので、自己中心的な現代の人間が、いかにして責任を引き受けるようになりうるか、というかたちで受けとられると、ちょっと届きにくい気がする。すでに設定された枠のなかから考えざるをえなくなる。するとだんだん苦しくなって、反動としてノン・モラルの声が大きくなってしまう。

戦後憲法の問題

小浜　せっかく橋爪さんが見えられたので、『敗戦後論』に書かれている憲法問題のことで、一つお聞きしたいことがあるんですね。22ページに

《わたし達のこの平和憲法保持は、この「強制」の事実に眼をつむることによって完遂された。わたし達はこれを擁護し、また否定しようとしてきたが、そのいずれも現実を直視したものではなかった。現実はどうだったか。わたし達は「強制」された、しかし、わたし達は根こそぎ一度、説得され、このほうがいいと思ったのである。》

細かいことを言えば、この「わたし達」というくくり方そのものにぼく自身は感覚として少々ひっかかるのですが、まあここまではいいんですね。問題はこの次なんですが

《とすれば方法は一つしかない。強制されたものを、いま、自発的に、もう一度、「選び直す」というのがその方法である。》

この言い方は、加藤さんの主旨とずれるかもしれませんが、ぼくには平和

憲法を平和憲法のままで、手続き上だけで選び直す、といっているように読めるんですね。九条を変えないというかたちを維持するんだけれど、手続き上自分たちがやったということが自覚できるし、そのことが大事だと言っているような気がするんです。もし憲法を選び直すのであれば、結果を予断させるのではなく、ニュートラルなことだけを言うべきではないか。ぼくには平和憲法を選び直す、というように読めるんですよ。この点について、加藤さんと橋爪さんのお二人に聞いてみたいのですが。

橋爪　まったくここに書いてある通りでいいですね。これ以外にはない。

小浜　この文の解釈としてどうですか。

橋爪　解釈としてもこれでいいんではないですか。平和憲法という言い方が悪ければ、現行憲法と言えばいいんで、これ以外にない。小浜さんがおっしゃったようにこの箇所を解釈する人がいるかもしれない（実際いるだろう）ということと、そこがテキストとしてそう解釈できるということとは別です。憲法の効力を維持しようという法制度上の決意の問題であって、これでいいんじゃないですか。

『僕の憲法草案』（ポット出版・一九九三年）という五人で書いた本があって、その中で一水会の鈴木邦男さんが、憲法は内容はいいが押しつけられたものであるから、国民投票で現行憲法を選び直したらどうかという提案をされて、わたしはそれに徹底的に反対した。なぜよくないかというと、現行憲法には、憲法を信任する国民投票の位置付けがない。もしこれを信任する手続きをやってしまえば、それは現行憲法の外にいったん出ることになるので、憲法を否認することになる。憲法はなんらかの憲法外的な出発点から与えられるしかないものではあるけれど、現に与えられた憲法があるのに、あえてもう一度その外に出ることは非常に危険な方向で、もしそれを認めてしまえば何度でも出ることができるわけですね。それは法秩序のもとでの国民の選択ではない、一種の革命です。わたしはそういうわけで、反対した。

そういう見解を持っているので、今の話が、選び直すために、国民が実際に国民投票をするべきだということであれば、わたしは反対します。唯一の方法は、たとえ押しつけであっても、民主主義の範囲内では、現行憲法の法秩序を有効と認め、それを維持するか改正するか、その二つしかない、ということになります。だからここで「選び直す」ということが、現憲法を変更することだとしても、現憲法の手続きによって行なうしかないから、それならば現憲法から地続き上にあるということになります。

加藤　ここでいっていることはそういうことだけれども、これは選択肢の提示だから、九条が捨てられることになってもいいというのは当然ですね。それはどこかで書いていると思います。小浜さんの疑問は九条の趣旨を肯定したままの信任投票提案はニュートラルじゃないんじゃないかということだけれども、ぼくに言わせるとニュートラルな選び直しの提案というのはないんです。だから小浜さんの受け取りは、重心をずらしていると思う。

大澤　自分としては平和憲法に賛成だけれども、選び直した結果、九条が捨てられることになっても、それはそれで反対する動きを起こすと、書いていましたよね。

小浜　そうであれば、いいです。〔後註：『敗戦後論』を再検討した結果、七四ページ三、四行目に加藤、大澤両氏のご指摘通りの文章を見つけました。小浜の読み落としを認めます。〕

加藤　九条の問題も大きいけれども、それ以上に、この問題が凍結された結果、いま憲法の感覚が生きていないということの方がずっと重大な問題で、その感覚が生き返ることが先なので、もし九条がなくなり、それに自分が反対なら、それはそれで動きを起こすとどこかで書いているはずです。

小浜　そのことは分かりました。次の問題ですが、九条そのものについて橋爪さんは、いかがですか。どちらかというと、改憲の立場だと思うんだけれど。

橋爪　立場がどうかは置くとして、まず現状をどう理解するかということですが、普通に読めば、自衛隊法と憲法九条とは両立しないわけです。だから憲法違反なんだけれど、もう少し慎重にその先を考えてみます。憲法は慣習法だから、最高裁判所が違憲の判決も出さず、合法的存在として自衛隊に毎年予算が出され、長年にわたって存在していれば、この事実が憲法を補足するものだということになる。つまり現憲法体制の一部だと解釈せざるをえないわけです。だからたいへん変なことになっている。個々の条文がどうかより、この変な感覚こそが有害だとわたしは思う。それならば実態に合わせて憲法を書き直すほうが、はるかに筋に合う。そういう方向で解決したほうがよいというのがわたしの見解ですね。

小浜　ぼくもどちらかというとそれに賛成ですね。そこは加藤さんと少し違うところかな。

加藤　ぼくの二人と違う点は、この現実と憲法の一致がその結果、憲法の感覚の回復を呼び込むものでなくては意味がないということと、そのためにはやはり理念が問題になるだろうというところかもしれません。具体的に違いというと、憲法九条の精神をどう考えるか、ということです。ぼくは日本が平和的に物事を解決する考えに立つことを国是の第一に掲げるというのは、戦争で相手国にも大変な被害を与え、自分でも大変悲惨な思いをさせられた国民として、理由あることだろうと思っているので、理念としては支持したいんです。で、理念というのは、憲法のことを考えるんならやっぱり抜かすわけにはいかないだろうとも思うんですよ。現実と憲法が違う、これでい い、というのは有害な感覚だというのは、ぼくも同感ですけど、だからといってそれを一致させれば問題が解決するとは思わない、今よりはいいでしょうが。

ですからぼくの考えは、この平和の理念というのをこれまで以上にしっかりと考えなくては、現行憲法の第九条問題は解決できないということです。理念というのは要するに考え方です。なぜ平和を第一にするか、という考え方です。ちょうどこれは浅瀬に座礁した船に似ている。これを離礁させるには、一九四八年当時の平和思想を上回る平和についての考え方で水位を再び上昇させるしかない。ぼくがなぜいまの憲法論議は馬鹿げていると考えるかというと、こういうことを全く考えていないからです。ぼくはこう考えています。もし、戦後、日本人がそうだ、やっぱり平和主義というのは非常に大事で、世界はこれを基調に進んでいかなくてはいけない、日本の外交基調は平和主義の世界への定着をめざすこととする、と自主的に考えたとしたら、その時の憲法での条文はどんなふうになっただろうか。それは、少なくとも精神としていまの第九条のようなものとは違うんじゃないだろうか。なぜなら、条文の目的は、これを指針とするなら我々は国家に何を禁じ、何を要求するか、ということの明記になると思うんですが、だとしたら、自衛権がそこに含まれるかどうか、なんてことが解釈の争点になるはずがないからです。誰でも自分が侵略を受けたら抵抗するに決まっています。で、自衛権というのはそういうこと、抵抗権です。その意味で国民に国家に対する抵抗権、侵略国に対する自衛権が備わっているのは当然です。でも考え方としては、自衛権があることは平和主義の足場なんです。ぼくは私利私欲の上に公共性を再構築しなくちゃいけない、と言ってきましたが、ここでも同じで、自衛権の考え方がむしろ広義には抵抗権として平和主義の基礎になるはずだという考えです。これが、その逆に自衛権が自衛隊存立の根拠になり、その自衛隊がいわゆる軍隊の隠れみのになり、これに対し、護憲派の絶対平和主義が反対勢力として、対峙するというのは、ぼくにはなんとも病的な構図だと見える。そしてそれは、戦後の平和主義がいまいった戦後世界への日本という国のメッセージなどにはなっていなくて、むしろ先に犯した罪の打ち消しとして絶対平和主義に逃げるという内向きの自己弁解としてしか定立されなかったということの帰結なんだと思うんです。要点は、もし自主的に平和主義を盛ろうというのだったら、いまみたいな平和憲法論議になるか、そうじゃないだろう、ということですよ。これがぼくの基本姿勢です。言っておきますけど、これは一見似て聞こえるかもしれないけれど、小浜さんとは考えは違いますよ。小浜さんの論も含めて、そのもっと奥までいって設定しなおす必要があると思う。小浜さんのそういう発想がどこから出てくるか、ぼくなりによくわかっているけれど、九条に意味があるとかないとかいうかたちで論をたてていっても、この問題は袋小路だと思っているんです。

社会批判の原理と「正しさ」について

竹田　ちょっと具体的な問題から離れるけど、憲法議論や従軍慰安婦問題がここのところ議論になってたんですが、ぼくには、ずっと前からの、例えば天皇制の問題とか日の丸問題とか反核問題とかでの議論と、内実としてはほとんど同じなんですね。つまり、なぜ現状が悪いかという視点が二つに分れている。社会批判をするときの根拠と倫理型が基本的に同じだから、右と左の同じ議論が素材だけ変えて再生産されているだけと思える。これまで社会批判の基本の範型になっていたのは、戦後民主主義とマルクス主義だったわけです。最近、近代哲学を読み返しているんですが、近代思想がキリスト教と王権社会を批判して現われたとき、その批判の基本はまずはじめに神はほんとうは人間を自由なものとして作った、という神の再解釈からはじまって、つぎに神の代わりに理想的概念、理念を公準としてつくって議論を進めた。その典型がカントで、彼は最高善というものを設定した。その理想的な状態からひるがえって考えて、いまある人間と社会のあり方を批判する。今ある社会批判も、左右を問わず同じ範型で、いまの憲法はよくない、従軍慰安婦の問題はよくない、いまの日本の社会はよくないということになる、あるいは日本は自立すべきだ、とかもっと愛国心をということになるわけです。近代の批判思想は必ずそういうかたちになっていて、その象徴的な到達点が、マルクス主義なわけです。

ちなみに民主主義はマルクス主義とぶつかると、まず負けるんですね。ファシズムとぶつかっても負けるところがある。なぜかというと社会がよくないと言うときの根拠が、理想的な公準が設定されたかたちになっているという点で同じだからです。民主主義はそれが緩やかで、ファシズムやマルクス主義のほうはラディカルなんですね。だから事態が切迫してくると、必ずよりラディカルな思想に負けてしまう。責任の問題というようなことになると、大体議論は、よりそれを追いつめるかたちになる。理想状態がはじめに設定されているので、より過激になる。いろんな人がいろんな感度で態度をとりうる、というのが消えて、まだまだなまぬるい、無限に責任をとれ、とか、無限に恥じ入るべきだ、とかいう言い方になる。ソフトな思想は大体それによく対抗できない。それが日本の戦後の社会的な諸議論の定型になってきた。テーマだけ変わるけれど、中身は金太郎飴のように同じなんですね。そうではなくて、別のかたちでいまの憲法の問題や社会のありかたに対する批判の基準を作り出すことができなければ、これまでの議論が延々繰り返されるだけです。日本の戦後社会において、そういう議論が常に繰り返されてきた典型が、この戦争責任論ですね。

ぼくの考えでは社会批判の公準を、一から考え直す方法があって、それは近代哲学をもう一度しっかり読めば分かるようになっている、といいたい（笑）。抑圧や支配の上下関係の厳しいところでは、理想型を設定してそこから抑圧や支配のあり方を批判することにはそれなりの理由がありましたが、現在それをやると、必ず右と左に分裂していくことになる。むしろさまざまな人間が色々なところに属しているけれど、個々人が利害を持っていて、それがぶつかり合ったときどういう調停ができるか。理想設定型ではなくて、相互承認の条件を追いつめるという仕方ですね。そういう発想でないと、新しい社会批判の根拠はもう出てこない。どういう場所から社会を批判できるかのイメージがはっきりしないかぎり、若い人にとっては、議論がいつも、責任をとるかとらないか、正しいことをするのかしないのかということに収斂されていく。すると、何かちがう、何か変だ、という感覚が残る。

それで、優れた文学の感度は物事を考えるとき、イデオロギーや理想型を設定してそこから考えていくようなものではないわけですね。ただ、それは別に文学の本質というのではない。思想としてもそういう考え方のイメージが出てこないと、いわばふつうの人が日本社会の一員として、日本社会がどうあればいいのかという社会イメージをつかむことができない。橋爪さんのことばでよく覚えているのは、戦争責任の問題はどう責任をとるか、ではなく、これから世界で戦争が少なくなるためには何が必要かをしっかり考えるということに尽きる、ということですね。それで終わりなんです、本当は。ただ、社会批判のかたちとして、どう純化できるかは、それとしてはっきり打ち出さないといけない。

瀬尾　竹田さんが言った「緩やかな正しさ」ということを、この本に即して言うと、理念からおりてくる正しさではない正しさ、という立場で竹田さんがこのなかに登場していると思うんですね。ところが加藤さんはこの本で「正しさ」ということに対して、竹田さんとは違う位置のとり方、竹田さんとは違う底の抜き方をしている感じがあるわけです。それが「語り口」という言い方で出されている問題なんだと思う。たとえば高橋哲哉の語り口が共同的なものであるというのは、どういうことなのか。日本人にむかって日本人には義がないと言っているのに、それがなぜ共同的なのかといえば、その語り口が日本人にむかってだけ、正義あるいは強迫としての効果を発揮する言い方になっているからです。外からの視点をとっているように見えながら、その語り口がもっている意味は徹底して内部向けだからです。では、正しさがない、ということをどんなふうに言ったらそれが共同的な言い方でない、公共的な言い方になるのか。そういうふうに、「正しさ」についてもう一歩踏み込んだ問題の形を出しているような気がするのです。

個人的なことを言えば、ぼく自身は責任というようなことに対して感覚の悪い人間なわけで、責任とか法とか権力の感覚のない人たちに対して怒る資格はまったくないのだけれど、たとえば学生運動のなかで感じたのは、既成の正しさがある、その正しさを根底から疑うというかたちで左翼というものがあらわれてくる。だがそれもまた正しさとして自己主張する。それをまた根底的に疑うようにして新左翼なんていうのが登場してくる。だが新左翼のいろんな党派も、それぞれに正しさの強度によって自己主張する。それに対して党派はだめでノンセクトがいいという立場がある、けれどノンセクトだって突き詰めてゆくと党派と同じ正しさによってものを言うしかなくなる。つまりある正しさを否定してつぎつぎに別の正しさが語られるわけだけれども、どこまでいってもそこで語られている正しさのなかに、根底のところで疑われることのない何かあるものが残りつづける。そういうもののなかでは息もつけない、という感覚が消えなかった。そこを踏み抜くようにして「正しさ」を語るのは、どうしたら可能なのかということをずっと考えてきたということがあるわけです。

そういうところから見ると、竹田さんの言う正しさのとらえ方はぼくにとって非常に新鮮だった。つまり社会理論的なところに足場を置いて、理念からではなくて、問題を具体的に解くためのの条件をひとつひとつ見つけだしてゆくという正しさの考え方ですね。それにとても説得されてきたんだけれども、加藤さんの言っていることはそれとも違うんじゃないかという気がする。そしてそこから見ると、竹田さんの言う正しさにも、ある前提があるように見えてくる。ぼくのような自堕落なものの見方からすると、それだと底の踏み抜き方に不満が残る、ということがあります。そう見えてくるのはつまり、この加藤さんの本が、つまり何が正しいのか、何が義がないのかをどんなふうに言ったら、それは正しさの底を踏みぬいた正しさになるのか、という「言うこと」の条件にまでおりているからです。世界が滅びてもいいというところまで降りたところで出てくる正しさ。公共性、というのはそういうもので、それがこの本の核心だとぼくは受け取ったわけです。だからこの本に出てくる竹田さんの位置と加藤さんの位置の違いというのは、もっとシビアに突き詰めておいたほうがいいのではないかという気がするのです。

竹田 瀬尾さんがそう言うのもよく分かるんだけれど、そこは微妙で、これは違うこれは遺う、とだけいっているると、だんだん相対主義に近くなってくる面もあると思う。たしかに、ぼくの考えとしても文学は積極的にこれがいいんだとはいわない。むしろ、これは変だ、これはおかしいと言うような性格をもっている。正当性を主張するのではなくて、抗弁するものだと思う。だけど思想はそういうかたちのままではよく生きられない。思想が違うだけで押し通すとポスト・モダンの相対主義に近づいてくる。異和だけを恨拠とするんですね。思想は、どこかで積極的な像を作り出すところまで追いつめて、はじめてその仕事を全うできるという面を持っていて、そこが文学と違うところだと思います。その二つの側面は、ぼくのなかでは対立しないんですよ。

それから、ぼくの考えをもう少し率直に言うと、戦争責任の問題は、とにかく基本的には大学で然るべく給料を取っているような（笑）知識人がきちんと考えなければならない問題だと思う。そういうことをしっかり考えてよい考え方を出すということで、社会的に報酬を受けてるわけだから。一般の人は、そんなことを考えなくちゃいけないという〝責任〟はない。ふつうの人は、きちんとルールを守り自分たちの作っているルールに対しては責任をもつ。それをしっかりクリアしていたら、誰でもどう生きるかについて自己決定できる。社会の大きなルールや、矛盾の調停の問題については、その道のプロがしっかりオプションを提出する役割を担ってる。もちろんいろんなプランや意見が出てくるから、ふつうの人は、必要に応じてなるほどと思えるプランをしっかり選ぶ。それでいい。それが成熟した社会の基本です。一人一人の人間が過去の戦争についてどう責任を取るべきかを考える、それはちょっと異様なことだと思うんです。よい考え方を提示する責任が知識人にある。ただ、一般の人は、誰がちゃんとしたことを言っているかを見抜く眼がないと、自分が困ることになるというだけです。そのことが最低限考えるべきことで、そこがクリアできないとその国民はひどい目に合う。社会というものはそういう役割分担を持っているわけです。だから少なくとも思想としてそれを考える人間は、社会の問題についてどう考えればいいか、ある程度しっかりしたモデルを出さないと、結局は、自分にはそんなことは関係がないよ、という人が最後になって困る、という感じがあるんです。

瀬尾　ぼくももちろん個人的には困らないようにしたい。たしかにぼくのような人間は困るかもしれない。でもここでの問題はそういうことではなくて、世界が滅びてもお茶がのめればいいという人の存在が前提のなかにはいっていなければ、そのルールやプランは何か決定的なものを欠くことになる、ということを問題にしているわけです。

だから考え方の順序としては、困ってもいいからどうなんだ、というふうに考えるのが筋ではないかと思う。

大澤　瀬尾さんが、義のある戦争かそうではないかという視点自体も解体されていかなくてはならないというけれど、議論の順序としては、そこから出発していかなくてはいけないんじゃないか。それから加藤さんの本の議論では、それは出発点であり、結論ではないですね。ぼくの同僚の間宮陽介が、この本の批判を書いているんですね。これは典型的な戦後民主主義からの批判ですが、間宮さんにはライバルがいて、それは佐伯啓思なんですよ。佐伯さんは比較的評価していて、佐伯さんが評価すると、仲が悪いもんだから間宮さんが批判するというね(笑)、そういうこともあるんだけれど、その評価にはどうしても納得できない面があって、あれは義のない戦争だったと加藤さんはアプリオリに決めているけれど、必ずしもそうではない。義があったと考えるべきじゃないか。そう佐伯さんは言う。でもそうするとねじれが消えちゃいますよね（笑）。義のない戦争を戦った結果、ねじれが生じたというところから議論をはじめないと、読んでもしようのないことになる。

竹田　発言されていない他の人たちも、何かあったら発言してください。

生活実感と社会批判

菅野仁　さきほど竹田さんがラディカルなかたちで、生活者は国家の問題を学者と同等に考える必要はないと言われ、一方加藤さんは戦争責任に対するノン・モラルの問題が、援助交際がなぜ悪いかという問題と自分の中では同じレベルのものとして了解されていると言われた。この二つの意見を対比して考えたとき、そこにはやはり考え方の違いがあると思うんですね。つまりぼくの理解だと竹田さんの言い方では、援助交際のような問題とナショナルな問題とは生活者にとって同じレベルの問題としては処理しきれない差異があるというふうに聞き取れた。そしてぼくもそう思うんです。援助交際の問題について、それがなぜ悪いかと言われたときにどう答えるかといった問題は、子供をもつ親なら誰でも一度真剣に向き合わなければならない問いとして生活者にとって切実な問題だと思うのですが、そのことと、国家の問題、あるいは戦後憲法が「ねじれ」を内包している問題を考えることの間にはレベルの違いをどうしても感じるんです。つまり今のぼくにとっては、ナショナルな問題を〈私〉を基点にして考えるという姿勢ができていないということなんだと思うのですが、しかしこのことはぼくだけの問題ではなく、結構多くの人、とくに若い世代の人にはそういう感じをもっている人が多いのではないかと思うのです。

もちろん、ナショナルな問題を考えることが無意味だとか、今の自分の生活の内実からナショナルな問題へとつながる経路を見出だすなんて結局は不可能だなどといったことが言いたいのではありません。ぼくは加藤さんのこの本を読んで、そうした可能性を示唆されたという点で、なんというか、「ザワザワとした妙な胸騒ぎ」を起こされました。「あっ、そうか。こうした戦後の体制とか国家とかそういうことを自分の内側から考えなければならないのだな」と、ふとその気になったりした自分がいるわけです。しかし加藤さんの本に触発されて、〈内側から考える「べき」だ〉などとついその気になってしまうのは、加藤さんのモチーフそのものを殺してしまう読み方でもあるだろうし、何より自分に対して〈それはおかしい〉という感じが残り、釈然としないところがあるわけです。自分の中で変なもどかしさが残っているということもあり、ナショナルな問題を自分の〈内側〉で考え抜くといったことを、加藤さんはどのような〈感じ〉として体感されているのかについて、もう少しお聞きしたいと思っているのですが。

加藤　ぼくはハンナ・アーレントなどとは違う人間なので、だからアーレントがおもしろく読めたんだけれど、橋爪さんの場合は言っていることがハンナ・アーレントに近いものがあるんですね。たとえば自由というものは、もともとは政治的な自由だったものが、古代から中世にかけて私的な自由、経済の自由というかたちに変わってきたわけですが、本来は公的空間の創設の自由で、そこは忘れちゃいけないと言うわけですね。そういうものを読むと、なるほどと思う。

でも、たとえば橋爪さんがフリーライダー（ただ乗り者）、自分では努力しないでたとえば組合の闘争の結果上がった賃金を享受する人間、これはまずいんだ、というと、ぼくなどは、自分のものを考える原点がこのフリ！ライダーだと思っちゃうんです。フリーライダーを否定しない、というのがぼくの思想なんです。そんなこたー、どーでもいーじゃねーかー、と管を巻いている酔っ払いが自分の底にいる。そういう大衆感情が深く自分を規定していることを感じるし、これを否定する気もない。大学三年目に大学の専門課程のある本郷に行ったんです。そしたら学生がちょっとエリートっぽくネクタイをして構内を歩いていた。これを見て、あ、ここはオレの来るところじゃない、と感じて、一年休学をその場で決めたということがありました。この埃っぽい気分を僕は自分の物を考える底板だと思っています。ですから、最初にいった、私と公共性という関係、そういう私から公共性へ、という幅が自分にとって大切な領域だと思っていますから、そこから、私利私欲と公共性だとか、ねじれだとか、ドストエフスキーとルソーだとか、いろいろわかりにくいことが出てくるわけです。

でも、それは考えるに値することを含んでいるんじゃないでしょうか。援助交際はなぜいけないか、という問いを菅野さんはそれに自分が訊かれて答える場面で想定していると思うんです。だから国家の問題と結びつかない。でも僕が援助交際の問題というのは、それをやっている女の子にとっての援助交際の問題、ということです。それはなぜよくないか。これとなぜ戦争のことを考えないのがよくないか。ここにはつながりがあるし、その延長で社会思想の問題も考えられる。ナショナルな問題と私の問題は、これを外在的に考えたら別個の問題ですけど、自分に触れてくる領域で考えるとつながる。そこで考える必要があるんじゃないか、という考えなんです。

文学の対局にあるものがもっと強くならないと、文学も強くならないという思いがあるんですね。野球選手の桑田が日本のトレーニングについて言っていますね。要するにこれまでは実際に使うところの筋肉しか鍛練しなかったけれども、プロのトレーナーについたら、全然使わない筋肉についてもトレーニングして、そのやり方で身体を変えることができた。湾岸戦争のとき、吉本隆明さんになぜ憲法九条について言及したのかと尋ね、吉本さんはキッとなって、あなたは文学だけど、文学だけではだめだと思っている、自分の九条に対する考え方はそんじょそこらの人間のそれとは違うんだと強く言った。それからずっとぼくも考えてきたけれど、やっぱり吉本さんとは違う考え方でぼくはいくしかないと思っているんです。でもそういうぼくが、今度は小浜さんから何か言われて、キッとなって、いや自分の考えは違うんだというわけだけど（笑）、そこに似たものがあるかもしれない。でも、文学的なことと社会科学的なことを混ぜ合わせるとか、互いに乗り入れるということでは全然ない。ルソーのいう一般意志という考え方が出てこなかったら、ドストエフスキーの考え方は出てこないので、この二つは対立じゃないんですよ。

「語り口」について

竹田　佐藤さん、どうですか。

佐藤幹夫　ぼくは『現代詩手帖』で、この『敗戦後論』を書評させてもらったのですが、戦後の終わりのあと、つまり「戦後」後を始めるにあたって、何を、どんなふうに考えていけばよいのか、という問題の方向性や水準を、この本は確定したんじゃないかという感じをこめて書いたんですね。この本が持っている力は、まさに文学本来の力にある。いつからか失ってしまった文学本来の力に感銘を受けたという思いがあったのですが、今日のお話を伺っていて、それが別の角度からさらに深く輪郭づけられたという気がしました。それで、その書評のなかで、どうしても一つだけうまく扱えなかった問題があって、それは3の「語り口の問題」についてだったのです。最初に竹田さんの方からも、語り口の問題についてはは決着のつかないところがあるというお話があって、その決着のつかなさについてお聞きしてみたいと思ったりしていましたが、その「語り口」といわれることの核心部分が、どうしても腑に落ちるかたちでつかめていない、そんな思いがあったし、それは今も残っています。要するに、「語り口」とは何か、ということですね。きょうも文体ということばやディスクールということばが出てきていたのですが、文学の場合、とくに小説の場合の勝負は、ぼくはまさに文体にあると思っている。小説から受ける感動というものは、文体の深さといいますか、何が書かれているかという内容だけではなく、またどのように書かれているのか方法的なことだけでもない、それらの全体として文体というものがあって、小説を読むという経験はその作家の文体に触れることだという考えがぼくにはあるわけです。そのとき、そこでいう文体というものと加藤さんの言われる「語り口」は同じなのか。重なる部分もありそうだけれど、どうも重ならない部分もある。重ならない部分が、どうしてももうひとつうまくつかみきれていない、そんな感じがあって、「語り口」については触れることができなかったわけです。「語り口」ということについて、簡単で結構ですので、お話いただければ、と思います。

加藤 ぼくにとって「語り口」というのは、文体と全然違うものですね。これまでは文体の問題としてしか言われてこなかったものを、別の問題として取り出したかったわけです。文学と社会科学が違うのと同じように違う。「語り口の問題」というタイトルで『中央公論』に送ったら、編集部から文芸雑誌に載せるのであればいいけれど、総合雑誌なのだから他のタイトルにしてくれといわれた。ぼくは怒っちゃって、なぜこうも日本の雑誌は野蛮なんだ、「語り口の問題」というのは思想の問題なんだ、文学や文体の問題ではないんだということを言って、このタイトルで認めてもらった経緯があります。今まで文体の問題として見られることで文学の問題とされてきたものを、「語り口」の問題と見ることで社会思想上の問題に転換したつもりだったんです。

［一九九八年一月一七日　竹田氏加藤氏を中心とした明治学院大学間共同体研究会討議より、両氏のご好意により収録したテープに、参加各氏の加筆訂正を経て掲載しました。私的な研究会にもかかわらず、参加各氏に多大なご協力とご寛恕をいただき、このようなかたちで掲載を実現できたことに、改

めて深くお礼申し上げます。」
初出『樹が陣営』18　一九九八年七月

加藤典洋（かとう・のりひろ）
一九四八年　山形県生まれ。一九七二年　東京大学文学部仏文科卒業後、国立国会図書館職員に。二〇〇五年より早稲田大学教授となり、現在同大学名誉教授。文芸評論家。
著書『アメリカの影』（一九八五年・河出書房新社、一九九五年・講談社学術文庫）、『敗戦後論』（一九九七年・講談社、二〇一五年・ちくま学芸文庫）、『人類が永遠に続くのではないとしたら』（二〇一四年・新潮社）、『戦後入門』（二〇一五年・ちくま新書）、『村上春樹は、むずかしい』（二〇一五年・岩波新書）、『増補改訂　日本の無思想』（二〇一五年・平凡社ライブラリー）他。

竹田青嗣（たけだ・せいじ）
一九四七年生まれ、哲学者・文芸評論家、早稲田大学教授
『哲学は資本主義を変えられるか―ヘーゲル哲学再考』（角川ソフィア文庫）

小浜逸郎（こはま・いつお）
一九四七年生まれ、批評家、国士舘大学客員教授
『デタラメが世界を動かしている』（PHP研究所）

瀬尾育生（せお・いくお）
一九四八年生まれ、詩人・ドイツ文学者、首都大学東京名誉教授
『吉本隆明の言葉と「望みなきとき」のわたしたち』（言視舎・飢餓陣営叢書）

大澤真幸（おおさわ・まさち）
一九五八年生まれ、社会学者、元京都大学教授
『憲法9条とわれらが日本：未来世代へ手渡す』（筑摩選書）

橋爪大三郎（はしづめ・だいさぶろう）
一九四八年生まれ、社会学者、東京工業大学名誉教授
『橋爪大三郎コレクション』（勁草書房・全3巻）

菅野仁（かんの・ひとし）
一九六〇年生まれ、宮城教育大学教授、社会学
『教育宣言　クールティーチャー宣言』（ちくまプリマー新書）

佐藤幹夫（さとう・みきお）
＊別掲

沖縄・日本・アメリカ ▶ III

辺野古にて

「存在倫理」から「存在給付」へ

「戦後70年」のその先へ

村瀬 学

1 ビーアド『ルーズベルトの責任』を読む

アメリカ大統領選挙の候補者トランプ氏は、オバマ大統領が広島に訪問することに際して、「謝罪」しなければ全然問題ないとか、知ったことか、のような発言をしていたかと思うと、今度は日本の「真珠湾攻撃」への「謝罪」を問題にしている、というようなニュースが流れてきている。どこまでが誰の発言なのか、発言の真意や文脈がうまく読み取れなくなってきている、今日のアメリカのニュース状況である。

日米の戦争の引き金になった「真珠湾奇襲攻撃」を、中学くらいに歴史を教わった時、子ども心にも、そんな「奇襲」などという卑怯な戦争をなぜ仕掛けたのかとか、アメリカと戦争をして勝てると思っていたのだろうか、などとぼんやりした疑問に私もさらされていたことを覚えている。教師の誘導もあったのかも知れないが、その思いはいつまでも残っていた。大学生の頃、「真珠湾攻撃」の映画『トラ・トラ・トラ！』（1970）が公開され、「奇襲」なのになぜそんな恥ずかしい作戦をわざわざ映画化するのか、などとも思っていた。そして大学を出て、いつの頃かよくは覚えていないのだが、今度は、日本が「真珠湾攻撃」をするように「罠」にはめられて、それで「奇襲」でもないのに「奇襲」のようなことをしていったのだという話をどこからか聞くことになっていった。雑誌で読んだのか、テレビでお喋りな人が喋っていたのか、覚えていないが、「へェー」と思ったこともよく覚えている。「へェー」というのは、そんな馬鹿な話があるもんかということと、もしそんなことが実際にあったのなら、それはとんでもない話になるのではないか、という思いだった。まさかアメリカが、自国の軍艦や兵士をみすみす「奇襲」にやられるような「罠」を仕掛けるなんて、1㎜たりとも想像することができなかったからだ。デマだ、デマだとその時も思っていた。でも、そんな「うわさ」が流れるためには、何かしら、そういうたぐいの情報源があるはずだから、それは知りたいものだとも思っていた。

そしてその「情報源」の一つに、ビーアド『ルーズベルトの責任』があって、それは早くからアメリカの研究者には知られていて、だからこそ、情報通の人たちがその本を元に、あちらこちらでしゃべってきていたこともわかってきた。しかし、なぜかこの本はきちんと翻訳もされずに、日本人がまともに読むことができないままにきていたのである。その本が、2011年に翻訳されて、初めて読むことができるようになった。事前の先入観もあり、この本がまさしく「ルーズベルト大統領」が、日本に「奇襲」をかけるように「罠」を仕掛けたことを明らかにした本だという思い込みがあり、期待も高まり、はやく読み終えたいと思っていた。読んだ人の中には、大著にもかかわらず推理小説を読むように読めたという人もいるようだが、私はとんと読みすすめることができなくて、ずいぶんと時間がかかり苦労して読んだという経過がある。

大著と言っても、この本は哲学書のような大著ではなく、新聞記事や議員の議事録を引用し続ける引用集のような体裁を取っているので、そういう意味で「難しい」本ではさらさらない。むしろ「やさしい」「すらすら読める」中身の本である。にもかかわらず、その執拗な引用の積み重ねと、著者の判断の据え置きに、しばしば耐えられずに、本を閉じては開くという読み方で、時間がかかった。

しかし、読み終えてみて、そういう読みにくさの体裁の中に、この本の値打ちがあるような気がしている。早く結論が欲しい人には不向きな本なのだ。そして事実この本は、「ルーズベルト大統領」が、日本に「奇襲」をかけるように「罠」を仕掛けたことを、決定的に明らかにしたというような本にはなっていなかったのである。確かに、ほぼ、そうであったであろうことがわかるようにはなっているが、ビーアドはどうもそういうことだけを書こうとしていただけではないようなのだ。彼はアメリカの大統領がもってしまう「権限の拡大」が、どのようになされていったのか、それを自分の言葉ではなく、当時の議員達の証言や新聞記者の取材や記事を、これでもかというふうに時系列で並べることで、多くの読者に自分で判断して貰おうとしているところが見られるからである。

私がこの本を推理小説を読むようにすらすらと読めなかったのは（本当にそんなふうに読めた人がいるのか、不思議だが）、議事録や新聞記事が引用されるたびに、その背景に思いが巡らされるので、それだけで疲れて進めなかったのである。

でも結果的に分かっていったことがたくさんある。その第一は、ルーズベルト大統領が、第一次世界大戦への参戦で、多くのアメリカ兵を失い、ひとびとのヨーロッパの戦争に参戦するのはこりごりだという厭戦気分を受けて大統領になり、自分は決してヨーロッパの戦争には、アメリカの若者は参加させないと、公の場で、何度も何度も公言していたという事実である。その「公言」をルーズベルトは、議員や新聞記者の質問に答える形で残してきており、ビーアドはそれを丁寧に拾い出し集めている。ルーズベルトは、どんなに持って回った質問にも、自分はヨーロッパの戦争にアメリカの若者を参戦させることはないと断言していたのである。

2　集団的自衛権から大統領の権限の拡大が始まる

そんな中で、しかし「大統領の権限」が着々と拡大され始めるのである。その経過が分かるのが、この本から得られるドキュメンタリーである。人々の証言を見れば、第一次世界大戦の悲惨な記憶から、アメリカはヨーロッパの戦争には不干渉の立場を取らざるを得なくなっていて、そういう主張を鮮明にしない限り、アメリカの大統領でいることは難しかったということがわかる。しかし、ヨーロッパではナチスが台頭し、フランスもイギリスもナチス・ドイツから攻撃を受け始める。この時に「問題」になるのが「集団的自衛権」であった。同朋を見捨てて良いのか、という政治勢力。しかし、ヨーロッパの戦争には関与しないという建前。その間に立ったルーズベルトは、当時まだ首相ではなかったイギリスのチャーチルと、極秘に何度も会談を持ち、ある種の約束を交わして行く。それは、アメリカがイギリスを軍事的に支援するという約束である。たしかにみすみすナチス・ドイツにイギリスを支配されて良いわけではなかったからだ。

しかし、アメリカにはヨーロッパの戦争には参戦できないアメリカ国民向けの大統領の「公約」があった。これは破ることができない。しかし、いかに参戦しないと言っても、アメリカが攻撃されるなら、受けて立つしかないということはアメリカ国民にもわかっていた。ルーズベルトはそこを考えてゆくのである。そして始められたのが、イギリスへの物資を運ぶ民間船に護衛鑑をつけるというアイデアである。当然ドイツは、潜水艦（Uボートと呼ばれ恐れられていた）での攻撃で大きな成果を上げていた。民間の輸送船でも、軍事物資を運んでいそうな船は魚雷で沈めていた。その当時のアメリカは、戦争には参加しないが軍事物資の輸送という形でイギリスを密かに支援していたのであるから、それも危険が伴うようになってきたので、護衛艦を付けることを議会に大統領は提案する。議会は、そういうことをして、もし護衛艦が攻撃されれば、アメリカは戦争に参入せざるを得なくなるのではないか、と大統領を追及する。しかしルーズベルトは、その答えをはぐらかしながら、一方では自らの意志で戦争に参加することは絶対にしないとくり返し「公言」するのである。

そうこうしているうちに、護衛艦がドイツの潜水艦に攻撃されるニュースが伝わってくる。ドイツは政府の発表として、そういう事実はないという。関係者の証言によると、アメリカの護衛艦のほうが、水中探査機の向上で、ドイツの潜水艦を見つけると執拗に追い回し、爆雷攻撃で撃沈させていたこともものちに分かってくる。しかし、戦況の真相はどうなのかもはっきりしないままに、アメリカの護衛艦が攻撃されたことばかりが大きく報じられ、あれほどヨーロッパの戦争に参戦することを嫌がっていた国民の中に、アメリカが攻撃されるならば、黙っているわけにはゆかないという雰囲気が作られてゆくのである。

結果的にはアメリカはヨーロッパの戦争に参戦することになる。その大きなきっかけが「集団的自衛権」の行使であり、その最初の形が「護衛」という、およそ戦闘行為から遠い行動の容認から、始まっていったのである。そして当時のアメリカの政府は、「アメリカは戦争に自らの意志では絶対に参加しない」という「大統領の公約」を常に国民に示しつつ、戦争に参加する道を執拗に探っていたのである。ナチスの侵略をくい止めるには、アメリカが参戦するしかないわけで、アメリカの政府がそういう道を模索するのは、当然のことであったということもできる。そういう道が考えられなかったら、アメリカはどうかしているということになったであろう。

しかしビーアドは、当時のアメリカの大統領ルーズベルトは、議会の承認という議会の手続きを積み重ねて、ヨーロッパ戦線への参戦を決めていったのではなく、アメリカの護衛艦が攻撃されたという既成事実を国民に見せてゆくことで、参戦に反対できないように導いていったところがあると、膨大な議事録を引用しながら指摘し、結果的にはっきりした国民の合意を待つまでもなく、なしくずし的に参戦の権限を得られたようにルーズベルトは振る舞っていったところをビーアドは冷静に指摘している。

国家の危機に、そんな悠長に国民の合意などを待っている時だったのかと、思う人もいるだろう。ルーズベルトは先見の明を持って、国民の鈍い判断に左右されることなく、時代の先を読み、戦略的に作戦を考え実行していった優れた指導者だったと言えば言えるであろう。それでナチスの拡大を防げたのだから、たとえ犠牲があったとしても、その成果の大きさに比べたら、大統領の「勝手さ」が見られるにしても、批判されるよりか賞賛されるべきなのではないかと。

「結果」がよければ、途中の手続きに不備があっても、大目に見るべきだという意見もあるだろう。だからこそよけいに、そういう「結果」はどのように導かれていったのかを知っておくことは大事なのではないか。ビーアドは、そのところを執拗に解明しようとする。そして、この辺のビーアドが集めた歴史の資料を見てゆくと、「集団的自衛権」がものすごく巧みに利用されていることが、よく分かってくる。「集団的自衛権」とは、こんなにも都合良く使えるものなのかと驚かされるほどである。そしてそのことが、よくわかるようにビーアドは歴史の資料を見せてくれていたのである。

あれだけ「自らの意志では参戦しない」と何度も何度も公言しておきながら、「相手が攻撃してきたのであるから」という状況を作り出せれば、そんな「公言」などいくらでもひっくり返すことができる、というサンプルを、ルーズベルトはこの大西洋で実践して見せたのである。それでナチスが敗北することになったので、よかったんじゃないの、と思う人がいるかもしれないが、このビーアドの本を読むとそういう安心感のほうへ誘われることはないのである。というのも、私たちは、あのナチスドイツの領土拡張をくい止めるために、ルーズベルトがいかにドイツに先にアメリカを攻撃させるように仕向けたかの経過が分かるにつれて、同時にアメリカが太平洋で日本が交戦するために同じような構図をつかっていたことを知ることになっていくからである。

3　自国自衛から集団的自衛権へ

結局のところ、第一次世界大戦で、アメリカの人々は戦争はこりごりと思ったにもかかわらず、戦争に巻き込まれていくのは、うまく作られた戦争参加への論理があるからだと思える。それは「個人」が「戦争はしたくない」といっても、「自国」に戦争を仕掛けられたら、個人の生存も危なくなるわけで、そうした「個人」を守りたいのなら、「自国」を守るための戦争は、避けられないという論理である。「自衛のための戦争」は容認されなくてはならない、と。ここまでは、わかりやすいというか、そうならざるをえないだろうなと思える道筋である。そういう思いの中で、「個人」を守ることが、「国家」を守ることと天秤に掛けられる。これがバランスを保っているときは、国家が危害を被っていないときである。

逆に言うと、このバランスが崩れるときは、国家が危害を被ることがわかった場合である。その時一気に人々は身の危険を感じることになる。当然の反応である。そうすると人々の意識は戦争容認に切り替わってゆく。ここに、国家の危機を示す新しい目印が作られることになった。それが利害を共有する国同士で結び合わせた「集団的自衛権」という考えであった。この考えが生まれた結果、自分の国は攻撃されなくても、同盟国が攻撃されれば自分の国も被害を受けたと見なすことが可能になったのである。

アメリカがその後「世界の警察官」のようになり、自国の兵士を他国の戦争に公然と派遣するようになるのは、アメリカの同盟国を世界各地に創りだし、その同盟国が危害を被るとアメリカも危害を被ったことと見なして、戦争を正当に仕掛けることができるようになっていったからである。

そうなると「個人」の思いが、「国家」の思惑とつながらなくなってゆく。国家を守ることが個人の生存を守ることの必須条件となり、「個人の思い」と「国家の思惑」を天秤に賭けること自体が、笑止千万のように見なされてゆくことになる。

4　資本主義対社会主義という構図のもたらしたもの——朝日新聞問題を含めて

人々の思いは、「個人の生存保障」であり、指導者のほうは、それを支える「国家の安全保障」を考える。その両方の願いがあるにもかかわらず「世界」を巻き込んだ「戦争」が起こると、とたんに「国家の安全保障」が優先される。それなしに「個人の生存保障」もあり得ないだろうという理屈の下に。そして「冷戦」は、「資本主義」の安全保障を求める陣営と、「社会主義」をスローガンに安全保障を求めるソビエトや中国との陣営との「対立」による「戦争」だった、と教えられてきた。両陣営はお互いの領土拡張（イデオロギーの拡張も含め）の施策の故、領土侵害をくり返し、その境界でつねに「紛争」を起こして来た、と。ここではそんな歴史のお復習いをしようというわけではないのだが、個人的にどうしても気になることを書きとめておきたいと思う。それは、この「資本主義対社会主義」という「構図」を使って、世界がさんざん異様な軍事合戦を繰り広げてきたことについての思いであり、大きな戦争が終わった後にも、マスメディアがこの図式を使って人々の意識をさんざん挑発し続けてきたということについてである。

戦後の歴史を振り返れば、「資本主義対社会主義」という「構図」がいかにまやかしであったかがよく分かる。実際は、「資本主義の流れ」があるだけで、はっきりと分かったことは、その資本主義が、適正なルールを世界共通に作らないと、特定の資本家や企業が突出して富裕化し、人々の近づけない貴種化するという歴史であった。つまり歴史は資本主義と社会主義の対立を生んできたのではなく、富裕化し貴種化する資本主義と、一般的な資本主義の解離を生んできたというだけの歴史だったのである。

中国などは、鄧小平が打ち出した「富める者から先に富め」という「先富論」を元に、共産党に保護された資本家が、民衆を恐ろしく安い賃金で働かせることで巨万の富を抱える資本家を抱える異様な国家へと変貌していった。にもかかわらず、この国家は「社会主義」で、「資本主義」とは違った道を歩んでいるなどという言論が、１９７０年代、80年代まで、マスコミを通して流されてきていた。その通念が、目に見えるかたちで壊れたのがソビエトの崩壊（１９９１年）であった。しかしこの時もマスコミは「社会主義の崩壊」などとふれまくり、事の実相を説明してはいかなかった。

今「朝日新聞問題」と言われてきたものを、自分なりに振り返ってみると、そこには「慰安婦報道問題」や「吉田調書事件」などの「捏造」や「でっちあげ」の記事の具体的な問題が山積みされているのだが、それでも根本は、朝日新聞社が「資本主義」をただ悪者にして済ませるイデオロギーから抜け出す機会を失ってきたということにつきるのではないかと思う。そういう「反資本主義」を「左翼」と自認し、そこに民衆に寄り添う「正義」があるかのような言説を振りまいてきた経過があったのではないかと。

その結果、朝日新聞は中国に甘い評価をし続けることになり、この異様に貧富の差を増大し続けてきた中国資本主義とその実態を、日本にまともに紹介できてこなかったのである。私は、何よりもこのことが朝日新聞の犯した大きな過ちだったと思う。そして、最も悔やまれることは、こういう中国の資本主義のために恐ろしいことが世界中で進行していることをもっと早くに、人々に知らせることができてこなかったことについてである。特に、中国型資本主義は、手に入れた巨万の富で、世界中の開発や利権に投資し、世界の固有の財産を意のままに手に入れるようになってきているところである。

わたしは以前、チベットに入り込んだ中国の資本家が、金に糸目を付けないで、チベットの人々の家に祭ってある古い仏像を買い占め、自分の経営するホテルのフロントに並べて、お客への自慢にしているドキュメンタリーを見た時に、震えるほどの怒りと憎悪を中国に感じたものである。中国と言ってはいけないので、中国の資本家と言い換えるのだが、そういう中国資本家の、他国の文化を顧みない横暴は、中国の国家の保護のもとになされているわけで、とうてい個人の中国の資本家を批判してすむものとは思えないのである。そういう中国型資本主義を、中国の社会主義などと勘違いして、人々に報道してきた朝日新聞は、「社会主義」のイメージを本当に人々に誤解させてきたと私は思っている。その中国型資本主義への甘い評価が、日本の歴史への不当な過小評価を生み出すことになり、バランスの取れた歴史感覚を若者に育てることをしてこなかったと私は思う。私自身が、そういう「朝日新聞感覚」で、学生運動の時代を過ごしてきたからよく分かるところがある。

5 トランプ問題――生存の安全保障と国家の安全保障

富裕化する資本主義は、人々の手の届かないところで、さらに自分たちの資産を保有する道を作り出してきた。「パナマ文書」が暴き出した「タックス・ヘイブン」の問題などは、その資産隠しの典型であり、人々に回せるはずの富が、いつまでも富裕層に隠され続ける仕組みがいつの間にか出来上がってきたのである。誰が「パナマ文書」を開示させたのか、しきりにアメリカの陰謀説がささやかれる中で、確かにアメリカが表に出ない今回の「パナマ文書」の、そのアメリカの富裕層の見えない隔絶ぶりは、アメリカの貧困層の膨大な広がりをみればよくわかるはずなのである。

そのアメリカの抱える、富裕層の隔絶ぶりが、目に見える形で問題化してきているのが、２０１６年の秋に実施されるアメリカ大統領選挙である。今回この選挙に打って出たトランプ氏が、思いも寄らない大量得票を獲得している現実には驚かされる。この「不動産王」と形容される大金持ちの候補者の演説の核心は、自分が儲けてきたように、アメリカを儲かる国に作りかえるという主張である。人々がなぜこのペテン師の言動に感化されるのかというと、豊かでない階層の人びとが、「この男ならなにやら自分たちを儲けさせてくれる道を知っているのではないか」と思わされているところにある。

アメリカの人々のインタビューを聞いていると、クリントン氏たち既成の政治家たちは、自分たち富裕層の良くなる政策しかしてこなかったという恨みに充ちている。彼らに投票しても、この国の貧困層が良くなるようには、多くの国民には思えないのである。そんな中で、何の政治経験もない不動産王という肩書きの金持ちが、政治とのしがらみがないことを売りにして、政治を根本から変えるような幻想をばらまき始めたのである。そういう言動に人々が魅了されるのは分かるというものだ。それほどアメリカはひどく貧しい国に成り下がってきていたということなのである。

その原因をトランプ氏は、移民の流入などの「外側」のせいにして、人々の共感を誘っている。問題はアメリカの「内部」にあるにもかかわらず、「外」を攻撃している。トランプ氏自身を省みれば、自分が儲けたと自称している富は父親から譲り受けたもので、自分で立ち上げてきたものではない。その親譲りの資本をさらに、ニューヨークのビルや他国の土地を買い占めたりして富裕化させ、貴種化させてきただけで、まともに人々のための施策を考えてここまで来た男ではないのに、アメリカの貧困層にはそういうふうには見えていないのである。そこには彼が動かすマスコミの宣伝も一役買っている。

こうしたトランプ浮上の現状には、トランプという男が悪いと言ってすませられないものがある。それは、アメリカの富裕層が、アメリカの「集団的自衛権」を元手に海外で戦争を繰り広げるごとに儲けてきた軍事関連産業などがあるわけで、戦争が続く限りその受注は途絶えることはない。しかしそういう産業で儲かる受益も、拡大する膨大な軍事支援（兵器の開発費、派兵のための人件費などなど）の維持に費やされて、国内の福祉や貧困層には回されないのである。

トランプ氏が、日本も集団的自衛権を行使するのなら、日本の基地の負担をもっとするべきだと人々に訴えて、大きな賛同を得ているのも、当たり前のことであろう。他所の国の軍事支援に回すお金があれば、自分たちの苦しい家計に回すべきではないのかという民衆の思いがそこにあるからだ。

こうした問題を突き詰めてゆくと、当然、具体的に沖縄の基地の問題が含まれてくる。トランプ氏がもし大統領になって「公約」通りのことをしようとすれば、日米は、それこそ「対等」で「割り勘」の政策を採らなくてはならなくなるだろう。基地の縮小も含め、今のようなアメリカ優先の「日米地位協定」も見直されることになるだろう。アメリカとの対等で平等な「国家の安全保障」、つまり「自前の自衛」のあり方が問われることになるだろう。だからトランプ氏がアメリカ大統領になれば良いと考える人もいるはずである。現実は、従来のアメリカ優先指導の政治から、変わってきているのである。誰が大統領になろうが、アメリカが貧困層の対策を取ろうとすれば、海外派兵施策の資金を国内に回すようにせざるをえなくなるわけで、それぞれの国が自前でできる範囲の「自衛」の策を考えざるを得なくなるのである。そうなると、アメリカの基地をどうするのかということではなく、日本国の基地として沖縄の基地をどうするのかという問題の立て方に変わってくる。「日米安保」は当然維持すべきであるとしても、中身の「対等性」はもっと議論されるべきであり、その結果「自前の基地」の問題が議論されることになれば、「沖縄の基地」は、日本国の問題として、日本全体の経済の仕組みの中で再考されなくてはならないだろう。基地の維持の負担は、日本全体で考えなくてはならなくなる。

特に沖縄の貧困率は日本の平均の2倍以上と言われる恐ろしい数値である。中でも、子どもと女性の貧困率は危機的である。そんな異常に高い貧困率をもたらしているのは、「基地」と呼ばれる「軍事産業」に依存しすぎる経済体制のいびつさのせいである。あらゆる層が恩恵を受ける経済の仕組みではなく、「軍事産業」に特化するような「沖縄型プランテーション」のような産業構造が長年維持されると、その産業で潤う一握りの人たちがいる一方で、その構造に関与できない人たちは貧困化するしかないのである。その結果、恩恵を受けない子ども・女性たちの貧困化は、あまりにもひどく深く広がりすぎてきている。

トランプ氏の暴言の数々の中には、アメリカの底辺の人々の政治への意識を覚醒させているように、日本のアメリカに依存することを当たり前のように思って顧みない人々とは別な人々の政治意識を覚醒し始めているかもしれないことを私は今は感じている。

もちろん、そんなことは夢物語だとか、日米同盟はいまでの基地の維持があっての同盟なのだと言う人がいるかもしれないが、「警察官としてのアメリカ」の役割を見なおすことが始まれば、文字通りの「自衛」を考えることは遠い日の話ではなくなっていることを私は感じている。もちろん、朝日新聞が取ってきたような中国に甘い形での「基地」の問題を考えることは許されない。中国型資本主義の恐ろしさは、沖縄の土地を買い取ることなど何の造作もなくやってのける闇の力をもっているからである。

そして、予想であるが、トランプ氏がアメリカ大統領になる可能性についてである。もちろん私にもわからない。不安感だけが日増しに増えているというのが実情である。

不思議の国のアリスは、迫り来るトランプの兵士を拒否して「あんたたちって、みんなトランプじゃないの」と言い切ったのであるが、私はアメリカの貧困層にいる人々が、選挙でアメリカが変わることを実感した後に、まともな大統領を選び直すことが起こればいいのにと思っている。

6 「存在倫理」とは何か

今、そうした戦後の歴史を一瞥してみて、どうしても考えておかなくてはと思うことが出てきている。それは吉本隆明さんの言い出した「存在倫理」にまつわる考え方である。この奇妙な概念は、2001年9月11日の「同時多発テロ」を受けて11月1日に、加藤典洋氏となされた対談の中で語られたものである。この中で唐突に「存在倫理」という言い回しが持ち出され、加藤さんから「今おっしゃってることは、本邦初公開として今初めて言っているんじゃない？」と聞かれて「今初めて言っているわけ。（笑い）つまり、今度のテロで、発明したわけなんですよ」と答えていた。いかにも一夜漬けで考えてきたような言い回しの説明の仕方である。正確に引用しておくと次のようなくだりである。

「結局、こういうのを設定する以外にないんじゃないかと僕が思えるのは、社会倫理でもいいし、個人倫理でもいいし、国家的なものの倫理でも、民族的な倫理でも、何でもいいんですけれども、そういうもののほかに、人間が存在すること自体が倫理を喚起するものなんだよ、という意味合いの倫理、「存在倫理」という言葉を使うとすれば、そういうのがまた全然別にあると考えます。」「「存在倫理」という倫理の設定の仕方をすると、つまり、そこに「いる」ということは、「いる」ということに影響を与えるといいましょうか、生まれてそこに「いる」こと自体が、「いる」ということに対して倫理性を喚起するものなんだ。そういう意味合いの倫理を設定すると、両者に対する具体的な批判みたいなのができる気がします。そういう意味合いの論理を設定しないとダメなんじゃないか。」(「対談　吉本隆明・加藤典洋「存在倫理」について」『群像』2001年1月号)

普通に考えれば、「倫理」とは人々が複数で暮らすときに、その複数の人々の間の調節をする役割を持つものとして形成されてきたものである。「広辞苑6版」で引けば、「倫理学」は次のような説明をしている。

りんり‐がく【倫理学】(ethics に井上哲次郎が当てた訳語)社会的存在としての人間の間での共存の規範・原理を考究する学問。倫理の原理に関しては大きく二つの立場がある。一つは、これをア‐プリオリな永遠不変のものとみる立場で、プラトンやカントがその代表。他は、これを社会的合意による歴史的発展的なものとみる立場で、アリストテレスや近現代の英米系の倫理思想の多くがこれに属する。

こういう一般的な定義をみても、人々の間の「規範」などを扱うものとして「倫理」が意識されているのがわかる。ところが、吉本隆明はオウムのサリン事件やNY同時多発テロを受けて、なぜか「存在倫理」のようなものを言い出したのである。これを受けて、本邦初公開の概念のように思われるところがあったのだが、彼はいったいなぜそんなことを言い出したのかも気になるし、このはじめて語ったかのように見えるこの「存在倫理」は、系譜を持たないものとして出てきていたのだろうか、というのも気になるところであった。

この概念が持ち出された状況は、確かに、サリンの被害や、テロの被害を受ける人たちが出てきたところを踏まえている。そして彼はその中で、被害者のわかりにくい区別を語ったりしているのだが、細かなとこをはしょってしまえば、たまたまその「現場にいた」ことは、意味のなかったことなのかという問いかけである。そのことを突き詰めると、そこに「いる」理由の有無にかかわらず、そこに「いる」ということだけで、見えてくる意味を見ないといけないのではないかという視点である。わかりにくい言い方を止めて、彼がそれに似た発言をしているのものから考えてみたい。

それは例えば『カール・マルクス』光文社文庫(2006)の「文庫本のための序文」の初っぱなに書いていることとの比較である。そこでは彼はこう書いていた。

現在(二〇〇六年二月)までのわたしの理解では、『資本論』の大切な枠組みは二つあると考える。一つは天然水と天然の空気は使用価値はどこまでも拡大してゆく可能性をもつが、交換価値(いわゆる経済的価値)はゼロだという認識だ。ふつうの言い方に直せば、水と空気はまだまだ様々な用途が拡がる可能性があるが、ただだという考え方だ。もう一つは人間の外界にたいする働きかけは、一つの時代水準(たとえば現在)を社会的に想定(仮定)すれば一定の、そのときの水準をもつと言うことだ。ふつうの言葉でいえば個々の働き手の働きかけ方に、体の丈夫なもの、身体の弱いもの、あるいは勤勉なもの、怠け勝ちのもの、男性と女性のちがいなど、千差万別あるが、一つの時代の社会的な働きかけを考えるばあいは同等の一水準を想定すればよいということだ。わたしの言い方がまずいから、さまざまな疑問を覚えるかもしれない。わたし自身ももっといい言葉を使いたいくらいだから、とりあえず許しておいてもらいたい。

こういうことは早くから彼が語ってきたことだ。こういうこととは、水や空気は、太古の昔から地球上に無限に近くあるもので、どこからどう見ても「ただ」で得られるものだと思われてきたのに、それに値段が付けられるようになり、価値を付けて売られるものになってきている。そういうところはマルクスには見えていなかったところだ、というような理解である。ここで吉本隆明は「ただ」というものはなくなってきているのだということを言っている。経済的に考えれば当たり前のことを言っているのように見える言い方である。しかし彼はそういう言い方をすることで、実は人間の存在の仕方を考えているところがあったのではないかと私は思ってみる。つまり、そこに「水」があるように、「人間」がそこに「いる」という場合でも、それはもう「ただ」ではなくなってきているのだという思いである。「ただ働き」という言葉があるように、かつては人間を「ただ」のようにして使ってきていた時代があった。しかし時代は、人間存在をそういうふうにみなすことができなくなる時代に入ってきているのだと。「水」や「空気」が、「ただ」と見なせなくなってきたように。

そう考えるところから、人間は「いる」ということだけで「倫理」を発生させているところを考えるべきではないのかという主張である。先ほどの広辞苑の定義のように、「社会的存在」としての人間が存在するので、社会での共存の規範・原理として「倫理」があるのだと考えるのは別に、「社会」がつべこべ言うからではなくて、いやおうなくそこに「いる」ということから発生する倫理というものを考えてもいいのではという、主張である。その主張を「存在倫理」という言い回しで、吉本さんは言い当てようとしていたのではないかと。

7 「存在倫理」から「存在給付」へ

しかし「問題」はそこからである。そういう今まで使ったことのない用語を使ったというようなことではなく、「問題」は、人間の存在自体が「倫理」を発生させるとしたら、その代償というか保障を考えることの視座を手に入れることが可能になるはずなのである。その視点とは、あえて言ってみるなら、存在しているだけで支払われる給付、つまり「存在給付」を主張する根拠をそこから手に入れられるのではないかという思いである。

「存在倫理」から「存在給付」へ。つまり存在しているだけで、与えられる「給付」の主張である。こういう考え方は、エンゲルスなどによって「空想的社会主義」の下に顧みられなくなっていたが、早くから社会主義者の間では考えられていた考え方で、それは近年「ベーシック・インカム」という言い方で、再び論じられてきている考え方である。ただし残念ながら、「ベーシック・インカム」は、そういう横文字のままアカデミズムで使われてきて、たまに日本語にされると「ベーシック・インカム（基本・所得）」などと訳され「基本所得保障」などと呼ばれてきた。「ベーシック・インカム」は、政治の政策上の一つの考え方なのである。

しかし、吉本隆明さんの主張されていた「存在倫理」を、文字通り受けとめればそれは「存在給付」を求めることになるはずなのである。働かない者、働けないものには、お上から特別なお情けとしての「福祉手当」をつけてあげるという発想なのではなく、そこに「いる」ということだけで、赤ちゃんであろうが、年寄りであろうが、学生であろうが、妊婦であろうが、主婦であろうが、障害者であろうが、病気の人であろうが、地震や台風の災害を受けた人であろうが、すべての人が「存在」しているだけでうける「給付」のあることを主張するのが「存在給付」である。それは施策上「ベーシック・インカム」ともちろん大いに通じるところがある。しかし根本の考え方は、「福祉」ではなく「存在倫理」からであるという理解である。

もちろん現実に制度化すれば、月々最低「5万」の「存在給付」は必要だろうとか、金額の議論は起こり、他の諸手当との兼ね合いとか、財源はどこから準備するのかとか、賑やかな議論が展開されるのだろうが、今日のように「タックス・ヘイブン」というような「租税回避地」を使っての膨大な税逃れをするやからの実態が見えてくると「存在給付」の財源は、確実にあると言わざるを得なくなってきているのである。

もしこういう「存在給付」の考え方が、「空想的社会主義」として一掃されてきていたのなら、もう一度、例えば『この最後の者にも』を書いたラスキンをはじめとする、そういう人たちの思想史を、真摯に見直すことをしなければならない時にきていると私には思われる。とくに、日本は地震・台風の震災の国なので、絶対に「存在給付」を踏まえた政治体制が必要な国なのである。地震や台風や火事で「一文無しになった」という人々をなくす政治体制の確立である。

おそらくアメリカの大統領選挙で、トランプ氏に入れようとする人たちに中には、ただトランプ氏の言動にダマされているだけではなくて、彼の愚かさが分かった上で一票を使ってやろうという人々が出てきているのではないかと思えるところがある。それは子どもを保育所に入れてもらえなかった日本の若い母親が「保育園落ちた。日本死ね！」とネットに書き込みをして、日本中を炎上させたような感性の育ちである。役所や保育行政が悪いとか言うのではなく、そういう仕組みを作っている日本そのものを批判する発想である。そういう思いに共通する感性が、いまアメリカの大統領選挙の底辺で進行してきているのではないか。「アメリカ死ね！」と。

8 「18歳選挙権」の意味

「存在給付」を、ありがたく感じる人々はたくさんおられるだろうが、なかでも「学生」と呼ばれる存在の仕方をしている人たちには、ありがたい制度に映るはずである。「仕事」より「勉強」をと言われながら、読みたい本を買うお金もなく、バイトをし始めると静かに考える時間もてなくなる。しかし「存在給付」があれば、「労働」から少しははなれた時間を持つことができるようになり、「考える余裕」をもつことも可能になる。もちろん、若いもんに「ただの金」を渡せば、ファッションやゲームやインターネットやパチンコや飲食など、ろくでもないものに浪費するだけで、金のありがたさをわからなくさせてしまうなどといった、旧来からの批判的主張も出てくるわけであるが、もし18歳で選挙権をもらう人たちが、自分たち学生にも「存在給付」を支給することを訴える新しい若い政党がいたら、それは自分たちの「存在」に関わることとして、政治に関心を向けることになるのではないかと私は思っている。

ここで大事なのは若い新しい政党というところである。既成の共産党や社民党が、「ベーシックインカム」のようなものを政策の柱に掲げていても、資本主義と社会主義を対立させるだけで政治をしてきた古い政治家には、資本を有効に活用する発想を欠いてきているので、「存在給付」のための財源の確保の道筋が描けないのである。

私は「18歳選挙権」の意味を、ものすごく大事だと考えてきている一人である。しかし早くから学生を「政治化」させて良いとも思わないし、既成の政党に都合良く利用されるのも良くないと思っている。だから複数の新聞を読むべきだ、などという池上彰のような「ジャーナリズム専門家」だけができるようなことを勧めることにも賛同はしない。

でもできることはたくさんある。物語、小説、詩、絵画には、人類の叡智が「存在給付」を求めてきた作品がたくさんある。

1個のパンを盗んだために、監獄生活を送ることになったジャン・ヴァルジャンの生涯を描いた『レ・ミゼラブル』は「存在給付」の必要性を子どもにもわかるように伝えてきている。私は文学の力を信じるものなので、「存在給付」を、政治家に利用されるだけではなく、人間存在を考える文学者にももっと暖めてもらって、若者にわかりやすく伝えて欲しいと思っている。その若者が「18歳選挙権」を持つようになれば、意味はとても大きいと考える。私は文学や芸術が、政治家に負けないように「存在給付」を訴える若者を18歳までに育ててゆけることを考えなくてはと今思っている。

9　憲法のほうへ

ちなみに「存在倫理」から「存在給付」に至る道筋が、吉本隆明さんの一夜漬けの発想から生まれたものではないことを考えるためには、その発想の源に「大衆の原像」を見据えるべきだと思っている。そしてこの「大衆の原像」と響き合うものとして、私は鶴見俊輔さんの「日常の思想」を受けとめてきた。その思索の延長上で書いた『言視舎評伝選　鶴見俊輔』の中の「最も大事な思想—「日常性」の発見へ」と題した章の最後に、私は彼の『家の神』を引用し次のように書いておいた。

おそらく鶴見俊輔にしか書けないような叙述である。「あたたかさ」とは「波打つものの」根源にあるものだ。そして、そこに「家の神」が居るという時のその「家の神」とは、まさに宇宙と人々の相互性をぎゅっとにぎり飯のように濃縮したようなものなのであろう。私たちはここに、「ベーシック・インカム」と呼ばれてきている制度の考え方を組み合わせれば、実質的な日常性が誰にでも確保される道が開けると私は感じている。「ベーシック・インカム（基本・所得）」の考えとは、人が最低限の日常生活を送るための給付を、年齢、所得、資産、勤労の意志などに関係なく保障するという制度の考え方のことである。鶴見俊輔の「日常性の思想」を現実的なものにするには、この「ベーシック・インカム」の考え方と相互性を築くことが必要である。

ここでは、遠慮して流通しているカタカナのままで「ベーシック・インカム」を引用しているが、この『鶴見俊輔』が上梓された以上は遠慮なく「存在給付」という言葉が使えるところに来たと私は感じている。そういう意味では、この「存在給付」という概念は、鶴見俊輔と吉本隆明という、日本の思想風土をこよなく愛した偉大な先行者から導き出された「後世への贈りもの」ではなかったかと私は感じている。

私はこの贈り物をはっきりと憲法の中に記載されること

を提案するものである。時代は「憲法九条」を巡る議論ばかりがとりざたされるのであるが、私は憲法が改正されるなら、まず最初にこの「存在給付」を掲げる憲法が作られるべきだと思う。

ドイツの憲法（ドイツ連邦共和国基本法）だけは、第一条を単刀直入に「人間の尊厳、人権、基本権による拘束」からはじめている（『新編　世界憲法集第二版』岩波文庫2012参照）。それに習えば、日本の憲法も「第一条　日本国民は「存在給付」を受けることとする。」というふうに始めることができるからだ。

世界中の資本は、こうした人々の「存在給付」へ向けて、さらに有効に「循環」させる道筋を見つけなければならない時代に来ていると私は思う。日本は、世界に先がけて、その仕組みを作る政治体制を創出できる国にしてゆかねばと思う。

追記：スイスで「ベーシック・インカム」の導入のための国民投票が始まる

この論考を書いていたときは、夢にも思わなかったのだが、2016年6月3日のNHK「国際報道」を見ていたら、スイスで「ベーシック・インカム」を導入するかどうかを巡って、今年の夏に国民投票が実施されることが決まったことが報道されていた。びっくりの報道だった。アカデミックな議論ではなく、現実の国の施策のレベルで、こういう「存在給付」が現実の選択肢として議論されはじめてきたのである。時代の大きな変わり目を私は感じる。もちろんスンナリと、今回の国民投票で可決されるとは思われないが、現実の国家においてそういう「存在給付」の道を国民が議論し始めたことは、歴史上偉大な一歩が始まったことを意味していると私は感じている。もう後戻りの議論は通用しなくなる時代に来ているのである。

村瀬学（むらせ・まなぶ）
一九四九年　京都生まれ。同志社大学文学部卒業。大阪府の障害者施設職員を経て、現在、同社女子大学特任教授。施設職員在職中に『初期心的現象の世界』、『理解のおくれの本質』などを発表し注目を集める。
著書　『徹底検証　古事記（飢餓陣営叢書）』（二〇一三年・言視舎）、『古事記の根源へ』（二〇一四年・言視 BOOKS）、『宮崎駿再考　「未来少年コナン」から「風立ちぬ」まで』（二〇一五年・平凡社新書）、『鶴見俊輔』（二〇一六年・言視舎）他。

少し長い「あとがき」

新時代の「沖縄」を語るための作法

北明哲＋佐藤幹夫

「性」の問題とその支援の難しさ

北明哲（編集工房飢餓陣営・客人）　この「せれくしょん5」の中で、山城紀子さんへのインタビューの冒頭、軽度の知的障害をもつ若い女性たちが、性風俗産業に取り込まれてしまう現状があり、この問題に取り組もうとしてきたけれども、大きな壁にはじき返されてしまう、という発言がありますね。そこでは、それ以上の説明はされていないのですが、どういう壁が立ちふさがったんですか。

佐藤幹夫（編集工房飢餓陣営・主人）　少し勉強を始めたときに出会った本がありました。そこで、この問題に長年取り組んできたソーシャルワーカーの宮本節子さんという方が、こんなことを書いていたのです（『婦人保護施設と売春・貧困・DV問題―女性支援の変遷と新たな展開』　須藤八千代氏との共編著・明石書店・二〇一三年）。

　売春や性暴力のような、性・セックスがからむ問題に支援者としてコミットメントするときに、自身のセクシュアリティやジェンダーについての内省が求められる、そこが、介護など他の援助領域と大きく異なる、と指摘していたのです。これは理解できる。そうか、そうだろうなと思ったのです。ところが、次はこんなふうに進んでいく。

　婦人保護施設について、ある支援者が「この（自分のいる）施設が、売春防止法によって規定されている施設だとは説明できません。また売春防止法によって規定されている施設に自分がいることを知った利用者は深く傷つくことがあります」と言ったのだと。それを受けて次のように、宮本さんは書くのです。

《婦人保護施設の現場は、前章で見たごとく法律そのものが女性蔑視、女性差別、人権侵害を内包しており、その根拠法に規定されながらも、今日的課題である女性の尊厳と人権を守るというまさにアクロバットな現実下で業務をこなさなければならないという分裂状態に陥っている。》（第2章「差別、貧困、暴力被害、性の当事者性」p55）

そして、支援を受ける利用者間にあっても、差別のヒエラルキーが存在する、とも伝えている。

北明 なるほど。でもそちらも、近年「司法福祉」（刑事施設を出所した知的障害をもつ人の、地域生活の支援）と呼ばれる領域がつくられ、そこで始まった支援は、二つの、向きがまったく逆のベクトルをもち、そこに難しさがある（『知的障害と裁き―ドキュメント千葉・東金事件』岩波書店）、というように、似たような指摘をしていませんでしたか。矛盾をはらんでいるんだ、というような。

佐藤 はい。そもそも「支援」という行為が、間違いなく「アクロバットな現実下で業務をこなす」矛盾を抱えこむことは、多々あります。現場での実践というものは、往々にしてそういうものだ、ということは分かります。しかしもう一つ、「当事者性」という問題が、女性支援の場合にあって、次の重要な課題として出てくるんです。

《性をめぐって生活課題を抱える女性を対象とする施設における当事者性とは何かを考えるとき、施設管理運営に関わる人々や直接処遇に関わる人々は自分自身の性の当事者性に向き合わないためには、利用者は異質な性的存在として失敗ないし堕落した人々として徹底的に他者化することが必要となる。「転落した女性」を善導する職員として支援、指導している限り、特に施設職員の生の当事者性は問われずに済む。》

これではそうやって済まされてきたが、それではダメなんだ、そういうことが問われるのが、婦人保護施設の特殊性なんだ、と宮本さんは問題提起しているわけです。もう少し引用します。

《職員が持つ性意識は常にその人のセクシュアリティの当事者性が反映され、性に関する価値基準、社会規範のありようが否応なく表出される。利用者に近づこうとすればするほどいかなる性意識、女性観、男性観をもっているかがさらされるのである。善意と熱意をもって利用者に近づこうとしても、内部にたとえ無自覚的にしろ対象者への女性蔑視が潜んでいるとすればただちに見破られることであろう。》（p101）

宮本さんご自身は、長い年月をかけてこうした認識に至りついたのでしょうから、支援者は、現場のなかで少しずつ自覚を深めていけばいいのだとは思う反面、対応の一つ一つに自分のセクシュアリティや当事者性や、性意識が試される。読んでいくと男性の支援者もいるようなのですが、これはきついだろうとまず端的に感じたのです。

北明　宮本さんは、売春や性暴力の被害を受けた女性たちの支援者だから、周囲の制度や法に差別のあり方が微細に見えてくるのは当然であって、そちらだって、知的障害とか発達障害に関して、あるいは支援や教育にたいして、ぼくなんかよりも微細に反応してみせることがあるじゃないですか。

一つの領域で熟練していくということは、そういうことではないですか。熟練した支援者の眼には、その世界の差異が微細に見えていく。

それから、どんな性意識や女性観をもっているかが試される、ということについても、教員時代、よく「いくらきれいなことを、言ったりやったりしても、腹のなかで障害をもつ子たちをバカにしていたり侮っていたりすると、すぐに分かる。声かけの仕方一つ見ていれば、どういう障害観をもっているかがすぐに分かる」と、そう強調していたではないですか。似たようなことを言っていたんじゃないですか。

佐藤　なるほど。私は熟練者ではないけど、でも、特別支援や福祉という領域では、当事者性は問われないでしょう。そこが、介護など他の支援との大きな違いだ、と宮本さんも言っています。その通りなのではないかと思うんだけど。

北明　いや、いや、もう少しからませてもらいますよ（笑）。

当事者性というなら、それを、滝川一廣さんやあなたたちは、「障害の連続性」と言っていたのではないですか。当事者そのものではないけれど、「障害者／健常者」という分断線は引かない、そんなふうな他人事で（宮本さんの言い方では「他者化された」目で）「障害」を見ない、「障害のある子」に、「熱意をもって指導する善き教師」という〝教師観〟に落ち込まない、そのために、「連続性」という考え方をもってきたわけでしょう。

佐藤　いわれてみれば、そういうことかもしれない。……なんか、きょうは、押されっぱなしだけど（笑）。

北明　たしかに性的虐待などの性暴力、強姦などの性犯罪、そして売春といったような、セクシュアリティそのものへの支援が、すごく重要になる領域の場合、同性による援助じゃないと難しい面はたくさんありそうな気はします。そのことも含めて言っているわけですね。

佐藤　そうです。でも、もちろんジェンダーの問題に転化し、男だから女性支援はできないというのは、援助者としてはどうかと思わないわけではないけれど、独特のデリケートな問題があると感じるのです。それを、高い壁と表現したのです。

北明　でもそれは、女性支援という領域だけに突出した難しさや特殊性というより、支援という領域全般に共通することであって、それぞれのもつ特性の一つ、と考えておけばいいことではないかとぼくは思います。

佐藤　なるほど。

「沖縄」を語る難しさ——当事者性の問題

北明　それで、ここは「沖縄問題」と「戦後論」の「あとがき」について話し合う場であり、それが今回、ぼくらに与えられた役割だと聞いてきたんだけど、この先、どう進めるんですか。

佐藤　本題に入らないといけないですね。でもここまで、まったく無関係なテーマを話してきたわけではないのです。沖縄を重要なテーマとする本を作ろうと思い立ったとき、同時に、沖縄を語る難しさをどうクリアできるかという問題も、同時に考えなくてはならなかった。

北明　どういうことですか。

佐藤　沖縄を語ることはとても難しいし、デリケートな問題がたくさんあると思うのです。

北明　安全保障の最前線である、様々な政治的思惑が集中する、だからということですか。政治問題に配慮しつつ語っていかなくてはならない難しさ、ということですか。

佐藤　それもあるけど、「沖縄」は、まず、「琉球処分」と言ったかたちで政治や武力によって、圧倒的な被害をこうむり続けてきた地であること。しかも未だに、誰がどう見ても、不合理そのものでしかない国策が、押しつけられ続けていること。

そういう「沖縄」について語らなくてはならないわけだけど、私は残念ながら第三者です。本土の人間であり、部外者です。さっきの話でいう「当事者」ではないわけです。そのときに、どういうスタンスで語らなくてはならないか。ここは、注意を要するだろう。

つまり私にできることは限定されるし、当然ながら、節度をもたなくてはならない。それを踏み破ってしまっときは、いくら「いいこと」を言ったつもりになっても、反発されるだろうと思うのです。それから、本土の人間であるというバイアスが、つい、上から見てしまうような、いわば評論家風な知った口を利いたときにも、たちまちスポイルされるだろうと思います。インタビューをさせていただいたり、その起こし原稿を拝見したりしながら、そうしたことは強く感じていました。

北明　それって、そちらの表看板の「支援する—される」の、援助論の領域での話と、きわめて重なる内容じゃないですか。「(上から)やってあげる」とか、施すとか、そうした上下関係をつくらない。関係を双方向性に開いておくとか、そういう支援の作法に通じていく話ですね。

佐藤　だからさっき、まったく無関係な話をしていたわけではない、と言ったんだけどね。神経質になる必要はないけど、ちょっと前、都議会や国会で盛んにまき散らされていた、女性議員に向かって「早く結婚しろ」とか、「子どもを産んでから言え」とか、「オヤジの無神経」なセンスでは、はまず話にならないわけです。「沖縄の新聞を潰すには広告を止めろ」云々というセンスも、この類ですね。

今回初めて痛感したことだけども、「琉球」というかつての自分たちの国にたいするひそかな誇りとか、アイデンティティとか、だれも大きな声ではけっして言わないけれど、それはとても根強くて強烈なものがある。「琉球」とか「琉球人・沖縄人」と口にするとき、本土の人間が思っている以上に、そこには自負や、複雑で強い思いが込められている。いわゆる〝郷土愛〟とはちょっと別種のものだと思います。

いまそちらが言われたように、このあと少し、「支援する—される」という援助論の領域に重なる話になるかと思うけど、それは決して、沖縄を支援しようとか、どうすればよい援助ができるだろうかとか、そんな話ではないのだということを、まず断っておきたいのです。

北明　なるほど。

個人の怒りを大きな「民意」に

佐藤　それで、沖縄について語るときの難しさは、もう一つあると思います。

例えば、先ほどの流れにつなげて言えば、沖縄の「性暴力」の問題を考える場合、膨大な軍事基地を常在させているという、沖縄独特の難しい安全保障の問題がそこに加わってくるわけです。基地が集中していることによって、さまざまな暴力問題が派生する、という構図が間違いなくあるにもかかわらず、政治問題や防衛問題が一方にある故に、早期に改善してほしいという、非常にシンプルで強い訴えに関しても、複雑な文脈のなかに置かれてしまう。

端的言えば、個人の尊厳や人権というより基本的な訴えが、「国家の利益」「安全保障」という文脈に置き換えられてしまうわけです。そうなると、国益や防衛が、どうしても優先されてしまうことになる。簡単に言えば、戦争というものは、「作戦遂行のためには、十万人殺すか、百万人殺すか」という話ですね。一人一人の実存など、いつでも、軽く、ひねり潰される。こういう発想が貫かれているところで、性暴力被害、という個人の尊厳を対抗させようとしているわけです。そのとき必要なことはなんだと思いますか。

北明　「多数」をつくること。

佐藤　そう。「民意」という形にしていかなくてはならないことだと思います。より大きな「民意」を結集させて、「戦争」「防衛」「安全保障」という国家意志に、対抗させていく。そうすると、沖縄だけで立ち向かうのではなく、本土の人々も巻き込みながら、日本国の「民意」に変換していかなくてはならない。さらに言えば、山城さんが教えてくれた「女性国際戦犯法廷」というかたちにしなくてはならなかった根拠というか、理由も見えてくる。一人一人の、「私の尊厳を返してほしい」という訴えを、より大きな、国際的な民意として立ち上げていく。「戦争」に立ち向かうためには、そういう理路を取る必然があったと考えれば、納得できるのです。

ここがきちんと理解されているかどうか。というか、私自身も、やっとここに来て、学ばせてもらったので、大きなことは言えないんだけれど。

ただこの「多数の民意」というものには、とても難しさがあって、村瀬学さんの論考に、アメリカの大統領の「戦争はしない」という「意思」が、どう「戦争に参加せよ」という「民意」に転じていくか、みごとに拾いこまれていますね。

北明　話を少し換えますが、米軍犯罪について、最近インターネット検索をしていて驚いたことがあるのです。米軍の犯罪発生率と、沖縄の一般県民の犯罪発生率を比較して、米軍のほうがはるかに少ないという数値をはじき出し、逆の印象をもたされているのは報道の偏向の結果だ、といった議論に出くわしたのです。この議論はおかしいと、直観的に思ったのですが。

佐藤　基地の占有率七〇数パーセントという数字が、自衛隊との共用部分も含めた数字であるから、その数字はトリックだという、悲しくなるような批判は眼にしたことがあるけれど、犯罪発生率についてまで言われ始めているんですね。

仮に米軍の犯罪発生率のほうが一般県民よりも低いとしても、それが膨大な基地を存続させてもいいという論議には、なんら根拠を与えませんね。論ずべき主要な問題はそこにはない。例えば少年事件はどうですか。少年事件における「殺人」の割合は、大変に低い。平成二六年版の「犯罪白書」をみると、殺人が五六名で、少年事件全体の〇・一%です。そしてこの割合は、長年、ほとんど変わらない。しかし、だからと言って軽く見ていいかといえば、決してそんなことはない。

たとえ少数であろうと、重要性は変わらないわけでしょう。逆にメディアは大騒ぎをし、少年法を厳罰化に向かわせる世論誘導に一役買うことになる。これはこれで問題ではあるけれど、しかし、数が少ないから瑣末な問題なんだということとには決してならない。同じように、米軍のほうが、はるかに犯罪生起率が低いじゃないかという議論も、問題のすり替えですね。それ以外のなにものでもない。

生起率を言うなら、まず論ずべき方向は、一般県民の犯罪発生率を下げるにはどうするかということ。こちらでしょう。次に、まったく性格の異なる問題ではあるけれど、基地を速やかに縮小していくにはどうするかということ。この二つ。そういう方向での論議が大事なのであって、一見もっともらしい数字を示し、事態は沖縄が言っているほど深刻じゃないんだ、とでもいいたいメッセージをちらつかせる。そして論じるべき問題の本質をずらしていく。あなたの言う通りだという気がします。弾き出された数値自体は間違っていないとしても、その使い方が正しくない。

言わずもがなとは思いますが、一つは、日米地位協定によって、犯罪加害者が身柄を米軍側に拘束されてしまい、日本側の捜査や、尋問、裁判手続きなどが難しくなる。不起訴になったり処分保留になって、本国に戻ってしまえば、うやむやになるケースが少なくない。日米地位協定が改善されることは、長いこと、日本国にとって喫緊の課題ではないかと思うのですが、政治家の先生方はきわめて消極的ですね。今回のうるま市の事件にあっても、自民党のなかにもそういう動きはほとんど見られない。タブー視されているんじゃないかという気がするのです。

軍隊は軍隊、その本質は「暴力」

佐藤　もう一つは、事件が起こるたびに「綱紀粛正」がもちだされるけど、しょせんお題目にすぎないと、多くの人は感じているはずです。

北明　五月二九日の東京新聞に、新任兵士に向けた「米海兵隊　研修資料」が掲載されていましたが、読みましたか。英国人ジャーナリストが情報開示請求によって入手したものだといい、現在沖縄県も請求中とのことです。ここから引用してみましょうか。

《【県民世論】沖縄の政治は米軍基地問題を（日本政府との交渉に）利用している。政府からより多くの補助金を受け取っていることが鮮明になった。／（米軍基地を巡る沖縄県民の議論は）論理的というよりも感情的だ。（県民は）限られた情報のため、独自のレンズで物事を見ている。／沖縄県の地元メディアや政治家たちが事実を半分しか伝えない一方、根拠のない容疑を熱心に報じるのは基地負担を力説し、政治的な利益を引き出し続けるためだ。

【基地と経済】米国の存在は沖縄の経済に利益をもたらしている。多くの県民にとって軍用地料が唯一の収入源で、土地の返還は望んでいない。このため基地返還が困難な問題になっている。／沖縄の米軍駐留は（日米両政府、沖縄県の）三者にとって共通の利益になっている。米軍は、政府にとっては敵対国に対する（安全保障上の）抑止力になり、県にとっては経済の押し上げにつながる。

【米兵飲酒】（飲酒した米兵は）異性を引きつける強い魅力を発揮しようとして、我を失い、社会的に許容されない行動に出てしまうことがある。》

読んでいて、腹が立ちましたね。人種差別だとまでは言わないけれど、沖縄県と県民をバカにしているじゃないですか。とくに最後。自分は軍事訓練を受けている、したがって圧倒的〝強さ〟を所持している。そのことにたいし、じつは優越感をもっていることが、おのずと隠れたメッセージになっていますね。

佐藤　私も読んだけど、記事によれば、東京新聞の取材に応じたジャーナリトも、「米軍が兵士にたいして県民を見下すよう教えている。それが海兵隊員の振る舞いに影響を与えていることが分かる」とコメントしていますね。資料にある、県は補助金目当ての政治であるとか、県民は情報から遮断されているとか、軍用地が唯一の収入源で土地返還を望んでいないとか、これは端的に間違いですね。それから、「敵対国に対する（安全保障上の）抑止力」というのは、そうだろうとは思うのですが、それ以上に本国に対する海兵隊の存在のアピールじゃないですか。そのように勘繰りたくなりますね。

はっきりとしていることとは、海兵隊の最大の命題は、米国と海兵隊自身の利益でしょう。日本国の利益ではないし、ましてや沖縄の利益でもない。アメリカの国益と海兵隊の利益を損なわないこと。安全保障上、海兵隊は沖縄には不可欠であること。この二つが、研修というなかで、海兵隊員へのメッセージとして発信される。残念ながら、優先されるべくは沖縄県民を尊重することではない。

北明　ノンフィクション作家の佐野眞一さんが言っていたことだと思うけど、「人権を尊重する兵士」というのは語義矛盾ですね。

『女性国際戦犯法廷の全記録（1）』（緑風出版・二〇〇二年）という本に、元兵士だった彦坂諦氏という人の、次のような文章が引かれていました。大越愛子氏「裁かれた戦時性暴力とフェミニズムの課題」からの孫引きになりますが（彦坂氏は国際法廷での証言者）。

《たとえば、戦場における強姦とは、殺すこと・ものにすること、つまり戦争することの象徴的行為とも言うべきではないのか？　いささか逆説めくかもしれないが、兵隊はよりよく兵隊になるために、すなわち、よりよく殺し・殺されるために〈女〉を犯さなければならない――強姦としてであれ、〈慰安婦〉を〈買う〉というかたちをとってであれ――のではないのか？》（p348）

戦争と性暴力は、深いところまで根を同じくしている。改めてそう痛感しますね。彦坂氏によって書かれている通りだと思う。そして沖縄においては、一見「平時」ではあっても、どう「綱紀粛正」を図っても、軍隊は軍隊であり、海兵隊は即応部隊であり、戦争が常態化されているという、その本質は揺らがない。

日米地位協定の問題。戦争と軍隊が、本質として内包する性暴力の問題。そして海兵隊の「沖縄へのまなざし」。そして本土の私たちの、こうした現実への無関心。先ほどの、米軍のほうこそ犯罪生起率が低い云々という問題をいう前に、こうした事実こそがもっと認識され、論じられなくてはならないのではないか。

佐藤　その通りだと思います。重箱の隅から数値を引っぱり出し、そしてなされる論議に対し、それはおかしいということは、言わなければならない。沖縄に向けられる批判の過半が、ここに見られる米軍の新兵研修での内容と、ほぼ同じものになっている。私にはどうしても理解できないんだけど、沖縄にたいして、どうして米国と海兵隊の利益を第一とするアメリカの広報そのもののような批判を向けるのだろうか。どう考えても、私には理解不可能です。

ただ、前半での話の繰り返しになりますが、沖縄について論じるときの難しさがその先にあるということですね。沖縄を「被害の島」「弱者の島」という一色だけで塗り込めてしまっては、これもまた失礼な話になると思うのです。第一、沖縄（の人びと）自身が望んでいないでしょう。頼まれもしないのに、たいへんですね、こういうことをしてあげましょうか、支援しますよ、なんて言われたら、要らん、自分たちのことは自分たちでやるから、と返されるのは当たり前です。

「癒しの島」だけでも困りますが、こちらの同情や憐憫、聖化だけでも困るわけです。とくに私のような本土の第三者は、そのバランスと節度をどう保つか。本を編むにあたって、そこが難しいところだな、ということは感じていましたね。

北明　同情でも、憐憫でもなく、また安易な当事者性によりかかるのでもなく、ということですね。「琉球」という言葉への、自負とアイデンティティの強さと、そのことへの敬意。

佐藤　そうだと思いますね。

この本で、ここまで述べてきたような意図がどこまで果たされているか、その判断は読んで下さった方がたに委ねるしかありませんが、そういう声として届けることができれば、というのが、たどり着いた感想ですね。

最後になりますが、今回、参加して下さった皆さんには、ただただ感謝があるのみです。心より、お礼を申し上げます。

（2016・6・5）

沖縄からはじめる「戦後史」年表

年		沖縄をめぐる出来事	主席／知事（51・73）	本土の歴史	総理大臣	国際的な出来事	米国大統領
1945	S20	3・26米軍、上陸、沖縄戦始まる 4「米軍政府」発足 6・23沖縄守備隊司令官・参謀長自決、現在「慰霊の日」		3・9東京大空襲 8・6広島へ原爆投下 8・9長崎へ原爆投下、ソ連参戦 8・15ポツダム宣言受諾、玉音放送 8・28マッカーサーを最高司令官とする連合国軍総司令部（GHQ）設置 9・2降伏文書に調印 9・16プレスコード指示 9・27天皇、マッカーサー会見 10・11マ元帥、民主化の五大改革を指令 11財閥解体 12第一次農地改革	小磯国昭 鈴木貫太郎 東久邇宮稔彦 幣原喜重郎	2ヤルタ会談 5ドイツ降伏 7米・英・中、ポツダム宣言発表 10国際連合発足 11国際軍事裁判（ニュルンベルク）	フランクリン・D・ローズヴェルト（第32代・民主党） ハリー・S・トルーマン（民主党）
1946	S21	1・29GHQ覚書により北緯30度線以南が日本から分離 4・24沖縄群島で「沖縄民政府」発足		1・1天皇人間宣言 5・3極東国際軍事裁判開始 11・3日本国憲法公布	←吉田茂	7中国内戦激化 12第一次インドシナ戦争勃発	←
1947	S22	9「沖縄の軍事占領の継続を希望する」天皇のメッセージが発信される		2・1ゼネスト中止命令 3・31教育基本法・学校教育法公布 5社会党首班内閣、翌年2月まで	←片山哲	3米・トルーマンドクトリンによる「封じ込め政策」で東西冷戦構造 6米・マーシャルプラン。「赤狩り」始まる	←
1948	S23	7・16琉球列島の法定通貨をB円軍票に統一		12・23東条英機、A級戦犯として絞首刑	←芦田均 吉田茂	4ソ連、ベルリン封鎖開始 5第一次中東戦争 8大韓民国成立、9朝鮮民主主義人民共和国成立	←
1949	S24				←	4北大西洋条約機構（NATO）設立 10中華人民共和国成立	←
1950	S25	11奄美・沖縄・宮古・八重山の各群島に「群島政府」発足 12・15「米軍政府」が「米国民政府」改編		朝鮮戦争特需 7レッド＝パージ始まる 8警察予備隊令公布 11追放解除	←	6朝鮮戦争勃発	←
1951	S26	4・1「琉球臨時中央政府」発足	比嘉秀平	9・8サンフランシスコ講和条約、日米安保条約締結	←	4トルーマン、マッカーサーを罷免	←
1952	S27	4・1「琉球政府」発足	←	4・28サンフランシスコ講和条約発効 10・15警察予備隊を保安隊に改組	←		←

1953	S28	4・3「米国民政府」が「土地収容令」公布	←		←		ドワイト・D・アイゼンハワー（共和党）←
1954	S29	1・7アイゼンハワー大統領、沖縄の無期限保持を名言 10人民党事件	←	3・1ビキニで米、水爆実験、第五福竜丸被災 3・8日米相互防衛援助協定（MSA）調印 7・1防衛庁、自衛隊発足	鳩山一郎←		←
1955	S30	9・4由美子ちゃん事件	←	社会党統一、保守合同で自民党発足、55年体制	←	5ワルシャワ条約機構成立	←
1956	S31	6・9沖縄土地問題でプライス勧告 12・25那覇市長に瀬長亀次郎が当選、布令改正により翌年11・25失職	当間重剛←	3・1日本原子力産業会議発足 12・18日本、国連加盟承認される 経済白書「もはや戦後ではない」	石橋湛山←	10ハンガリー動乱 10スエズ動乱（第2次中東戦争）	←
1957	S32		←	6・27砂川事件 8・1米国防総省、在日米地上部隊の撤退を発表 8・27茨城県東海村原子炉に「原子の火」	岸信介←	2欧州経済共同市場（EEC）・原子力共同体創設決定 10ソ連、世界初の人工衛星打ち上げ成功	←
1958	S33	B円からドルへの通貨切替	←		←	1米、人工衛星打ち上げに成功	←
1959	S34	6・30石川宮森小学校ジェット機墜落事件	大田政作←	3・30東京地裁、安保条約による米軍駐留を違憲とし、砂川事件に無罪判決（伊達判決） 12・16最高裁、砂川事件につき原判決を破棄、差し戻し判決（統治行為論）	←	1キューバ革命、カストロ政権成立	←
1960	S35	4・28沖縄県祖国復帰協議会（復帰協）結成、この日を「屈辱の日」とする	←	日米安保条約改定、安保闘争 12国民所得倍増計画決定	池田勇人←	12南ベトナム解放戦線結成	←
1961	S36		←		←	8ベルリンの壁できる	ジョン・F・ケネディ（民主党）←
1962	S37		←	9国産第1号研究用原子炉に点火	←	10キューバ危機	←
1963	S38		←		←	11ケネディ大統領暗殺	リンドン・B・ジョンソン（民主党）←

年		沖縄をめぐる出来事	主席／知事(51・73)	本土の歴史	総理大臣	国際的な出来事	米国大統領
1964	S39	4・25沖縄援助に関する日米協議委員会発足 4・27琉球立法院、日本復帰・施政権返還要請決議可決	←松岡政保	4・1海外旅行自由化 4・5米軍ジェット機、町田市商店街に墜落4人死亡 10東京オリンピック開催	←佐藤栄作	8トンキン湾事件	←
1965	S40	7・29B52沖縄発進、サイゴン南東爆撃 8・19佐藤首相、沖縄訪問	←	6・22日韓基本条約調印	←	2米、ベトナムで北爆 2マルコムX暗殺	←
1966	S41	7・1沖縄経済振興懇談会、発足	←	10・21国際反戦デー、ベトナム反戦統一スト	←	中国で文化大革命	←
1967	S42	11・2沖縄即時無条件返還要求県民大会 11・15佐藤・ジョンソン共同声明	←	10・21国際反戦デー、世界各地で集会・デモ 11・2原子力空母エンタープライズ本寄港承認を米に通告の日	←	6第3次中東戦争 ベトナム反戦運動、米全土に	←
1968	S43	4・24全軍労、10割年休闘争 11・10琉球政府主席、初の公選で屋良朝苗当選 11・19嘉手納基地でB52爆発	←屋良朝苗	4・5小笠原諸島返還日米協定調印	←	3ベトナムでソンミ事件 4キング牧師暗殺 8チェコ「プラハの春」にワルシャワ機構軍が侵攻 10北爆停止	←
1969	S44	2・4ゼネスト回避、生命を守る県民総決起集会 11・21佐藤・ニクソン共同声明「72年返還」決定	←	1・10東大安田講堂の封鎖解除 4・28全国で沖縄デー 10・9自民党、安保条約の自動延長を決定	←	7米、アポロ11号、月面着陸	←リチャード・ニクソン（共和党）
1970	S45	11・15国政参加選挙 12・20コザ暴動	←	3・14日本万国博始まる 3・31日航「よど号」ハイジャック事件 6・22政府、日米安保条約の自動延長を声明 11・25三島由紀夫事件	←	10中国国連に復帰、台湾追放	←
1971	S46	5・19ゼネスト 6・17沖縄返還協定締結 10・16沖縄国会 11・10ゼネスト 12・9反戦地主会結成 12・30公用地暫定使用法成立	←	10・16沖縄国会	←	8ドルショック	←

1972	S47	1・7佐藤・ニクソン共同声明、5・15施政権返還で合意 5・15沖縄返還協定発効、沖縄県設置、沖縄開発庁設置 12・18沖縄振興開発計画（第1次沖振計）、閣議決定	←	1・24グアム島で元日本兵士・横井庄一を発見 2連合赤軍、浅間山荘事件 4・4外務省公電漏えい事件で、外務省事務次官と毎日新聞記者逮捕 9・25田中首相、訪中、日中国交正常化合意	田中角栄	2・21ニクソン米大統領、訪中	←
1973	S48	4・24在沖米海兵隊による県道104号越え実弾砲撃訓練開始 9・25金武湾を守る会結成	←	8・8金大中事件 9・7札幌地裁、長沼ナイキ基地訴訟で自衛隊は違憲と判決 10石油ショック、この年狂乱物価	←	1米、ベトナム休戦協定調印、米軍南ベトナムから撤退 10第4次中東戦争	←
1974	S49		←	11・26田中首相、金脈問題で辞任	三木武夫	8ニクソン、前年の「ウォーターゲート事件」により辞任	ジェラルド・R・フォード（共和党）
1975	S50	沖縄国際海洋博覧会開催	←	8・15三木首相、「私人」として戦後初の靖国神社参拝	←	4ベトナム戦争終結、レバノン内戦勃発 11第1回主要先進国首脳会議	←
1976	S51	6・22退任2日前の屋良知事、CTSタンク設置認可を承認	平良幸市	7・27ロッキード事件で、田中前首相逮捕 8・5札幌高裁、長沼ナイキ基地訴訟で1審の自衛隊違憲判決取り消し（統治行為論）	福田赳夫		←
1977	S52	5・18地籍明確化法成立	←	2・17水戸地裁、百里基地訴訟で自衛隊合憲判決	←		←
1978	S53	7・30「人は右、車は左」の交通方式に変更（7・30ナナサンマル）	西銘順治	8・12日中平和友好条約調印 11・27日米政府、「日米防衛協力のための方針」	大平正芳	9中東で、キャンプデービッド合意 （旧ガイドライン）で合意	ジミー・カーター（民主党）
1979	S54	7・19 3者連絡協議会（沖縄県、那覇防衛施設局、在沖米軍）発足	←		←	1米中国交樹立、ベトナムがカンボジアに侵攻 2イラン革命、中越戦争勃発（第3次インドシナ戦争）第2次石油危機 3米、スリーマイル島原発事故 11イラン、米大使館人質事件 ソ連、アフガニスタンに侵攻	←
1980	S55		←	2・26海上自衛隊、環太平洋合同演習「リムパック・80」に初参加	鈴木善幸	5韓国、光州事件 9イラン・イラク戦争	←
1981	S56		←	3・16第2次臨時行政調査会発足（会長土光敏夫） 4・9米原潜、東シナ海で貨物船日昇丸をあて逃げ	←		ドナルド・レーガン（共和党）

年		沖縄をめぐる出来事	主席／知事(51〜73)	本土の歴史	総理大臣	国際的な出来事	米国大統領
1982	S57	2・26嘉手納基地爆音訴訟、提訴 6沖縄戦住民虐殺をめぐり歴史教科書問題が発生 8・5第2次沖振計、閣議決定	←	5・20総合安保閣僚会議、シーレーン防衛構想で意見一致 7教科書検定による歴史記述で、中国が日本政府に抗議、韓国・東南アジアに波及	←中曽根康弘	英・アルゼンチン、フォークランド紛争	←
1983	S58		←	11・9訪米中の中曽根首相、日本列島不沈空母発言	←		←
1984	S59	2・6中城湾港建設着工	←	12・10米原子力空母カールビンソン、初の首都圏寄港	←		←
1985	S60		←	5・17男女雇用機会均等法成立 6自民党、国家秘密法を衆院に提出（12廃案） 7中曽根首相、戦後政治の総決算を主張、 8・15同首相、靖国神社に公式参拝	←	9プラザ合意	←
1986	S61		←		←	4ソ連でチェルノブイリ原発事故	←
1987	S62	6・21初の嘉手納基地包囲行動	←	1・24政府、防衛費対GNP1%枠を撤廃を決定 4・1国鉄分割・民営化	←竹下登	10ウォール街株暴落（ブラックマンデー）、日米貿易摩擦激化 11北朝鮮による大韓航空機爆破事件	←
1988	S63	那覇市にフリーゾーン（自由貿易地域）開設	←	6リクルート疑惑発覚	←		←
1989	H1		←	1・7昭和天皇死去 4消費税スタート	←宇野宗佑 海部俊樹	2ソ連、アフガニスタンから撤退完了 6中国、天安門事件 11独、ベルリンの壁崩壊、チェコスロバキア、ビロード革命 12米軍、パナマ侵攻、ルーマニア、チャウシェスク政権崩壊	←ジョージ・H・W・ブッシュ（共和党）
1990	H2	6・19日米合同委員会、沖縄米軍基地返還リスト（17施設23件、約1000ha）を発表	←大田昌秀	バブル経済崩壊へ	←	8イラク、クエートへ侵攻 10東西ドイツ統一	←
1991	H3		←	地価下落「平成不況」	←宮沢喜一	1湾岸戦争 8ソ連崩壊	←
1992	H4	9・28第3次沖振計、閣議決定 琉球王朝の首里城正殿、復元	←	6PKO協力法成立 9自衛隊カンボジア派遣	←	4ボスニア・ヘルツェゴビナ内戦 ソマリアに国連平和維持軍派遣	←
1993	H5	4・23天皇・皇后、初の沖縄訪問	←	8非自民連立政権誕生	←細川護熙	9イスラエルとPLOがオスロ合意	←ビル・クリントン（民主党）

1994	H6	9・9宝珠山防衛施設庁長官「沖縄は基地と共生・共存してほしい」発言	←	6自・社・さ連立政権、松本サリン事件	羽田孜← 村山富市	4NATO軍、ボスニア紛争でセルビア人勢力を空爆	←
1995	H7	5・19「軍転特措法」成立 9・4米兵少女暴行事件 9・28大田知事、代理署名拒否を表明 10・21日米地位協定の見直しを要求する県民総決起大会開催 11・17沖縄米軍基地問題協議会の設置、閣議決定 11・20沖縄における施設及び区域に関する特別行動委員会（SACO）設置 12・7村山首相、大田知事を代理署名訴訟で提訴	←	1・17阪神大震災 3・20地下鉄サリン事件	←		←
1996	H8	4・12橋本・モンデール会談、普天間飛行場条件付き返還で合意 8・19沖縄米軍基地所在市町村に関する懇談会（島田懇）発足 8・28代理署名訴訟最高裁判決、県が敗訴 9・8沖縄県民投票 9・13大田知事、公告・縦覧代行を表明 9・17沖縄政策協議会の設置を閣議決定 12・2SACO最終報告、沖縄米軍基地の整理縮小を明記（11施設、約5000ha）	←	1自民党、政権復帰	橋本龍太郎←		←
1997	H9	1・27名護市辺野古で「ヘリポート建設阻止協議会命を守る会」結成 4・17改正駐留軍用地特別措置法成立 12・21名護市住民投票 12・24比嘉名護市長、基地受け入れと辞任表明	←	3・11動燃で爆発事故 9・23日米政府「日米防衛協力のための指針」（新ガイドライン）で合意 11三洋証券倒産、北海道拓殖銀行破たん、山一證券自主廃業	←	7香港、中国に返還 7アジア通貨危機	←
1998	H10		稲嶺恵一←	2長野五輪開催	小渕恵三←	8北朝鮮、テポドン発射実験	←
1999	H11	12・28「普天間飛行場の移設に係わる政府方針」閣議決定	←	9・30茨城県東海村で臨界事故 周辺事態法、国旗・国歌法、通信傍受法（盗聴法）成立	←	3NATO軍、ユーゴスラビア空爆	←

年		沖縄をめぐる出来事	主席／知事（51・73）	本土の歴史	総理大臣	国際的な出来事	米国大統領
2000	H12	2・10北部振興協議会発足 11・12那覇市長に翁長雄志、32年ぶりの保守市長	←		←森喜朗	7沖縄サミット開催（G8） 12女性国際戦犯法廷	←
2001	H13		←	1中央省庁再編 4小泉首相登場し「構造改革なくして景気回復なし」 11米格付け会社が日本の国債を主要7カ国最低に	←小泉純一郎	9・11米で同時多発テロ 10米、アフガニスタン空爆	←ジョージ・W・ブッシュ（共和党）
2002	H14	7・10沖縄振興計画、閣議決定議決定	←	9小泉首相、北朝鮮訪問、金正日総書記と会見、拉致被害者5人が帰国	←	1EU、ユーロ導入	←
2003	H15	8・10沖縄モノレール開業 11・16ラムズフェルド国防長官、沖縄訪問	←		←	3イラク戦争始まる 5ブッシュ大統領、イラク戦争終結宣言	←
2004	H16	8・13沖国大米軍ヘリ墜落事件	←	2自衛隊、イラク人道復興支援のためサマワ入り	←	11ブッシュ再選	←
2005	H17	10・29日米安全保障協議委員会「日米同盟：未来のための変革と再編」発表、「L字案」提起	←	10郵政民営化関連法、成立	←	中国各地で激しい反日暴動	←
2006	H18	5・1日米安全保障協議委員会「再編実施のための日米ロードマップ」発表、「V字案」提起 5・30「在日米軍の兵力構成見直し等に関する政府の取組について」閣議決定 11・19沖縄県知事選、仲井眞弘多当選	←仲井眞弘多	ライブドアグループ堀江貴文、村上ファンド村上世彰逮捕、ヒルズ族の凋落 7景気拡大局面、いざなぎ景気を超え戦後最長に 9第一次安倍内閣	←安倍晋三	12イラクでフセイン死刑執行 10北朝鮮、地下核実験	←
2007	H19	5・23米軍再編特措法成立 9・29教科書検定意見撤回を求める県民大会開催	←	「格差社会」論議、「消えた年金」問題	←福田康夫		←
2008	H20		←	10株価、バブル崩壊後最安値を更新	←麻生太郎	9リーマン・ブラザーズ破産（リーマンショック）、世界同時不況へ	←
2009	H21		←	日比谷に「年越し派遣村」 8・30衆議院選挙で民主党が第1党に、政権交代	←鳩山由紀夫	5北朝鮮、地下核実験 9国連で、米オバマ大統領の起案「核なき世界」を目指す決議採択	←バラク・オバマ（民主党）

2010	H22	4・25米軍普天間飛行場の早期閉鎖・返還と県内移設に反対し国外・県外移設を求める県民大会 5・28日米共同発表、辺野古移設合意 9・7尖閣諸島中国漁船衝突事件 12・17石垣市、1・14を「尖閣諸島開拓の日」に制定	←	6・4鳩山内閣総辞職	菅直人←	チュニジア、ジャスミン革命	←
2011	H23	8八重山教科書問題	←	3・11東日本大震災、東京電力福島第1原子力発電所事故	野田佳彦←	エジプト、アラブの春へ 5米軍、ウサーマ・ビン・ラーディンを殺害 10リビアでカダフィ大佐処刑 12米軍、イラクより完全撤退	←
2012	H24	3・30改正沖縄振興特別「跡地法」成立 5・15沖縄県、沖縄21世紀ビジョン基本計画（沖縄振興計画）決定 9・9オスプレイ配備に反対する沖縄県民大会開催 10・1オスプレイ配備実施	←	12・16衆議院選挙で自民党、政権復帰	安倍晋三←	4スマトラ島でM8・7の巨大地震発生	←
2013	H25	2・22日米首脳会談で「普天間飛行場の早期移設」合意 3・7新石垣空港開港 3・22那覇防衛局、沖縄県に辺野古埋め立てを申請 12・27仲井眞知事、辺野古埋め立てを承認	←	4・28政府主催「主権回復・国際社会復帰を記念する式典」を東京で開催。天皇・皇后出席 9・7 2020年夏季オリンピックの開催都市が日本の東京に決定 12・6特定秘密保護法、成立	←	11中国政府、尖閣諸島を含む上空を防空識別圏に設定	←
2014	H26	8・18辺野古で海底ボーリング調査開始 11・16沖縄県知事選、翁長雄志当選 12・14衆院選挙で、沖縄選挙区すべてで「オール沖縄」候補勝利	翁長雄志←		←	3ロシアのプーチン大統領がクリミア自治共和国の編入を表明	←
2015	H27	5・27翁長知事、訪米	←	9安全保障関連法、成立	←	1パリの政治週刊紙「シャルリー・エブド」本社、イスラム過激派の男2人により襲撃される 11パリで同時多発テロ事件	←
2016	H28	5米軍属による女性会社員遺体遺棄事件	←	4熊本地震 5・27米オバマ大統領、広島訪問	←		←

年表作成：言視舎編集部

参考文献

櫻澤誠『沖縄現代史』中公新書、細田正和＋片岡義博『明日がわかるキーワード年表』彩流社、リチャード・E・ルーベンスタイン、小沢千重子訳『殺す理由』紀伊國屋書店、東京学芸大学日本史研究室編『日本史年表（増補版）』東京堂出版、『朝日クロニクル週刊20世紀1991年・2000年』朝日新聞社、ウィキペディア

久米島にて

[編者]

佐藤幹夫（さとう・みきお）

1953年　秋田県生まれ。1972年　國學院大学文学部に入学。1980年より千葉県の特別支援学校に勤務し、2001年よりフリージャーナリスト・フリー編集者として活動。87年より個人編集の『飢餓陣営』を発行。2014年より「飢餓陣営せれくしょん」シリーズを言視舎より刊行。

著書　『ルポ高齢者ケア』（2014年・ちくま新書）、『知的障害と裁き』（2013年・岩波書店）、『ルポ　認知症ケア最前線』（2011年・岩波新書）他。

編集協力………田中はるか
DTP組版………勝澤節子
写真…………佐藤幹夫

雑誌「飢餓陣営」についてのお問い合わせ、お申込みは編集工房飢餓陣営まで。〒273-0105　鎌ヶ谷市鎌ヶ谷8-2-14-102
URL http://www.5e.biglobe.ne.jp/~k-kiga/

飢餓陣営せれくしょん5

沖縄からはじめる「新・戦後入門」

発行日❖2016年7月10日　初版第1刷

編者
飢餓陣営・佐藤幹夫

発行者
杉山尚次

発行所
株式会社言視舎
東京都千代田区富士見2-2-2　〒102-0071
電話 03-3234-5997　FAX 03-3234-5957
http://www.s-pn.jp/

装丁
菊地信義

印刷・製本
中央精版印刷㈱

Ⓒ 2016, Printed in Japan
ISBN978-4-86565-057-0 C0336

言視舎刊行の関連書

飢餓陣営せれくしょん4
「オープンダイアローグ」は本当に使えるのか

978-4-86565-045-7

「現場」で活用するための多角的な検証。薬物を使わずに効果を上げ、精神医療を刷新するフィンランド発の精神療法を紹介した『オープンダイアローグとは何か』（斎藤環　著・訳）を徹底検証する。話題の精神療法を読み解く。

飢餓陣営・佐藤幹夫編・著

A５判並製　定価1400円＋税

言視舎　評伝選
鶴見俊輔

978-4-86565-052-5

これまでの鶴見像を転換させる評伝。鶴見思想の何を継承するのか？出自の貴種性を鍵に戦前・戦中・戦後・現代を生きる新たな鶴見像と、「日常性の発見」とプラグマティズムを核にした鶴見思想の内実に迫る評伝決定版。

村瀬学著

四六判上製　定価2800円＋税

飢餓陣営叢書１
増補　言視舎版
次の時代のための吉本隆明の読み方

978-4-905369-34-9

吉本隆明が不死鳥のように読み継がれるのはなぜか？　思想の伝承とはどういうことか？　たんなる追悼や自分のことを語るための解説ではない。読めば新しい世界が開けてくる吉本論、大幅に増補して、待望の復刊！

村瀬学著　聞き手・佐藤幹夫

四六判並製　定価1900円＋税

飢餓陣営叢書２
吉本隆明の言葉と「望みなきとき」のわたしたち

978-4-905369-44-8

３・１１大震災と原発事故、９・１１同時多発テロと戦争、そしてオウム事件。困難が連続する読めない情況に対してどんな言葉が有効なのか。安易な解決策など決して述べることのなかった吉本思想の検証をとおして、生きるよりどころとなる言葉を発見する。

瀬尾育生著　聞き手・佐藤幹夫

四六判並製 定価1800円＋税

飢餓陣営叢書７
橋爪大三郎のマルクス講義
現代を読み解く『資本論』

978-4-905369-79-0

マルクスの「革命」からは何も見えてこないが、『資本論』には現代社会を考えるヒントが隠れている。世界で最初に書かれた完璧な資本主義経済の解説書『資本論』について、ゼロからの人にも知ったつもりの人 にも、目からウロコが落ちる「橋爪レクチャー」。

橋爪大三郎著　聞き手・佐藤幹夫

四六判上製　定価1600円＋税

飢餓陣営叢書5
法然思想Vol.3
Vol. 3 SUMMER

978-4-86565-083-9

「法然の思想」を根本から見直し「後期法然」の革命的言説を明らかに。人文系・文学系の豪華執筆陣——加藤典洋、大澤真幸、佐藤幹夫、森達也、田口ランディ、本郷和人ほか。

草愚舎・佐々木正編

A5判並製　定価1500円＋税